KB275450

한암대원 선사

대주선사어록 강설

한암대원 선사

大珠禪師語錄

대주선사어록 강설 下

대주혜해 大珠慧海 선사 지음
한암대원 閒庵大元 선사 강설

불광출판사

붓을 잡기 이전에 그르쳤으며 손으로 지면을 잡은즉 방망이가 비 오듯이 쏟아지리라. 어떤 사람이 붓을 잡고 쓰는가? 발밑에는 밝은 달을 달고 머리 위에는 해를 이고 비치며 얼굴 위에는 별빛이 찬란하니 두 손으로는 공과 바람을 떨침이로다. 혀뿌리는 입 밖으로 나오지 않았음이니 혀머리는 스스로 출입함이로다. 이와 같은 사람이 붓을 들고 글을 쓸 수 있음이로다. 그런 고로 불조도 능히 설하셨으며 금일 산승도 또한 붓을 잡고 일착하노라.

이렇고 이렇음이여! 납월 이십오일이요, 이렇지 않고 이렇지 않음이여! 비는 적고 바람은 많음이로다. 방하착하여 몰록 쉬니 머리는 셋이요, 눈을 부릅뜬 사람이로다. 한번 보니 천지가 깜깜하고, 눈을 감으니 시방이 밝음이라. 이 속에 이르러서 몰록 깨달았다고 한즉 죽은 글귀요, 몰록 깨닫지 않았다고 한즉 그르침이라. 필경에 어떠한 것인가. 도리어 알겠는가?

눈푸른 사람이 섬광이 번쩍 하는 앞에는 교섭할 것이 없고 구리눈 동자 쇠눈으로 본즉 바다 밑 등불이 골수를 통함이로다. 집집마다 문전에는 횃불을 잡고 사시팔절이라. 일륜광이 빛나고 빛나니 옛과 지금에 어둠이 없음이로다. 나의 종에는 말과 글귀가 없으며 또한 한 법도 사람에게 줄 것이 없나니 개개인이 손으로 줄 없는 거문고를 잡고 소를 타고 다리로 북을 치니, 라라리리여! 더벅머리 붉은 다리에 신 밑바닥이 없는 사람이 구곡의 샘에서 희롱하고 헤엄침이로다. 해와

달의 봉우리 위에서 한 발로 홀로 섰으며, 유시에는 십자가두에서 가
가대소하여 희롱하여 자재하니 어떤 사람인가? 돌!돌! 오뚝하고 오뚝
하여 의지할 것이 없으며 흉중에는 일이 없네. 주장자를 횡으로 잡으
니 천하가 태평함이로다. 신!

불기 2557년 계사년 초봄에
학산대원 삼가 쓰다.

執筆已前卽錯 手著紙面卽 棒下如雨滴 何人筆著 足下懸明月頭上戴日照
面上星光爛 兩手振空風 舌根不出口 舌頭自出入 如此之人 筆書然故 佛祖
能說 今日山僧亦執筆一著 恁麼恁麼 臘月二五 不恁麼不恁麼 小雨多風 放
下頓息 三頭怒目瞋 一覰天地黑 合目十方明朗 到底裏 頓悟卽死句 非頓悟
卽錯 畢竟如何 還知麼 碧眼人燃光前 沒交涉 銅睛鐵眼看卽 海底燈徹髓
家家門前火把子 四時八節 一輪光灼灼 今古無晦暝 我宗無言句 亦無一法
與人 箇箇手執無絃琴 騎牛胒打鼓 羅羅哩哩 蓬頭赫脚 無靴底人 優遊九曲
泉 日月峰上一足獨立 有時十字街頭 呵呵笑 弄自在 何人 咄咄 兀兀無依
胸中無事 橫擔拄杖 天下泰平 哂

佛紀 二五五七年 癸巳 初春

鶴山大元 謹書

강의라고 하는 것을 보통 그렇듯이 단순하게 강사가 강단에서 강의하는 것으로만 생각해서는 안 됩니다. 이 조사어록이나 부처님 말씀을 강의하는 이유는 듣는 그 자리, 한 글귀에서 바로 깨달으라고 말씀드리는 것입니다.

그런데 듣는 순간 바로 깨닫지 못하는 원인에는 여러 가지가 있습니다. 강의나 법문할 때 어떤 분은 마지못해 참석하면서 ‘자리나 채우는 이 시간에 화두를 챙기는 것이 더 낫지 않을까’ 하고 생각하는 분도 있고, 또 어떤 분은 ‘언제나 들어봐야 그게 그건데 꼭 들어야 될 것이 뭐 있나’ 하는 생각을 갖기도 합니다. 이렇게 처음부터 한 생각을 잘못 일으키면 모든 것을 그르칩니다. 깨닫지 못한다는 것입니다.

그래서 조사스님이나 부처님께서 가장 중하게 경책하신 말씀이 "모든 생각을 다 비워버리고 가만히 있는 것이 아니라 간절히 알고 싶어 하는 마음을 가진 사람, 이 한마디 법문을 꼭 들어야 하겠다는 간절한 생각이 아주 큰 그 사람은 진리의 법문을 들으면 한 글귀 아래에서 바로 자기의 한 생각이 뒤집어져서 즉각 해결이 된다."는 것이었습니다.

제가 출가했을 때는 대처 비구 정화 때였는데 그 당시 큰스님들은 누군가 강원을 마치고 경에 대해 법문한다고 법상을 차리면 모두 나와서 법문을 들었습니다. 크게 이름이 높지 않은 사람이 법문한다고 해도 가사 장삼을 수하고 위의威儀를 갖추고 제일 먼저 나와서 법회석에 앉아 있었습니다. 또 강사스님이 강의한다고 해도 그렇게 하셨습니다. 그렇게 법을 듣는 데에 조금도 소홀하지 않고 지극정성으로 참석해서 들었습니다.

그런데 그 후로 선방에 다니면서 보니까 법문을 챙겨 들으려 하지 않는 이가 많았습니다. 그들은 법문 듣기를 소홀히 여기며 "그렇게 법문만 들어서 뭐하느냐?"고 말합니다. "그런 것은 다들 하는 소리이고 그런 것 누가 못하느냐?"라며 가지 않습니다. 그러는 사람이 공부에 있어 정말 남보다 먼저 깨닫느냐 하면 그렇지 않습니다. 그저 일생 혼자 한다고 하면서, 묻는 것도 별로 없습니다.

이런 것이 오늘날 큰 폐단입니다. 비단 승가만이 아니라 공부 좀 했다 하는 신도들 가운데서도 "나도 학문이 있으니 부처님 말씀이나 조사어록을 읽고 알면 되는 것이지 구태여 법문을 들을 것이 있느냐?" 하면서 잘 들으려 하지 않는 분들이 있습니다. 이러한 생각으로 인하여 크게 깨닫겠다는 마음을 갖지 못하고 도리어 자기 자신을 잘못된 방향으로 향하게 합니다.

법문 한마디라도 지극히 듣고자 하는 마음, 그 하나가 바로 깨달음에 이르는 길입니다.

달마 스님이라고 해서 아무런 근거 없이 그냥 말한 것이 아니라, 배우려는 자들이 오면 반드시 『능가경』이나 부처님 말씀 중에 심지법문心地法門의 요지에 대한 것을 이야기해 주고 가르쳤습니다. 달마 스님뿐 아니라 역대 선지식들이 모두 그와 같이 부처님 말씀에 근거해서 말씀하셨습니다.

오늘날 워낙 조사어록을 중요시하니까, 조사어록은 근기가 높은 사람들이 보는 것으로 생각하고 부처님의 경전은 초학자들이나 근기가 낮은 사람들이 보는 것으로 착각하는 경향이 있습니다만 절대 그렇지 않습니다. 조사스님들은 스스로 공부해 마친 후에는 반드시 부처님께서 하신 말씀에서 한 치도 어긋나지 않게, 즉 부처님 말씀을 근거로 해서 말씀하셨습니다.

어느 큰스님이 말하기를 "사람들이 '따로 스님의 저서를 세상에 내놓아 많은 분들이 읽을 수 있도록 하면 좋지 않겠느냐'고 하지만 나는 그런 짓은 안 한다." 하였습니다. 제자가 물었습니다.

"그 무슨 말씀입니까?"

그러자 그 스님은 "내가 설사 하나의 책을 펴낸다 할지라도 나중에 가서 그 허물을 면할 길이 없다. 왜냐하면 내가 한 그 말이 이 세상에 최초로 나온 것이라면, 누가 볼 때 이 말이 귀하고 참 좋은 깨달음에 대한 말씀이라고 믿겠지만, 방대한 조사어록이나 부처님 경전을 보면 내 말은 빙산의 일각이라, 부처님 경전이나 조사어록에 전부 다 들어 있는 것이기 때문에 이 소리는 별 수 없다는 허물을 면하기 어렵다."라고 말하였습니다.

부처님과 역대 조사스님들이 깨달은 차원에서 하신 말씀은 누군가가 새로운 것을 발명하듯이 그보다 좋은 것이 다시 나올 수 있는 종류의 것이 아닙니다. 천하에 없는 누가 나오고, 설령 미륵 부처님이 나온다 하더라도 그 미륵 부처님 역시 『화엄경』과 『법화경』의 말씀을 하시지 달리 말씀하실 것이 없습니다. 그래서 그 법문 그대로 할 뿐이며, 미래 56억 7천만 년 후에 가도 다른 법문을 하는 것이 아니라 바로 이 법문을 한다는 것입니다.

그러니 여기에서는 모든 것을 버리고 법문 한마디 한마디를 간절한 마음으로 들어야 빨리 깨달을 수 있고, 설령 지금 깨닫지는 못하더라도 발심을 더 하게 되고, 분심이 나서 더 열심히 공부하게 됩니다.

우리가 진정으로 이 세상에서 잘 살고 행복하게 사는 문제에 대해, 부처님과 역대 조사스님들께서는 "깨달아서 해탈한 사람만이 진정한 행복과 진실한 삶의 의미를 알고 살아간다."고 말씀하셨습니다.

대주 선사는 세간에서 살면서 학업을 마치고 또 세상살이도 겪어 본 후 나이 스물여덟이 넘어 출가했습니다. 살면서 세상사를 가만히 생각해 보니까 큰 의미가 없고 다람쥐 쳇바퀴 돌듯 별 것이 없었습니다. 늘 '이게 아닌데' 하고 생각하고 생각한 끝에, 절에 찾아가 스님의 한 말씀을 듣고는 '아, 내가 궁금해 하고 찾고자 하던 것이 바로 여기에 있구나!' 하고 출가를 하게 됩니다.

우리가 세상을 살아가는 데 있어서도 잘 살려면 무엇보다 시비가 없어야 합니다. 야구장에서 야구를 해도 여러 개의 안타를 계속 치다 보면 혹 시비가 발생할 수 있지만 홈런을 날리면 거기에 대해서는 시비가 없습니다. 홈런은 경계를 넘어서기 때문에 누가 시비할 수도 없고 그냥 천천히 돌아서 홈인하면 되는 것입니다.

바로 역대 조사스님들의 삶이 그러합니다. 이 세상 속에서 어떠한 것을 구한 것이 아니라 그것을 확 넘어가 버렸습니다. 넘어간 그곳은 일체 시비가 끊어진 자리입니다.

그러면 우리가 멋지게 잘 살 수 있는 길에 대하여 마조 스님의 법맥을 이은 대주 스님은 어떻게 밝히고 있는지 법문을 통하여 살펴보겠습니다.

◉ 차 례

下 諸方門人參問

제방문인참문

대주 선사가 처음에 강서에 이르러 마조 선사에게 참배하였다. 마조 스님이 물었다.

"어디서 오는가?"

"월주 대운사에서 옵니다."

"여기 와서 어떤 일을 구하려 하는가?"

"저는 불법을 구하러 왔습니다."

"네 집의 보배창고는 돌아보지 아니하고 집을 버리고 어지러이 돌아다니니 무엇을 하겠느냐? 여기에는 한 물건도 없는데 무슨 불법을 구하려 하느냐?"

대주 선사가 절을 하고 물어 말하였다.

"어떤 것이 제 집의 보배창고입니까?"

"지금 나에게 묻는 자가 곧 너의 보배창고니라. 일체가 모두 구족되어 있어서 조금도 모자랄 것이 없으니 마음대로 사용할 수 있는데 어찌 밖을 향하여 찾아 구하려 하느냐."

대주 선사가 그 한마디 말을 듣고 크게 깨달았다. 자기의 본래 마음은 지식이나 감각으로 말미암지 않음을 알고 뛸 듯이 기뻐하여 스님에게 감사의 예를 표하였다. 그리고 6년을 시봉했다. 그 뒤에 계를 받은 은사스님이 연세가 많아 그곳으로 돌아가서 스승을 봉양하였다. 이에 자취를 숨기고 기용機用을 갈무리하였는데, 밖으로는 어리석은 것처럼 보였다. 그런 가운데 『돈오입도요문론』 한 권을 지었다. 스님의 법조카가 되는 현안이 은밀히 강을 건너 마조 스님에게 가서 이 책을 바치니 마조 스님께서 보시고 대중에게 일러 말하였다.

"월주에 큰 구슬이 있으니 원만히 밝아 빛이 뻗어나감에 무엇이든 자유자재하여 막힘이 없구나."

대중 가운데 대주 선사의 성이 주씨라는 것을 아는 자가 있어서 서로 미루어서 알게 되었다. 도반을 조직하여 월주에 와서 대사를 찾아뵙고 의지했는데 그때로부터 대주 화상이라고 불렀다.

師初至江西 參馬祖 祖問從何處來 曰 越州大雲寺來 祖曰 來此擬須何事 曰 來求佛法 祖曰 自家寶藏不顧 抛家散走作什麼 我這裏一物也無 求什麼佛法 師遂禮拜 問曰 阿那箇是慧海自家寶藏 祖曰 即今問我者 是汝寶藏 一切具足 更無欠少 使用自在 何假向外求覓 師於言下大悟 識自本心 不由知覺 踴躍禮謝 師事六載 後以受業師年老 遂歸奉養 乃晦迹藏用 外示癡訥 自撰頓悟入道要門論一卷 法門師姪玄晏 竊出江外 呈馬祖 祖覽訖謂衆曰 越州有大珠 圓明光透 自在無遮障處也 衆中有 知師姓朱者 迭相推識 結契來越上 尋訪依附 時號大珠和尚也

◉

수행을 하지 않는 사람들은 밖으로 하늘을 의지하려 하고 신을 찾아서 의지하려고 합니다. 수행을 하는 사람들 가운데도 밖으로 무엇에 의지하여 찾으려고 하는데, 이는 잘못된 것입니다. 왜냐하면 모든 것이 본래 자기에게 갖추어져 있어 밖에서는 결코 찾을 수 없기 때문입니다. 그러므로 마조 선사가 대주 선사에게 "네 안의 보배창고를 자재롭게 사용하라."라고 말하였습니다. 대주 선사가 이 한마디 말을 듣고 크게 깨달았습니다.

"언하대오言下大悟"라고 하였습니다. 여러분도 이 말씀을 듣고 대오했습니까?

선사들이 법문을 할 때면 주장자를 탁 치고 "이 주장자를 치는 것을 보았느냐? 소리를 들었느냐? 보고 들었다면 무엇인고?" 하고 묻습니다. 이 말씀에 바로 깨닫는 것입니다. 그런데 지금 여러분들은 "무엇일까?" 하고 화두를 붙들고 앉아서 수도 없이 세월을 보내고 있습니다. 그래서는 안 됩니다. 주장자를 이렇게 들어 보이면 바로 깨달아야 합니다. 그래도 깨닫지 못하기 때문에 "묻는 그대가 바로 부처이니라."라고 말하면 비로소 그 자리에서 깨닫는 것입니다.

그런데 "묻는 그대가 부처이니라."라고 말하면 '이상하다. 왜 나를 보고 부처라고 하나?'라고 의심을 합니다. 중생들은 어떤 사람은 미워하고 어떤 사람은 사랑하는 취사분별심이 얽히고설켜서 그것이 본심을 가로막고 있기 때문에 "네가 부처이다."라고 말해도 깨닫지 못하는 것입니다.

그런데 대주 선사는 마조 대사를 만나기 전에 이미 공부를 많이 했습니다. 그렇기 때문에 마조 대사를 찾아가서 말을 듣는 그 자리에서 바로 크게 깨달았던 것입니다.

대주 선사께서 배우러 오는 무리들에게 일러 말하였다.

"나는 선을 알지 못하니 한 법도 남에게 일러 보여줄 것이 없다. 그러므로 너희들은 너무 오래 서서 수고를 하지 마라. 자, 스스로 쉬어 가거라."

그때에 배우는 도반들이 점점 많이 불어나 낮과 밤으로 자꾸 찾아와서 물으니 마지못해서 물음을 따라서 대답을 하는데 변재가 걸림이 없었다.

師謂學徒曰 我不會禪 竝無一法可示於人 故不勞汝久立 且自歇去 時學侶漸多 日夜叩擊 事不得已 隨問隨答 其辭無礙

◉

대주 선사는 모든 사람들의 질문에 걸림이 없이 대답을 잘 해주었습니다. 그런데 이렇게 말하면 또 말해줄 법이 있어서 그런 것으로 오해합니다. 대주 선사가 처음에는 묻는 대로 대답해주지 않고 오는 사람마다 가라고 했습니다. 대주 선사는 "나는 너희들에게 가르쳐 줄 하나의 법도 없다. 여기에 있어야 애만 먹고 수고만 하지 소용이 없다. 그러니 가거라. 기왕 왔으니 쉬었다 가거라."라고 하였습니다. 그래도 가지 않고 사람들이 점점 많이 불어나서 밤낮으로 물었습니다.

　서산 스님도 그랬습니다. 소요 선사, 사명 스님이 찾아갔는데 처음에는 받아주지 않았습니다. 서산 스님이 사명 스님에게 물었습니다.

　"너는 여기 어떻게 왔느냐?"

　그러자 사명 스님이 대답했습니다.

　"스님께서 선지식이시기 때문에 법을 배우러 왔습니다."

　서산 스님이 허허 웃으며 말했습니다.

　"나는 너에게 하나의 법도 가르쳐 줄 게 없느니라. 그러니 가거라."

　그래도 사명 스님은 가지 않고 있었습니다.

　서산 스님이 다시 물었습니다.

　"왜 안 가고 있느냐?"

　"그래도 제가 올 때는 한마디라도 듣고 배우러 왔는데 그냥 갈 수가 있겠습니까?"

　"글쎄 아무리 있어도 가르쳐 줄 게 있어야 가르쳐 주지, 없는 것을 어떻게 가르쳐 주겠느냐? 그러니 가거라."

　서산 스님이 다시 물었습니다.

　"너는 지금까지 무엇을 하며 살아왔느냐?"

　"저는 여래의 발자취를 따라 배워오면서 이렇게 왔습니다."

　그러자 서산 스님이 말했습니다.

　"옛 스승의 발자취만 따라온다니 그게 무슨 말이냐? 장부는 하늘을 찌를 기틀이 있는데 여래가 행한 것을 의지하지 마라. 왜 남이 한 발자취를 따라 하느냐?"

　그렇게 계속 끝까지 버틴 사람이 소요 스님이고 사명 스님이었습니다. 사명 스님은 결국에는 서산 스님으로부터 입방을 허락받아 한 달 만에 입방했고, 소요 스님도 한 달 동안 마구간이며 어디로 다니며

일만 하다가 결국에 "내 곁에 있긴 있되 나에게 법을 배우려고 하지는 말아라. 내가 가르쳐 줄 것은 없다. 그 약속은 하고 있어라." 하여 그렇게 약속을 하고 6년 동안 있었습니다.

서산 스님은 6년 동안 한 글귀도 가르쳐 주는 것이 없으면서 소요 선사를 들들 볶아서 공양주와 모든 잡일을 호되게 시켰습니다. 소요 선사가 정신없이 바쁘게 지내다 보니 어떻게 6년이 지나갔는지도 몰랐습니다.

그것이 직접 가르치는 것입니다. 그렇게 직접 스승에게 단련이 되어야 하는데 요사이는 그런 근기가 있는 사람이 없습니다. 그런 근기가 있는 사람이 있다면 우리나라 불교에 이렇게 선지식이 안 나오겠습니까?

제가 공부할 때만 해도 5년 동안 말할 수 없는 온갖 고행을 했습니다. 얼마나 많이 맞았는지 모릅니다. 사정을 두고 때리는 것이 아니라 얼굴이고 몸이고 마구 때리니 안 맞을 수가 없었습니다. 그렇다고 달려들 수도 없었습니다. 그렇게 볶이고 나니까 5년이 어떻게 지나갔는지를 몰랐습니다.

너무나 바쁘니까 정신이 없었습니다. 스승께서는 다른 사람의 잘못을 가지고도 저를 나무랐습니다. 처음에는 그게 야속했습니다. 다른 사람이 잘못하면 다른 사람을 나무라야 되는데 저를 나무라는 것입니다. 처음에는 "제가 하지 않았습니다. 저 스님이 그랬습니다." 하고 곧이곧대로 말하였습니다. 그런데 오히려 더 혼을 내십니다. 그래서 그 다음에는 '그렇게 말하면 더 혼나는구나' 생각하고 말을 하지 않고 가만히 있으니까 또 가만히 있다고 혼을 내는 것입니다.

이것을 어떻게 면하나 생각하다가 한 생각이 떠올랐습니다. 스님이 뭐라고 나무라면 얼른 절을 하면서 "스님 잘못했습니다." 하고 대답하니 아무런 말씀도 하지 않았습니다. 그래서 '아, 이 좋은 방법이 있었는데 왜 몰랐을까' 하고 생각했지요. 그래서 그 다음부터는 스님이 뭐라고 하면 얼른 절을 하고 "제가 잘못했습니다."라고 했습니다. 그러다 보니 나중에는 저 자신이 티가 없이 천진해지는 것 같더군요. 그런 속에서 한 글귀 깨닫는 게 있었습니다.

그러지 않고는 잘못된 중생의 견해와 번뇌의 보따리, 즉 아상我相, 인상人相, 중생상衆生相, 수자상壽者相을 부숴줄 사람이 없습니다. 아상이 꽉 차 있는데 누가 그 아상을 부숴주겠습니까? 그것을 부숴주는 사람이 스승이고 선지식입니다. 그 은혜는 백골이 진토가 되어도 다 갚지 못합니다.

그때 이후로 먼 데서 스승에게 절을 했습니다. "그때 스승께서 나에게 지독하게 하지 않았으면 오늘의 내가 이렇게 할 수 있었겠는가." 하고 눈물을 흘리며 절을 했습니다. 사실 공부하는 데 누가 배우러 왔다고 해서 "그래 가르쳐 주겠다. 내게 한 법이 있으니 배워라."라고 말하면 누가 합니까? 안 합니다.

대주 선사도 마찬가지입니다. "그냥 가라."고 한 것입니다. 그렇지만 사람들이 떠나지 않고 불어나서 밤낮으로 스님에게 물었습니다. 그래서 결국에는 스님도 마지못해서 묻는 데 따라 대답을 해주었습니다.

第
一

◉

바로 쓰고, 바로 행하라!

그때에 법사 몇 사람이 와서 대주 선사를 뵙고 말하였다.

"한 가지 묻고자 하니 대사께서는 대답해 주시겠습니까?"

대주 선사가 말하였다.

"깊은 못에 달그림자가 있으니 그대 뜻대로 건져가거라."

"어떤 것이 부처입니까?"

"맑은 못에서 너의 얼굴을 대하는 것이 부처가 아니고 누구이겠느냐?"

대중이 무슨 말인지 알지 못하여 망연히 쳐다보았다.

그 스님이 조금 있다가 물었다.

"선사께서는 어떤 법을 설해 사람들을 제도합니까?"

"빈도는 일찍이 한 법으로도 제도하지 않았느니라."

"선사의 가풍은 전부 그런 것입니까?"

대주 선사가 도리어 물었다.

"그러면 대덕은 무슨 법을 가지고 사람들을 제도하느냐?"

그 스님이 말하였다.

"『금강반야경』을 강의해서 사람을 가르칩니다."

"강의를 몇 차례나 했느냐?"

"20여 차례 강의를 설했습니다."

선사가 물었다.

"그 경은 누가 설한 것인가?"

그 스님이 화가 나서 큰 소리로 말하였다.

"선사께서 우리를 희롱하는 거요? 어찌 부처님이 설한 것도 알지 못합니까?"

선사가 말하였다.

"경에서는 '만약 여래가 설한 법이 있다고 말하면 이는 부처님을 비방하는 것이라, 이 사람이 내가 설한 바 뜻을 알지 못한 것이다'라고 하였다. 그러나 이 경을 부처님이 설한 것이 아니라고 한다면 곧 경을 비방하는 것이 되느니라. 청하노니 대덕은 한번 말해보라."

그 스님이 아무 대꾸가 없었다.

선사께서 좀 있다가 또 물었다.

"경에서 말하기를 '만약 색으로써 나를 보려 하거나 음성으로 나를 구하려 하는 사람은 사도를 행하는 사람이니 여래를 능히 보지 못하나라'라고 하였으니 대덕은 또 일러라. 그러면 어느 것이 여래인가?"

스님이 대답하였다.

"저희들은 여기에 이르러 도리어 미迷해서 알 수가 없습니다."

선사가 말하였다.

"종래로 깨닫는 것이 아니거늘 무엇을 미했다 하느냐?"

"청하노니 선사께서 설해 주소서."

"대덕이 20여 차례 『금강경』을 설했다 하면서 도리어 여래도 알지 못하느냐?"

그 스님이 다시 두 번 절을 하고는 말하였다.

"원하노니 개시開示해 주시옵소서."

선사가 말하였다.

"여래라고 하는 것은 모든 법이 여여하다고 하는 뜻이니라. 어찌해 망각했느냐?"

"그렇습니다. 제법이 여여한 뜻입니다."

"대덕이 옳다고 하는 것은 옳은 것이 아니다."

"경문에 분명히 그렇게 되어 있는데 어찌하여 옳지 않다고 하십니까?"

"대덕은 여여한가?"

"여여합니다."

"나무와 돌이 여여한가?

"여여합니다."

"대덕은 저 목석과 같은가, 다른가?"

"둘이 아닙니다."

"대덕과 목석은 어떻게 다른가?"

그 스님이 대답이 없다가 이어 탄식하며 말하였다.

"이 분은 상상인이라 상대하여 말하기가 어렵다."

그 스님들이 잠시 동안 침묵을 지키다가 물었다.

"어떻게 대열반을 얻습니까?"

“생사의 업을 짓지 아니한다.”

“어떤 것을 생사의 업이라고 합니까?”

“대열반을 구하는 것이 생사의 업이다. 더러운 것을 버리고 깨끗한 것을 취하는 이것이 나고 죽는 생사의 업이다. 얻는 것도 있고 증득하는 것도 있다고 하면 이것이 나고 죽는 생사의 업이다. 대치의 문을 벗어나지 못하는 이것이 생사의 업이다.”

“어떻게 하면 해탈을 얻을 수 있습니까?”

“본래 스스로 얽어맨 것이 없어서 해탈을 구하는 것을 쓰지 않으며, 바로 쓰고 바로 행하는 이것이 무등등無等等한 경지이다.

스님이 말하기를 “선사와 같은 분은 실로 희유한 분이라.” 하고는 예를 올리고 갔다.

時有法師數人來謁曰 擬伸一問 師還對否 師曰 深潭月影 任意撮摩 問如何是佛 師曰 淸潭對面 非佛而誰 衆皆茫然 良久其僧又問 師說何法度人 師曰 貧道未曾有一法度人 曰 禪師家渾如此 師卻問曰 大德說何法度人 曰 講金剛般若經 師曰 講幾座來 曰 二十餘座 師曰 此經是阿誰說 僧抗聲曰 禪師相弄 豈不知是佛說耶 師曰 若言如來有所說法 則爲謗佛 是人不解我所說義 若言此經不是佛說 則是謗經 請大德說看 僧無對 師少頃又問 經云 若以色見我 以音聲求我 是人行邪道 不能見如來 大德且道 阿那箇是如來 曰 某甲到此卻迷去 師曰 從來未悟 說什麽卻迷 僧曰 請禪師爲說 師曰 大德講經二十餘座 卻不識如來 其僧再禮拜 願垂開示 師曰 如來者 是諸法如義 何得忘卻 曰 是 是諸法如義 師曰 大德是亦未是 曰 經文分明 那得未是 師曰 大德如否 曰 如 師曰 木石如否 曰 如 師曰 大德如同木石如否 曰 無二 師曰 大德與木石何別 僧無對 乃歎云 此上人者 難爲酬對 良久卻問 如何得大涅槃 師曰

不造生死業 對曰 如何是生死業 師曰 求大涅槃 是生死業 捨垢取淨
是生死業 有得有證 是生死業 不脫對治門 是生死業 曰 云何卽得解脫
師曰 本自無縛 不用求解 直用直行 事無等等 僧曰 如禪師和尚者 實爲
希有 禮謝而去

◉

자, 여러분은 뭐라고 하겠습니까? 부처님께서 법을 설했다고 말하면
부처님은 "설한 바가 없다."고 하였으니 그것은 부처님을 비방하는
것이요, 부처님께서 법을 설한 것이 없다고 말하면 분명히 설한 것이
있는데 없다고 하니 그것도 역시 부처님을 비방하는 것입니다. 여러
분 자신이 이 경우를 직접 당했다면 '나는 어떻게 하겠는가?' 하고 생
각해 봐야 합니다. 그렇지 않으면 그냥 바윗돌에 물 흘러가듯이 귀 밖
으로 흘려보내는 것입니다. 이것이 문제입니다. 이런 것에서 바로 해
결이 나와야지 여기서 해결이 나오지 않으면 안 됩니다.

여기서 척 하니 한마디 나오는 사람은 공부해서 깨달은 사람입니
다. 깨달은 사람이라야 해결이 나옵니다. 그렇지 못하면 지금까지 밥
을 먹었지만 시주밥을 헛먹은 것이고, 세상을 살아도 헛되이 산 것입
니다. 아무 소용이 없는 것입니다. 이런 것을 뼛속 깊이 느낄 줄 아는
그 사람은 참으로 무상함을 느끼고 발심할 수 있는 사람입니다. 이런
것을 느끼지 못하고 하릴없이 지내는 사람은 분한 마음이 일어나지
않습니다. 무의미하게 일생 동안 태산 같은 업을 짓고 살아가는 불쌍
한 신세가 되는 것입니다.

대주 선사에게 물은 법사는 아직 어머니 품안에서 젖을 떼지 못하
고 어머니 젖만 먹고 사는 것과 같이 부처님께서 말씀하신 『금강경』

만 의지하고 살기 때문에 대해탈의 자유를 얻지 못한 사람이고, 대주 선사는 자신이 바로 영원불변한 보물이고, 이 보물이 바로『금강경』이고 공이며 대지혜라는 자신의 본래면목을 깨달은 분입니다. 대주 선사는 대지혜 이것이 바로 대무심이고 대해탈이라고 말씀하셨습니다. 부처님께서 설하신『금강경』을 의지하지 않아도 자기 집의 보물인『금강경』을 영원히 써도 다 쓰지 못한다는 것을 깨달았습니다. 어머니의 젖을 떼고 부모의 슬하를 벗어나 자신의 힘으로 살아가는 대자유인이 된 대주 선사는『금강경』을 설하고 설하지 않는 양변에 아무런 관계를 받지 않는 무애도인 선지식인 것입니다.

깨닫는 것이 있고 미한 것도 있다고 하면 이는 중생의 망상일 뿐입니다. 만약 깨닫는 것이 있고 해탈할 것이 있다면 정말로 미한 것이 있다고 해야 하겠지만 그렇지 않습니다. 대주 스님은 그렇게 말하지 않았습니다. 종래에 깨달을 것이 없는데 어찌 미한 것이 있다고 하느냐는 것입니다. 이것은 진여자성과 진공묘유를 말씀하신 것이라고 보아야 합니다.

깨닫지 못한 강사가 여여如如하다는 것과 깨달은 대주 선사가 '여여한 것이 곧 부처'라고 답한 것과는 천지 차이로 다릅니다. 강사는 경에 있는 문자의 말만 따라하는 중생의 탈을 벗지 못한 것입니다.

그래서 대주 선사가 "대덕은 여여한가?" 하고 물으니 여여하다고 답하고, 다시 "나무와 돌이 같은가, 다른가?" 하고 물으니 강사가 "둘이 아닙니다."라고 답을 했으나 대주 선사가 다시 "대덕과 목석은 어떻게 다른가?"라고 물으니 강사는 대답을 하지 못했습니다.

만약 다르다고 말했다가는 처음 답한, 둘이 아니고 하나이며 여여하다는 말과는 서로 어긋나기 때문에 답을 못하고 망연자실한 것입니다. 본인이 스스로 울타리 안에 갇혀 있는 신세가 된 것입니다.

진여성품 자리가 여여하다는 것은 공의 차원에서 하는 말입니다. 하나가 곧 공이고 공이 곧 하나입니다. 이것이 주장자가 아니면서 주장자이고 공이 아니면서 공이며 대상이 아니면서 대상이고 천태만상이 아니면서 천태만상입니다. 공의 차원에서 볼 때 그와 같이 나타나 있는 그런 차원을 여여라고 하는 것입니다. 목석과 사람의 모양이 똑같다는 그런 여여를 말하는 것이 아니라 양변이 융합된 것이 중도실상이며 즉 여여인 것입니다.

해탈解脫을 얻는 방법을 묻는 질문에 대주 선사는 본래 스스로 아무것도 얽매인 것이 없는데 무슨 해탈을 구할 것이 있느냐고 말하고 있습니다. 구하지 않고 바로 쓰고 바로 행하라는 뜻입니다.

무엇을 구하여 얻고자 함은 허망한 유위법입니다. 그러면 어떤 것이 유위법이 아닙니까? 있다고 하거나 없다고 하는 시비 장단에 놀아나면 생사의 업(生死業)이 됩니다. 왜냐하면 더러운 것은 버리고 깨끗한 것만을 취하면 깨끗한 것을 취하려는 욕심을 가지고 있기 때문에 그 생각 자체가 허망한 것이고 부처님의 마음이 아닙니다. 나고 죽는 생사는 싫어하면서 열반을 편안한 별다른 것으로 여겨서 얻으려 하고 구한다면 그것은 망상입니다. 그 역시 어느 것은 좋고 어느 것은 나쁘기 때문에 버리고자 하는 분별심에 의하여 한쪽에 치우쳐서 집착하는 것입니다. 그러한 분별심은 곧 욕심이고, 욕심을 가지고 있는 그것이 중생심입니다.

좋거나 나쁘다는 생각이 뚝 떨어져 없는 그 가운데에 더러움과 깨끗함을 분별하지 아니하고 본래 이전 소식을 바로 알면 그 사람은 바른 견해를 얻었다고 볼 수 있습니다. 그래서 "생사업이란 다른 것이 아니라 열반을 구하는 그것이다."라고 말했습니다. 구하고자 하는 생각이 있다면 그것은 틀렸습니다. 생사업은 다른 데서 오는 것이 아니라 구하는 마음에서 옵니다. 더러운 것을 버리고 깨끗한 것을 취하는 데서 곧 나고 죽는 생각이 있는 것입니다. 두 가지를 놓고 한 가지는 취하고 한 가지는 버린다면 그것은 대도大道의 마음이 아닙니다.

중생은 자기를 좋아하는 사람은 좋아하지만 자기를 나쁘다고 하거나 해치는 사람은 싫어합니다. 자신은 끊임없이 죄를 저지르면서 상대방은 나를 좋아하기를 바랍니다. 그것이 중생심입니다. 그런 욕심을 가진 사람이 가정을 이루면 그 가정은 오래가지 못합니다. 가정에서 남편이 잘했든 잘못했든 한결같이 예禮로 대하는 아내는 두 가지의 취하고 버리는 마음(取捨心)이 없고 분별심이 없습니다. 그렇기 때문에 마음 쓰는 것이 다른 사람과 다른 것입니다. 또 남편은 아내가 어떤 잘못을 했을지라도 아내를 나쁜 사람으로 만들어서는 안 됩니다. 그 잘못마저도 사랑으로 끌어안아 주어서 스스로 잘못을 고치도록 조언하고 힘이 되어 주어야 합니다.

상대방이 조그만 잘못을 저질렀다고 하여 미워하고, 예쁘다고 좋아하고 못났다고 싫어하는 이런 간특한 분별심, 중생심을 갖고 있으면 안 됩니다. 그러면 영원히 해탈을 못하고 두 가지 양변 속에서 끊임없이 고통을 당하게 됩니다. 그런 사람은 헤어날 길이 없습니다. 사고방식이 틀렸으니 어떻게 합니까?

그런 걸 완전히 무너뜨려서 허공과 같은 마음이 되어야 합니다. 허공은 우주법계의 모든 것을 다 껴안고 있습니다. 또 바닷물은 사방의 더럽고 깨끗한 물을 골고루 다 안아서 품고 있습니다. 우리의 마음은 본래 허공과 같고 바닷물과 같아서 대도大道의 마음을 가지고 있으니 오직 그걸 쓰기만 하면 됩니다. 본래부터 아무것도 속박하는 것이 없음에도 불구하고 해탈解脫을 구하면 무량겁이 지나도 해탈을 얻지 못한다는 것입니다. 설사 관법觀法이나 명상을 해서 마음이 조금 편안해지기는 해도 완전히 마음이 편안해졌느냐 하면 그렇지 않습니다. 그렇게 해서 얻어진 그것은 시간이 지나면 사라지고 다시 삶 자체가 괴롭게 됩니다.

만약 신선이 되려고 하면 나중에 타락을 해서 귀신도 사람도 아닌 말할 수 없는 고통을 받습니다. 만들어진 것은 영원하지 않고 한계가 있습니다. 마음으로 지은 것 역시 한계가 있습니다. 또 생각으로 '나는 이걸 이렇게 해야지' 하지만 하루가 지나면 생각이 확 바뀌는 것을 어떻게 할 것입니까? 그 한 생각이 일어나는 것을 영원히 변하지 않게 붙들고 있다고 붙들어집니까? 안 됩니다. 잠시 후면 다른 생각이 일어나서 밀려나 버리고 맙니다.

저 바닷물을 보세요. 뒤에 일어나는 물결이 앞에 일어난 물결을 밀어내지요? 세상의 모든 일도 그와 같습니다. 공부해서 뭘 얻었다면 그것은 잠시는 있지만 바로 다른 것으로 변해 없어져 버립니다.

이미 한 생각이 나왔다면 그것은 반드시 변합니다. 삼라만상이 모두 변하여 잠시도 머물지 않습니다. 그런데 변하는 것을 붙들려고 하고 얻고자 힘써 노력하면 잠시 얻어지기는 하지만 그것은 영원한 것이 아니고 한계가 있기 때문에 유루법有漏法입니다. 유루有漏라는 것은 낙숫물이 뚝뚝 떨어지는 것과 같고, 무루無漏라고 하는 것은 바닷물과 강물이 이어져서 끊어지지 않는 것과 같습니다. 이러한 무루의 마음을 우리는 다 가지고 있습니다.

이러한 마음을 빨리 돌이켜 찾아야지 그걸 찾지 않고 자리에 앉아 허송세월하고 시간이나 채우고 편안함이나 찾으면 무슨 소용이 있겠습니까? 여기 올 때는 낮에는 열심히 일하고, 밤에는 기도하고 정진하는 그런 공부를 해야 중생의 사상四相이 무너집니다. 그렇지 않고 기생참선妓生參禪, 선비참선 하듯이 기도나 적당히 하고 편안함을 좇는 사람은 무량겁을 두고 해도 아무것도 안 됩니다. 절에 오면 몸을 던져야 합니다. 살살 남의 눈치나 볼 것 같으면 어떻게 자신을 개선하겠습니까? 스스로 자신을 개선하지 못하면 안 됩니다. 철저히 정진하기 위해서는 근본적으로 사고가 달라져야 합니다.

처음에는 구해서 얻어지는 것으로 착각을 하지만 나중에는 '그것이 아니구나. 본래 내가 해탈이 되어 있고 본래부터 영원히 편안한 것을 가지고 있구나. 아, 내가 이걸 몰라서 이걸 구해서 얻으려고 착각했구나' 하고 잘못된 생각을 바꾸는 것입니다. 이것을 빨리 돌이켜서 깨달으라는 것입니다.

그래서 본자무박本自無搏이라, 본래 스스로 얽어맨 것이 없다는 것입니다. 만약 벗어나야 할 얽매임이 있어서 벗어난 것이라면 그것은 외도外道입니다. 본래 벗어나 있는데 무엇을 벗어납니까? 그래서 해탈을 구하지 않는다고 합니다.

공부하는 사람들은 먼저 바른 견해를 정립해야 공부가 올바르게 됩니다. 바른 견해를 정립하고 나서 공부한 사람과 근본적인 정립이 안 되고 무엇을 얻으려 착각하고 공부하는 사람은 발상이 다릅니다.

본래 우리는 얽매임이 없기 때문에 해탈을 구할 것이 없습니다. 오직 바로 쓰고 바로 행하면 됩니다. 그런데 왜 "나는 중생이다. 나는 얽매여 있다."라고 망상을 합니까? 우리는 본래 부처고, 구족해 있고, 해탈되어 있고, 편안하기 때문에 그 마음을 밖으로 쓰라는 것입니다.

당장 오늘부터라도 마음을 쓰기만 하면 됩니다. 누가 옳고 그르다 하는 그런 것을 따지지 말고, 설사 내가 잘했어도 누가 잘못했다고 하면 그냥 "예, 제가 잘못했습니다."라고 하십시오. "내가 잘못하지 않았는데 왜 잘못했다고 하나? 왜 이 사람이 나를 무시하나?" 이러면 시비가 됩니다. 시비를 만들지 않고도 얼마든지 마음을 움직이고 쓸 수 있습니다. 왜 그 마음을 쓰지 못합니까?

예전에 관음사 선방에서 수좌들끼리 싸움이 났는데 그 싸움이 끝이 없었습니다. 그러자 향곡 스님이 와서 누가 잘하고 누가 잘못하였는지 왜 그랬는지 물어보지도 않고 말하기를 "오늘 이 산승의 허물이 큽니다. 잘못했습니다." 하고 절을 하였습니다. 그러자 그것으로 대중의 싸움이 끝이 났습니다. 비록 자신이 잘못한 것이 없을지라도 "예, 잘못했습니다." 하면 됩니다. 누가 잘하고 잘못했는지는 나중에 분명히 알게 됩니다. 그런 분이 많은 사람들에게 덕화德化를 베풀 수 있습니다.

마음은 모든 곳에서 바로 쓰고 바로 행한다고 하였습니다. 그러면 우리가 마음을 쓰면 되는데 왜 공부를 해야 될까요? 법문을 들을 때에는 잘 될 것 같은데 그 다음에 어디 모임에 가서 앉아 있어 보면 자기도 모르게 중생심이 나와서 이 말을 다 잊어버리고 신경질을 냅니다. 그것은 중생이 익혀 놓은 습기가 있기 때문에 그런 것입니다. 그러한 습기를 제압하는 것을 『금강경』에서는 "그 마음을 항복받는다 (降伏己心)."라고 하였습니다. 여러분 자신을 길들이라는 것입니다. 여러분 자신을 길들이려면 화두 일념이 되어야 합니다. 그렇게 열심히 화두를 챙기고, 기도를 하더라도 일념삼매에 들어가는 기도를 해야 합니다.

그렇다고 하여 청소하고 마당의 풀을 뽑는 일상의 일과 선방에 가

만히 앉아 있는 것을 다르게 생각하라는 것이 아닙니다. 그것이 하나
라고 생각해야지 앉아 있는 것만 공부고 밖에서 일하는 것은 공부가
아니라고 분별하여 생각하면 갈등이 생겨서 안 됩니다.

　그래서 여기에는 "내가 본래 얽매인 것이 없으니 해탈을 구하려
애쓰지 않고 오직 바로 쓰고 바로 행하라. 이것이 모든 일에 있어서
더할 것 없이 평등함이로다."라고 하였습니다. 누구나 그렇습니다.

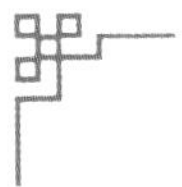

第
二

◉

무엇이 의심하는가

어떤 행자가 물었다.

"마음이 곧 부처라고 하니 어떤 것이 부처입니까?"

선사가 대답하였다.

"너는 무엇이 부처가 아니라고 의심을 하는지 지적하여 보아라."

대답하지 못하자 선사가 말하였다.

"통달하면 곧 온 세계가 두루 부처이며, 깨닫지 못하면 영원히 어긋난다."

有行者問 卽心卽佛 那箇是佛 師云 汝疑那箇不是佛 指出看 無對 師曰
達卽遍境是 不悟永乖疎

옳고 그르고, 좋고 나쁜 시비是非가 끊어져서 허공虛空처럼 비어 있는 우리의 마음자리는 해보다 밝은 반야지혜般若智慧를 가지고 있으니 시비가 어디에 있겠습니까? 바다처럼 포용하는 대도大道를 깨달은 사람은 시비가 없어서 무량 광대한 허공과 같은 마음을 씁니다.

사자처럼 사는 것

법명이라는 율사가 선사에게 일러 말하였다.

"선사들은 대부분이 공에 떨어지지 않습니까?"

선사가 말하였다.

"도리어 좌주들이 공에 떨어졌다."

법명이 크게 놀라며 말하였다.

"어찌 공에 떨어진 것입니까?"

선사가 말하였다.

"경장과 율장 논장이 다 종이와 문자로 만든 것이라, 종이와 먹과 글자는 모두가 공이니라. 소리 위에 건립된 글자로서 만들어진 모든 것이 전부 공 아닌 것이 없다. 좌주는 공연히 그 가리키는 경전의 글귀에 집착해 막혔으니 어찌 그것이 공에 떨어지는 것이 아니겠는가?"

“선사는 공에 떨어졌습니까, 아닙니까?”

“나는 공에 떨어지지 않았다.”

“어찌하여 공에 떨어지지 않았다고 하십니까?”

“소리나 경이나 문자 등이 다 이 지혜를 좇아서 생겼으니 대용이 나타났거늘 어찌 공에 떨어졌다고 하겠느냐?”

“그러면 한 법이라도 통달하지 못한 것이 있으면 싯달타라고 하지 못합니까?”

“율사는 공에만 떨어진 것이 아니라 이름과 말도 잘못 쓰는구나.”

법명이 얼굴빛이 변하며 물었다.

“어느 곳에서 그르쳤습니까?”

선사가 말하였다.

“율사는 중국과 인도의 소리도 구분하지 못하고 어떻게 강설을 하였느냐?”

“청하노니 선사께서는 법명의 그르친 곳을 가르쳐 주십시오.”

“어찌 싯달타가 범어인지를 모르느냐?”

율사가 자신의 과오를 알았지만 마음속으로 분함을 삭이지 못하고 또한 물었다.

“경과 율과 논은 부처의 말씀이거늘 가르침에 의지하여 읽고 외우고 받들어 행하는 이들이 어찌 성품을 보지 못합니까?”

선사가 대답하였다.

“미친개는 흙덩이를 좇지만 사자는 사람을 문다. 경·율·논이 자성의 작용이고, 읽고 외우는 것은 법의 성품이니라.”

법명이 또 물었다.

“아미타불의 부모의 성씨가 있습니까?”

“아미타 부처님 성은 교시가요 아버지는 이름은 월상이요 어머니는 수승묘안이니라."

"그러면 어디에서 봐서 그렇게 이야기합니까?"

"다라니집에서 봤다."

법명이 예를 올리고 찬탄하고 물러갔다.

有律師法明謂師曰 禪師家多落空 師曰 卻是座主家多落空 法明大驚
曰 何得落空 師曰 經論是紙墨文字 紙墨文字者俱空設 於聲上建立名
句等法 無非是空 座主執滯敎體 豈不落空 法明曰 禪師落空否 師曰 不
落空 曰 何卻不落空 師曰 文字等皆從智慧而生 大用現前 那得落空 法
明曰 故知一法不達 不名悉達 師曰 律師不唯落空 兼乃錯用名言 法明
作色問曰 何處是錯 師曰 律師未辨華竺之音 如何講說 曰 請禪師指出
法明錯處 師曰 豈不知悉達是梵語耶 律師雖省過 而心猶憤然 (具梵語
薩婆曷剌他悉陀 中國翻云 一切義成 舊云 悉達多 猶是訛略具語) 又問曰 夫經
律論是佛語 讀誦依敎奉行 何故不見性 師曰 如狂狗趁塊 師子咬人 經
律論是自性用 讀誦者是性法 法明又曰 阿彌陀佛有父母及姓否 師曰
阿彌陀姓憍尸迦 父名月上 母名殊勝妙顏 曰 出何敎文 師曰 出陀羅尼
集 法明禮謝 讚歎而退

◉

대주 선사가 "옳고 그르다는 양변을 놓아 텅 비어 공했다. 있고 없는
유무有無가 다 공하다."라고 하니까 그렇다면 선의 차원에서 볼 때 공
에 떨어진 것이 아니냐? 하고 물었습니다.

세상 사람들이 두 가지 옳고 그른 시비를 가지고 살기 때문에 한

로축괴韓盧逐塊라고 합니다. 이 세상 모든 학자나 정치인이나 사업가, 도 닦는 사람들이 전부 껍데기 놀음을 하고 있습니다. 정치하는 사람은 벼슬에 대한 욕심으로, 사업가는 돈에 대한 욕심으로, 도 닦는 사람은 도에 대한 욕심으로 살아갑니다. 벼슬과 돈과 명예심을 인생에서 추구해야 할 가치로 착각하고 생명을 걸고 다투는 그것은 마치 개가 흙덩이를 쫓아가는 것과 같이 껍데기를 놓고 투쟁하는 것입니다.

그러면 우리가 어떻게 해야 두 가지 양변에 떨어지지 않고 무변허공과 같고 바다와 같은 본래 때가 없는 내 마음, 부처의 마음을 쓸 수 있느냐 하는 것입니다. 그것은 드러내 쓰는 것이 중요합니다. 우리가 밖으로 드러내기 전에는 가만히 앉아 있으면 그 사람이 좋은 일을 한 사람인지 어떤 사람인지 모릅니다. 잘못을 저지른 사람이 백 명 속에 숨어 있으면 주인이 도둑을 찾을 수 없습니다. 그러나 입 닫고 있어도 자신은 압니다. 그래도 밖으로 드러내기 전에는 분간할 수가 없고 밖으로 드러냈을 때 비로소 도둑인지 아닌지를 알게 됩니다.

우리가 세상살이를 할 때 가만히 있으면 모두 부처이지만 한 생각낼 때는 서로 달라집니다. 한 생각 내지 않고 가만히 선정에 있으면 다 똑같습니다. 그런데 자기 생각이 안 일어날 수 있나요? 자꾸 생각이 납니다. 그곳에서 터럭만큼이라도 한 생각을 냈을 때 천양지차로 달라집니다. 어떤 사람은 좋은 일 하다가도 나쁜 망상심에 끄달려 급한 일이 있다고 핑계를 대고 나갑니다. 그처럼 나온 생각에 따라 끌려가는 것입니다. 그러나 생각이 나오기 전에는 모릅니다.

한 생각을 내서 행동에 옮겼을 때 옮긴 생각이 어떻게 다를까요? 예를 들어 두 사람이 쌀을 가지고 불공을 하러 왔다고 합시다. 한 사람은 "부처님께서 말씀하신 대로 저도 영원히 편안하고 행복한 것을 가지고 있다고 했으니 부처님처럼 깨달아 중생을 제도하겠습니다.”
하고 불공을 올립니다. 그런데 또 한 사람은 ‘일체 중생이 나처럼 무
엇을 구하고 얻으려 하겠지’ 하고 생각합니다. 그래서 “사업을 하는데
내일 낙찰이 되어 일확천금을 벌게 해주십시오.”라고 합니다. 마음을
낸 것이 그렇게 달라집니다. 그렇게 생각한 것이 밖으로 드러났을 때
평가가 이루어집니다.

한 생각을 내지 않았을 때는 아무도 그 사람을 판별할 수 없지만
한 생각을 냈을 때 무슨 마음을 일으켰느냐에 따라서 일체가 갈라지
게 됩니다. 돌무더기처럼 가만히 앉아 있다고 되는 일이 아니라 다만
생각을 낼 때 어떤 마음을 내느냐 하는 것이 중요합니다. 부처의 마음
을 내는 데는 끝이 없이 낼 수 있습니다.

거미가 밤이면 끊임없이 거미줄을 치는데 그 뱃속을 보면 아무것
도 없습니다. 그처럼 우리 자신에게는 부처라는 모양도 마구니라는
모양도 없습니다. 죽은 사람의 시체를 화장하여 남은 재를 보면 무엇
이 있습니까? 보이지 않고 없지만 부처의 마음을 내는 사람이 있고
마구니 마음을 내는 사람이 있습니다.

부처의 마음을 내는 것은 허공은 무너져도 이것은 무너지지 않아
서 끝이 없다는 것입니다. 무한정 계속해서 써도 모자라는 바가 없습
니다. 끝이 없고 구멍이 없어서 무한정 써도 한정 없이 나온다는 것입
니다. 마치 백두산 천지 못이 끊임없이 솟아나는 것과 같습니다. 우물
을 얕게 파면 가물 때는 바닥이 드러나지만 깊이 판 우물은 물이 계속
새롭게 솟아납니다. 이와 같이 중생들이 한 생각으로 어떻게 마음을
드러내어 쓰느냐 이것이 가장 중요합니다.

모든 이에게 이익이 된다면 조건도 대가도 없이 그냥 베풀어준다

는 마음이 무심 무위의 마음입니다.

중생이 습기를 가지고 있으면 이것에 매여서 마치 사냥개가 흙덩이를 쫓는 것과 같습니다. 그것은 나고 죽는 생사업을 스스로 짓고 있는 것입니다. 생기는 것은 반드시 없어지는데 그럼에도 불구하고 가지고 있는 것을 자꾸 오래 붙들려고 하니 그것이 흙덩이를 쫓는 개와 같다는 것입니다.

그러면 어떻게 하면 두 가지를 벗어나서 우리의 멋진 마음을 허공과 같고 바다와 같이 무한히 넓게 쓸 수 있을까요? 그 답이 이렇습니다.

"나비는 꽃 속에서 놀고, 고기는 물에서 뛴다."

또 "어떤 것이 공입니까?" 하면 "앞에 있는 모든 것이 허공 같아 공입니다." 이렇게 대답하면 될 것 같지만 그렇지 않습니다.

"용은 만 리 구름에 오르고, 고기는 물에서 뛰노라." 했습니다.

마조 스님이 백장 스님과 함께 길을 가다가 오리가 날아가자 물었습니다.

"어느 곳으로 날아갔느냐?"

백장 스님이 "저쪽으로 날아갔습니다."하고 말하였습니다.

그러자 마조 스님이 백장 스님의 코를 확 잡아 비틀어 버렸습니다. 백장 스님이 죽는다고 소리 지르니 마조 스님이 좀 전에 "저기 날아간다 하더니 여기 있네." 했습니다. '저리 날아갔다'고 하는 것은 사냥개가 흙덩이를 쫓는 것이고, 심성 자리를 바로 아는 것이 사자가 사람을 무는 것과 같은 것입니다.

하루는 방 거사가 약산유엄 선사를 찾아서 한참 거랑하고 밤에 밖으로 나오는데 눈이 쏟아져 내렸습니다. 하늘에서 허공 꽃이 쏟아지니 달밤에 설경이 좋았습니다.

그러자 방 거사가 "참 좋다. 눈이 많이 떨어지는데 별다른 곳에 떨어지지 않는다." 했습니다.

따라오던 선객이 "그러면 어디에 떨어집니까?" 하니까 방 거사가 선객의 따귀를 후려쳤습니다.

마조 스님이 백장 스님의 코를 비튼 것이나 방 거사가 선객의 따귀를 친 것이나 같습니다. 방 거사는 사자이기 때문에 그렇게 때리지 사자가 아니면 그렇게 하지 못합니다. 이 세상에 사람으로 태어나서 우리가 개처럼 흙덩이나 쫓으며 살아서는 안 됩니다. 우리가 공부하는 데는 사자가 되어야 합니다. 사자가 되려면 먼저 마음을 깨달아야 합니다. 문자나 지식, 상식, 고정관념으로 재산을 삼고 사는 것은 개가 흙덩이를 쫓는 것이며, 자신의 심성을 바로 보고 공의 당처, 즉 반야 지혜를 체득하여 쓰는 것을 사자처럼 사는 것이라고 말씀하셨습니다.

사자처럼 살아야 합니다. 결코 개처럼 살아서는 안 됩니다. 그렇기 때문에 여러분이 철저히 공부해야 합니다.

第
四

◉

무한하게 쓰는 마음

삼장법사가 물었다.

"진여에는 변하여 바뀌는 것이 있습니까, 없습니까?"

선사가 말하였다.

"변하고 바뀐다."

"선사께서 그르쳤습니다."

선사가 도리어 삼장에게 물었다.

"너는 진여가 있느냐, 없느냐?"

"있습니다."

선사가 말하였다.

"변하고 바뀌는 것이 결정코 없다면 너는 영원히 범부의 승이니
라. 어찌 너는 선지식에게 들어보지 못했느냐? 능히 삼독을 돌이켜서

삼취정계를 삼느니라. 육식을 돌이켜 육신통을 삼고, 번뇌를 돌이켜 보리를 짓고, 무명을 돌이켜 대지혜를 삼는다. 만약 진여가 변하고 바뀌는 것이 없다면 삼장법사 네가 곧 천하의 외도니라.”

“만약 그렇다면 진여가 변함이 있습니까?”

“만약 진여에 변함이 있다고 집착하면 이 또한 외도니라.”

“좀 전에는 변한다 하더니 이제 와서는 변하지 않는다 하니 어느 것이 옳은 것입니까?”

“밝게 깨달아 견성한 사람은 마니주라는 구슬이 색을 나타내는 것과 같다. 변한다고 말해도 옳고, 변하지 않는다고 말해도 옳은 것이다. 견성하지 않은 사람은 변한다는 말을 들으면 문득 변했다는 견해를 짓고 또 변하지 않는다는 말을 들으면 변하지 않는다는 견해를 짓는다.”

삼장이 말하였다.

“그러므로 남종은 실로 헤아릴 수가 없군요.”

有三藏法師問 眞如有變易否 師曰 有變易 三藏曰 禪師錯也 師卻問 三藏有眞如否 曰 有 師曰 若無變易 決定是凡僧也 豈不聞善知識者 能迴三毒爲三聚淨戒 迴六識爲六神通 迴煩惱作菩提 迴無明爲大智 眞如若無變易 三藏眞是自然外道也 三藏曰 若爾者 眞如卽有變易 師曰 若執眞如有變易 亦是外道 曰 禪師適來說眞如有變易 如今又道不變易 如何卽是的當 師曰 若了了見性者 如摩尼珠現色 說變亦得 說不變亦得 若不見性人 聞說眞如變 便作變解 聞說不變 便作不變解 三藏曰 故知南宗 實不可測

◉

개는 흙덩이를 쫓아가지만 사자는 사람을 문다고 하였습니다. 마음의 눈이 열리거나 열리기 직전에 이른 상상上의 근기가 있는 대인은 흙 덩이를 쫓아가지 않고 바로 사람을 무는 것과 같다는 것입니다. 조주 스님에게 "개는 불성이 있습니까, 없습니까?" 하고 묻자 "무"라고 대 답했을 때 바로 알아 깨달은 사람은 사자와 같이 바로 사람을 무는 근 기입니다.

조주 스님이 "무"라고 한 의지를 곧바로 알아 해결한다는 것입니 다. 그러나 그걸 모르는 사람은 "없다." 하는 거기에 걸려 흙덩이를 쫓 아가듯이 오랫동안 그걸 가지고 애를 먹고 애를 씁니다.

역대의 조사스님들은 "어떤 것이 부처입니까?"라고 묻는 말에 대 하여 "마른 똥 막대기다."라고 했을 때 즉시 똥 막대기라는 그 소리를 알아들었습니다. 조주 스님은 운문 스님이 한 말을 듣자마자 바로 알 아버립니다. 그분이 마른 똥 막대기라고 한 그 의지를 바로 볼 뿐 껍 데기를 쫓아가지 않습니다. 그런데 중생들은 그렇지 않습니다.

여기서도 그렇습니다. 삼장법사가 "진여는 변합니까, 변하지 않습 니까?" 하고 물으니 선사가 답하시길 "진여가 변한다."라고 했습니다. 진여가 어떻게 변한다 할 수 있나요? 진여는 변하지 않는데, 여기서 는 진여가 변하냐고 묻자 변한다고 했습니다.

어떤 말씀에는 "진여가 변합니까?" 하니 대답하기를 "유리병의 주 둥이"라고 했습니다.

진여자성의 본체는 본래 변함이 없지만 중생의 객진번뇌가 있으 므로 진여자성의 나툼이 다르다는 것입니다. 객진번뇌가 있으면 범부 요, 객진번뇌가 없으면 성인으로 나툰다는 것을 대주 선사는 '변한다'

고 말씀하셨습니다.

삼취정계란 섭율의계攝律儀戒, 섭선법계攝善法戒, 섭중생계攝衆生戒를 말합니다. 섭율의계는 부처님이 말씀하신 율법, 거사 5계, 사미 10계, 비구 250계, 비구니 348계, 보살 48계를 말합니다. 부처님이 말씀하신 계를 잘 지킴으로써 바로 불지를 깨닫는다는 것입니다. 그 다음의 섭선법계는 부처님의 진리의 말씀 그것이 법보이기 때문에 부처님께서 말씀하신 것을 말합니다. 그리고 섭중생계란 일체 중생의 이익이 되는 모든 것을 행하는 것을 말합니다. 만약 외아들을 둔 부모가, 아들이 병이 나서 죽으면 대가 끊기기 때문에 부모는 자식을 대신하여 지옥이라도 갈 것입니다. 아들을 살리려는 이러한 지극한 마음으로 일체 중생을 이롭게 하는 것입니다.

한 가정만을 위하여 좁쌀만큼 작게 마음을 쓰는 것이 아니라 하늘과 땅을 덮을 만한 큰 뜻을 가지고 마음을 크게 씁니다. 그렇게 마음을 무한하게 크게 쓰는 사람은 일체 중생을 내 품안의 자식처럼 생각하고 내 몸처럼 생각합니다. 그렇기 때문에 누구든지 이익이 생긴다면 내 몸을 던져서라도 그를 이롭게 합니다.

삼독이란 탐심, 진심, 치심을 말합니다. 그러면 왜 이것을 독이라고 말하겠습니까? 독사에게 물리면 우리 몸에 독이 퍼지게 됩니다. 마찬가지로 삼독이 우리 몸에 퍼지면 무엇을 해치겠습니까? 바로 삼취정계심을 해칩니다. 계율을 파계시키고 진리의 법으로 가는 것을 싫어하게 하고, 넓은 대도의 마음으로 일체 중생을 이익되게 하는 마음을 가로막는 것입니다. 이처럼 견성성불하려는 마음을 해치기 때문에 삼독심이라고 합니다.

여러분은 좋은 마음으로 생활하고 불사도 잘 하십시오. 불사를 한다고 하면 움츠리는 것은 삼독심이 들어서 그렇습니다. 참선을 잘 하는 것도 불사이며, 계율을 잘 지키는 것도 불사입니다. 또한 부처가 나올 수 있도록 선방을 세우고 불당을 세우는 것도 불사입니다. 비가 오는데 밖에서 참선을 할 수는 없지 않습니까? 이 모든 것이 내 마음 하나를 깨끗하게 발원하면 그것이 그대로 밖으로 드러나는 것입니다. 대도시나 관광지에 가보면 음식점, 여관들이 많습니다. 그런 곳에서 사람들 생각이 바뀌면 여관에서 자는 사람들이 그냥 자는 것이 아니라 참선하고 자게 됩니다. 그러면서 점점 생활이 바뀌게 됩니다.

그러면 참선을 하면 무엇이 바뀌는 것일까요? 참선을 하면 생각과 의식이 승화되어 현실의 삼독심이 없어집니다. 참선이 생활화되면 여관이 참선하는 도량으로 바뀌게 됩니다. 그렇게 되면 살기에 좋은 세상이 됩니다. 그런데도 그처럼 좋은 참선을 하지 않습니다.

또한 곡차를 마시지 말라는 것이 아닙니다. 다만 곡차를 마시더라도 화두를 놓치지 말고 마시라는 것입니다. 만약 곡차를 마시지 말아야 한다고 생각하면 그것은 집착입니다.

일체 모든 곳에서 화두가 여여성성如如惺惺하여 일념만년이 되어 부동한 법성 자리를 요달 체득한다면 모든 계율을 영원히 자동으로 지키고 행하게 됩니다.

중생들은 무명을 근본으로 삼고 있습니다. 그런데 삼독심의 근본이 바로 무명입니다. 무명에서 삼독심이 생긴 것이라는 말입니다. 그러면 삼독심은 어떻게 생기는 것일까요? 마음이 캄캄해서 삼독심이 생깁니다. 마음이 캄캄하다는 것은 내가 내 마음을 바로 보지 못했다는 것입니다. 내 마음을 바로 본 사람은 캄캄하지 않고 밝은 사람으로, 그 사람이 바로 견성한 사람입니다. 그러므로 무명을 돌이켜서 대지혜로 삼는다고 하였습니다.

여러분은 허공이 변함이 없으니까 변함이 없다는 생각을 가지고 있습니다. '진리는 움직이지 않는 것이며, 실상은 말을 여의었다'고 하면 곧 진여는 움직이지 않는 것이라고 말한 그대로 생각하고 있습니다. 이것이 바로 병입니다.

부처님이 과거에 신통력을 가진 신선들과 중생들 앞에서 마니주를 들고 말씀하셨습니다.

"여기에 오색이 있느냐?"

그러자 대중들이 "오색이 들어 있습니다." 하고 대답하였습니다.

하지만 부처님은 "그렇지 않다. 이 구슬은 오색이 아니니라. 색이 없다."라고 하였습니다. 붉은 것은 붉은 것을, 흰 것은 흰 것을 나툴 뿐이지 실상에는 오색이 없는 것입니다.

"변한다고 말해도 옳고, 변하지 않는다고 말해도 옳은 것이다(說變亦得 說不變亦得)."

이해가 갑니까? 진여자성이라는 우리 마음의 성품은 변하고 변하지 않는 것이 없습니다. 한 생각을 낼 때 비로소 변합니다. 한 생각을 내지 않을 때는 진여자성을 놓고 변하는 것이다, 변하지 않는 것이다 하는 것이 다 끊어지고 없습니다.

그것은 변하는 것도 아니고, 변하지 않는 것도 아닙니다. 변한다고 생각해서 말하면 변하는 것이고, 변하지 않는다고 생각하면 변하지 않는 것입니다. 무슨 말이냐 하면 마니보주는 오색이 없으며, 다만 오색이 있는 곳에 가면 나타내 보일 뿐이라는 말입니다. 있다 하면 있는 것을, 없다 하면 없는 것을 나타내 보일 뿐이라는 것입니다. 아시겠습니까?

여러분은 누가 "진리는 부동이다."라고 말하면 '아, 진리는 움직이지 않는 것이구나' 하고 견해를 지어 담아 놓고 있습니다. 자기 스스로 집착해서 그걸 근본주로 삼고 있습니다. 한로韓盧는 축괴逐塊라, 개는 바로 흙덩이를 쫓아간다는 말입니다.

그렇지만 바로 보는 사람은 한 물건은 변하거나 변하지 않거나 관계가 없는 것이라는 것을 압니다. 이건 그저 말로만 하는 것임을 바로 보고 깨닫는 걸 사자라고 합니다.

제가 이렇게 말하면 여러분은 '아하, 변하는 것도 아니고, 변하지 않는 것도 아니구나' 하는 생각을 가지고 있습니다. 그러면 여러분은 미래겁이 가도 공부가 안 됩니다. 이런 말을 할 때 여러분이 뒤집어지지 않고는 해결이 안 됩니다. 바로 천지가 무너지며 뒤집어져야 합니다.

무진겁을 익혀 내려온 견해, 알음알이, 지식, 상식 등 생각으로 망상덩어리를 보이지 않게 수미산처럼 쌓아 놓고 있는데 그게 쉽게 무너집니까? 인식만으로는 되지 않습니다. 이렇게 말하면 또 "스님이 본래 관계없는 물건이라 했으니 그렇구나." 하고 담아 놓고 있을 것입니다. 그렇게 담아 놓고 있으면 그것이 바로 병입니다.

이 말을 들을 때 반드시 확실하게 한 생각이 바뀌어야 됩니다. 스스로 분명한 맛을 봐야 합니다. 그렇게 되지 않기 때문에 있는 힘을 다해서 철저하게 화두를 챙기고 애를 써야 합니다.

과거에 큰스님들은 위아래의 이가 다 빠졌습니다. 얼마나 애를 쓰는지 상기가 되어 머리가 터져서 피가 쏟아져 나왔다고 합니다. 그런데 저는 아무리 애를 써도 상기는 되지 않더군요. 그래서 전에 큰스님들이 "아무리 해도 상기가 안 되는 걸 보면 너는 전생부터 많이 익혀 놓은 것이 있었던 모양이다."라고 말씀하셨습니다. 상기가 되지 않기 때문에 누가 상기가 된다고 말해도 그것이 무엇인지를 몰랐습니다. 나중에 상세히 물어보니까 기가 위로 충천해 조금만 신경을 쓰면 치받혀서 눈이 충혈되고 머리가 빠개지도록 아프다고 합니다. 참선을 하려고 하면 상기가 되어 할 수가 없다는 것입니다.

예전에 큰스님께 "상기가 되는 것을 어떻게 고칠 수 있습니까?" 하고 물어보니 상기되는 사람은 금생에 공부할 인연이 없는 사람이라고 합니다. 그렇다고 해서 쉽게 상기가 오르는 사람은 공부할 분分이 없고 인연이 없는 사람이니까 공부도 하지 말고 놀라고 하면 그런 사람은 영영 공부에 인연도 짓지 못하고 공부를 못하니 헤어날 길이 없습니다. 그런 사람에게도 한 가지 길이 있다고 합니다.

"가만히 정좌하고 앉아서 호흡을 단전으로 내리고 다시 올려서 토해내고, 다시 기운을 단전으로 내려서 호흡을 하고 또 내보냅니다. 그러면서 '도대체 이놈이 뭘까?' 하고 단전에다 놓고 의심해 관해야 합니다."

그 말을 듣고 그대로 하니까 상기가 되던 사람의 기가 밑으로 내려간다고 합니다. 그것이 상기병을 없애는 간단한 방법입니다.

그러나 상기병이 없는 사람에게는 가르쳐 줄 필요가 없습니다. 요즈음에는 화두를 목전에 놓고 하라고 하는데 그렇게 당겨 놓으니까 오히려 상기병에 걸리는 사람이 많습니다. 그렇게 해서는 안 됩니다. 상기병 환자가 아닌 사람은 어디에 화두를 놓고 할 것 없이 단지 자기가 마음으로 깊이 의심을 지어갈 뿐입니다. 만약 그것을 어디에 놓고 하라고 하면 안 됩니다. 그것은 그저 견해를 짓는 것일 뿐입니다. 견해를 짓지 말고 한 생각 뒤집어져야 합니다. 그렇지 못하면 철저히 화두를 참구해야 합니다.

第
五

◉

화두를 판하는 힘

도교의 무리가 있어 물었다.

"세간에는 자연을 능가하는 법이 있습니까, 없습니까?"

선사가 말하였다.

"있다."

"어떤 법이 능가합니까?"

"능히 자연을 아는 자이니라."

"원기가 도입니까?"

"원기는 원기이고, 도는 도이니라."

"만약 이와 같다면 마땅히 둘이군요."

"앎에는 두 사람이 없는 것이니라."

또 물었다.

“어떤 것이 삿된 것이고, 어떤 것이 바른 것입니까?”

선사가 말하였다.

“마음이 물건을 따라 쫓아가면 삿된 것이요, 물건이 마음을 따라 오는 것이 바른 것이니라.”

有道流 問 世間有法過自然否 師曰 有 曰 何法過得 師曰 能知自然者
曰 元氣是道否 師曰 元氣自元氣 道自道 曰 若如是者 則應有二 師曰
知無兩人 又問 云何爲邪 云何爲正 師曰 心逐物爲邪 物從心爲正

◉

도교에서는 무위자연無爲自然이 도道라고 했습니다. 그들은 이 세상 만 가지가 다 자연이라고 결론을 짓습니다. 노자는 더 공부를 해서 깨달 아야 되는데 더 이상 깨치지를 못하고 무위자연이라고 결론지어 말 했으니 한계를 드러낸 것입니다.

부처님은 그렇게 하지 않았습니다. 부처님은 세상만법을 연기법 으로 표현했습니다. 연기는 자연이라는 말과는 천양지차로 다릅니다. 그러니까 무위자연이 도라는 말은 완악한 데 빠진 것입니다. 허공은 변동이 없이 가만히 있는데 그러면 우리들도 변동 없이 가만히 있어 야 될 게 아닙니까? 자연이 그러하듯이 그대로 말입니다.

부처님 당시에 어느 외도가 자연에 대하여 물었습니다. 그러자 부 처님은 “자연은 말이 없는데 누가 자연이라고 말하느냐?” 하고 물었 습니다. “자연이라면 허공처럼 말도 없이 있어야 되는데 자연이라고 말하지 않느냐? 그러면 자연이라고 말하는 그놈은 무엇이냐?” 하고 말씀한 것입니다. 자연이라는 말은 자기가 더 이상 연구해서 알 수 없으니까 자연이라고 하는 것에 딱 그대로 드러내서 귀착시키고 만 것입니다.

자연이라고 아는 놈(能知自然者)이 있지 않습니까? 자연이 어디서 나왔습니까? 자기가 자연이라고 말로 만들어 내놓은 것입니다. 그러므로 자연이라는 것을 능히 아는 것이 자연을 능가하는 것이라고 말한 것입니다. 내가 자연이라고 자연을 내놓았으니 자연을 능가하는 것입니다.

기(氣) 돌리는 공부를 하는 사람이 많습니다. 산에 가면 기 받는다고 천막 쳐놓고 있는 사람도 있습니다. 본래 천하에 기가 충만하게 차 있습니다. 그 기를 쓰면 됩니다. 하루 24시간 들이마시고 토하고 있는데 무엇 때문에 기를 얻으려고 애를 씁니까? 어떤 사람이 20년 동안 산중에 있으면서 손에 기를 얻었다고 했습니다. 그러면서 자기가 배를 만지면 병이 낫는다고 하더군요. 그러나 나중에는 자기의 기가 다 빠져가지고 시체처럼 기운이 없는 사람이 되고 말았습니다.

예전에 저에게 여러 사람이 찾아왔습니다. 한 사람이 수양을 좀 하겠다고 하였습니다. 그런데 몸이 바짝 말라서 기운이 없어 보였습니다. 그래서 "왜 수양을 하려고 하느냐?" 하고 물으니 자기가 마을에 있으면서 태권도가 몇 단이고 합기도가 몇 단이고 쿵후가 몇 단이라고 그러면서 운동을 많이 했다고 합니다. 그리고 기를 돌리는 운동도 많이 했는데, 기가 충천해서 누구든지 만지기만 하면 병이 나았다고 합니다. 그런데 한 10년 하다 보니 자기가 기가 쏙 빠져가지고 기운이 없어 죽을병에 걸렸다고 합니다. 그런데 남의 기를 빼가는 사람도 있다고 합니다. 자기보다 고수가 있는데 그런 사람이 와서 "기 받으러 왔다."고 하면서 기를 빼앗아 가버린다고 합니다. 그래서 이것이 아주 무섭다고 합니다.

또 어떤 사람은 와서 "스님, 신문에서 사진을 보니까 기가 아주 넘치겠습니다. 스님 기가 어떤지 보고 싶은데 한 번만 보게 해주십시오." 하고 절을 하면서 자꾸 보자고 했습니다. 맥을 짚고 손을 잡자고 합니다. 마음속으로 가만히 살펴보니 기를 빼가는 사람이었습니다. 손이 찡 하더군요. 얼른 무심삼매에 들어가 있었더니 "스님, 좀 가만히 계실 수 없습니까?" 하여서 내가 "이 고약한 놈." 했더니 "스님, 죄송합니다." 하면서 일어나 가더군요. 그런데 그 사람이 혼자 온 게 아니고 여자와 같이 왔는데 그 여자가 아주 묘합니다. 여자는 앉아서 저를 묘하게 보고 있고 그 사람은 저를 잡고 둘이 연대작전을 쓰는 듯했습니다. 고약한 외도입니다.

그런데 기를 운용하는 그런 것은 모두 무위법이 아니라 유위법입니다. 유위법은 한계가 있습니다. 구하여 얻어지는 것은 한계가 있습니다. 그렇기 때문에 나중에 신세를 망치게 됩니다. 그러나 무위법 즉 마니보주, 진여자성의 마음자리, 만고불변의 이 마음이라고 하는 것은 칼로 끊으려고 해도 끊어지지 않고 부수려고 해도 부술 수가 없으며, 내버릴 수도 없고, 불에 들어가도 타지 않으며, 물에 들어가도 젖지 않아서 영원불변입니다. 이놈을 제대로 굴리고 쓰는 공부를 해야지 다른 것은 허망한 것입니다.

물건이 마음을 쫓아야 하는데(物從心爲正) 중생들은 명예, 돈, 칭찬, 탐진치 삼독을 따라갑니다. 마음이 사물을 쫓으면(心逐物爲邪) 바로 화두를 놓치게 됩니다. 그렇기 때문에 화두의 힘을 얻어야 합니다. 화두를 관하는 힘을 얻은 사람은 어디에 가도 따라가지 않습니다. 설사 복잡하고 사람이 많은 시장에 가도 절대 시끄럽지가 않습니다.

제가 저녁에 절 앞에 있는 길에서 포행을 하다가 한 가게에서 나오는 스피커 소리가 너무 크길래 들어가서 웃으면서 보자고 하였습니다.

"그렇잖아도 제가 스님께 말씀드리려 했는데 잘 오셨습니다. 저 소리 때문에 그러시지요?"

"그렇습니다."

"지붕에 있는 스피커를 밑으로 내려서 설치했습니다."

"낮추어서 설치를 해도 소리가 크게 들려서 역시 시끄럽습니다."

그러더니 "주지스님입니까?" 하고 물었습니다. 요즈음에는 주지가 아니면 무시합니다. 그래서 "예 주지입니다."라고 말하였습니다. 그랬더니 "아이구, 그렇습니까?" 하면서 금방 태도가 변하는 것이었습니다.

"저는 도떼기시장에 있어도 괜찮습니다. 저는 시끄러운 것이 있어도 지장을 받지 않으니 관계가 없습니다. 그렇지만 우리 사찰에는 시민선원이 있습니다. 시민선원이 무엇인지 잘 모르지요?"

"글쎄, 공부하는 곳이라고 하더군요."

"누가 공부합니까?"

"잘은 몰라도 모두들 공부한다고 말했습니다."

"그러십니까? 그러면 제가 상세히 설명해줄 테니까 앉으시오."

"저도 불교신자입니다."

그리고 차를 가져와서 차를 마시며 이야기를 하였습니다.

"우리가 살면서 많은 문제에 부닥치게 되는데, 그 속에서 해결하지 못한 많은 일들을 안고 여러 사람이 공부하고 있습니다. 여기 시민선원에 와 공부하면서 많은 부분을 해결하고 있지요. 내 마음의 중심이 바로 서게 되고, 꿈과 같이 잘 모르고 착각하고 살았다는 것을 깨닫게 되는 것입니다. 바로 깨달음으로써 내 마음의 중심이 바로 서고, 중심이 바로 섬으로써 의식이 항상 깨어 있어서 나쁜 짓을 하라고 해도 안 합니다. 그러면 이 사회가 공생, 공존하는 훈훈한 사회로 바뀌게 될 것입니다.

자기 생업에 종사하면서도 시민선원에 와서 참선하는 사람은 이 사회에서는 부처님과 같은 등불입니다. 그런데 그런 자리를 미국 같은 나라에서는 보조해 주고 협조해 줍니다. 이런 의식, 문화를 살려야 하는데 오히려 시끄럽게 하면 나는 괜찮은데 여기 오는 분들은 시끄러워서 공부 못하겠다고 하니 얼마나 가슴 아픈 일입니까?"

"그런 곳인 줄 몰랐습니다. 잘 알겠습니다. 엊그제도 선원에 계신 분들이 와서 말씀을 하셔서 스피커를 내려서 달았는데 아직도 소리가 큰 모양입니다."

"소리를 줄여주세요."

"알겠습니다."

포행을 갔다 오니 소리가 작게 바뀌었더군요.

이런 말을 듣고 공부를 하는 사회가 된다면 얼마나 좋겠습니까? 이런 여러분의 의식을 빨리 사회에 전달해서 모든 사람들이 의식을 바꾸는 것도 큰 불사입니다. 그렇게 하기 위해서 공부를 해야 됩니다.

"어떤 것이 삿된 것이고 어떤 것이 바른 것입니까" 하고 물으니 "물건을 쫓아가면 삿된 것이요, 마음을 쫓아가면 바른 것이니라."라고 했습니다.

우리는 대개 물건을 쫓아가지요? 마음을 바로 보라는 말인데 마음을 바로 보나요? 물건을 쫓아가면 흙덩이를 쫓는 사냥개요 마음을 바로 보는 사람이 사자입니다.

물건을 따라가서 물건한테 내 마음이 구속되면 물질의 노예가 됩니다. 이 문제는 우리가 심도 있게 생각해야 됩니다. 그러면 물질로부터 해방되는 길은 무엇일까요? 우리 마음의 주인을 바로 찾아서 그것을 굴리면서 살아가면 물건이 나를 따라옵니다. 물건이 마음을 따라오는 것이 바른 것이라 했습니다.

과거에 조주 스님이 말씀하시기를 "여러분은 일상생활을 하면서 시간의 종이 되어 얽매여 산다. 그러므로 시간이 여러분을 부리고 산다. 그러나 나는 24시간 모든 시간을 부리고 산다." 하였습니다.

내가 시간을 부리고 살지 시간에게 부림을 당하고 살지 않는다는 것입니다. 물건이 따라오게 하는 것은 시간을 부리는 것이고, 물건에게 따라가는 것은 시간에게 부림을 당하고 사는 것입니다.

第
六

◉

제대로 잠자는 사람

원 율사가 와서 물었다.

"화상께서는 도를 닦는 데 공력을 씁니까, 쓰지 않습니까?"

선사가 말하였다.

"나는 공력을 쓴다."

"어떻게 공력을 씁니까?"

"배가 고프면 밥을 먹고 피곤하면 잠을 잔다."

"모든 사람이 스님과 같이 공력을 씁니까, 쓰지 않습니까?"

"모든 사람이 나와 같지는 않다."

"어떤 연고로 같지 않습니까?"

선사가 말하였다.

"모든 사람들은 밥을 먹을 때 밥을 먹지 않고 온갖 생각을 하며, 잠을 잘 때도 잠을 자지 않고 천만 가지를 계교한다. 그래서 너희들이 나와는 같지 않다."

율사가 아무 말도 못하고 물러갔다.

◉

사람들은 밥을 먹을 때에도 온갖 생각을 다 합니다. 그런 사람은 밥을
먹는 사람이 아닙니다. 밥을 먹을 때는 정말 밥 먹는 사람이 되어야
되고, 잠을 잘 때는 정말 잠자는 사람이 되어야 합니다. 누우면 바로
잠이 들고 또 깨어나면 아무것도 없어야 됩니다.

그런데 잠을 잘 때 베개를 이리 돌리고 저리 돌리고 밤새도록 잠
을 못 자는 사람이 있습니다. 화두를 드는 사람들도 잠들기 전까지는
화두를 들려고 하지만 잠에 들어서도 화두를 들기는 어렵다고 합니
다. 잠들기 전에는 화두가 들리다가 잠들고 나면 화두를 놓쳐버린다
는 것입니다.

그러나 어떤 사람은 잠 속에서도 화두를 챙긴다고 합니다. 잠자는
가운데서도 화두를 철저히 챙길 줄 아는 그 사람은 잠을 제대로 잘 수
있는 사람이 됩니다. 잠자는 속에서 화두를 챙기지 못하는 사람들은
제대로 잠자는 사람이 될 수 없습니다.

대주 선사는 배가 고프면 밥을 먹고, 잠을 자고 싶으면 잠을 잘 뿐
이라고 말합니다. 조금도 다른 잡색이 없어서 그저 순수한 진여자성
의 자리를 굴리고 쓴다는 말입니다.

◉

第七

바로 보라!

온광이라는 대덕이 물었다.

"선사는 스스로 나는 곳을 압니까, 모릅니까?"

선사가 말하였다.

"일찍이 죽지 않았거늘 어찌 나는 곳을 논하느냐? 생이 곧 나지 않는 법임을 알면 생이라는 법을 여의고는 무생이라고 하는 것도 말할 수 없다. 조사가 이르되 '현생의 이 몸이 곧 나는 것이 아니니라.'"

"견성을 하지 못한 사람도 또한 이와 같은 것을 얻습니까, 얻지 못합니까?"

선사가 말하였다.

"스스로 성품을 보지 못하였을 뿐 성품이 없음은 아니다. 어째서 그러한가? 보는 것이 곧 성품이니, 성품이 없으면 능히 보질 못한다.

아는 것이 곧 성품이므로 이름하여 아는 것의 성품이라고 한다. 깨닫는 것이 곧 성품이므로 이름하여 요달한 성품이라고 하며, 능히 만법을 내는 것이므로 법성이라고 부르고 또한 법신이라고 한다.

마명 조사께서 말하기를 '법이라고 하는 것은 중생심을 말하는 것이니 마음이 나는 고로 일체법이 나니, 마음이 나지 않으면 좇아서 나올 법도 없어서 또한 이름도 없다'고 하였다.

어리석은 사람은 법신은 모양이 없어 물건을 따라서 모양을 나타내는 줄 알지 못한다. 마침내 푸르고 푸른 대나무 숲을 보고 모두 법신이라고 하고, 울창한 산천초목이 반야가 아닌 것이 없다고 한다. 저 산천초목이 반야라면 반야는 곧 무정물과 같으며, 푸른 대나무가 법신이라면 법신은 초목과 같으니 어떤 사람이 죽순을 먹으면 그 사람은 법신을 먹는 것이다. 이와 같은 말을 어찌 마음에 담아둘 필요가 있겠느냐.

네가 얼굴을 마주 대하고서도 부처를 모르고 오랜 세월 찾기를 바라며, 모든 법 가운데서 미혹하여 밖으로 찾는구나. 그러므로 도를 바로 보아서 아는 사람은 행주좌와에 도道 아닌 것이 없고, 법을 깨달은 사람은 종횡으로 자재해서 법 아닌 것이 없다."

有齨光大德問 禪師自知生處否 師曰 未曾死 何用論生 知生即是無生
法 無離生法 說有無生 祖師云 當生即不生 曰 不見性人 亦得如此否
師曰 自不見性 不是無性 何以故 見即是性 無性不能見 識即是性 故名
識性 了即是性 喚作了性 能生萬法 喚作法性 亦名法身 馬鳴祖師云 所
言法者 謂衆生心 若心生故 一切法生 若心無生 法無從生 亦無名字 迷
人不知 法身無象 應物現形 遂喚青青翠竹 總是法身 鬱鬱黃華 無非般
若 黃華若是般若 般若即同無情 翠竹若是法身 法身即同草木 如人喫

筍 應總喫法身也 如此之言 寧堪齒錄 對面迷佛 長劫希求 全體法中 迷
而外覓 是以解道者 行住坐臥 無非是道 悟法者 縱橫自在 無非是法

◉

여러분이 여기서 이대로 곧 나는 것이 아니라는 도리를 바로 알아야
합니다.

현재 목전의 이 몸뚱이를 당생이라고 합니다. "당래용화교주 당래
화생미륵존불當來龍華敎主 當來化生彌勒尊佛"이라고 말할 때 어떤 분은 장차
오실 미륵 부처님 용화세계라고 말하고, 어떤 분은 당장 눈앞에 와 있
는 이대로가 그대로 용화세계임을 뜻한다고 합니다. 그 문제를 보고
말하는 차원이 서로 다릅니다.

'당생즉불생'이라는 것은 우리의 이 몸 이대로 불생不生이라는 것
입니다. 우리는 분명히 현실에 태어났고 이 몸뚱이는 분명히 무너지는
것인데 목전에 이 몸 이대로 생이 아니라고 합니다. 왜 그렇게 말한 것
일까요?

이것은 우리들 생각의 문제입니다. 우리는 이 세상 모든 것을 생각
으로 만들어냅니다. 만약 일어나는 생각이 없으면 있다 없다 하고 분
별해서 말할 것이 없습니다. 있다고 하는 것도 생각으로 분별해서 말
하는 것이고, 없다고 하는 것도 생각으로 분별해서 말하는 것입니다.
우리가 나지 않는다 하는 것도 생각으로 분별해서 말하는 것입니다.
그러면 분명히 나고 죽는 생사가 있는데 어째 생이 아니라고 말하겠습
니까?

모든 것을 나타내는 이 신령스러운 심성心性은 공空하여 생멸이 없
습니다. 목전에 항상 드러나 있기 때문에 현실 당생일 뿐입니다.

'생이 당장 이대로 생이 아니다' 하면 나는 것도 멸하는 것도 아니라는 말입니다. 우리들은 생하면 생하는 것을 알고 말하고, 멸하면 멸하는 것을 알고 또 말합니다. 그런데 돌이켜서 한번 생각해 보면 생하면 생하는 줄 알고 멸하면 멸하는 줄도 아는 이놈은 무엇일까요? 그놈을 바로 알아서 해결해 버리면 일체가 해결이 됩니다.

만약 "생하면 생하는 줄 알고, 멸하면 멸하는 줄도 아는 그놈은 멸이냐, 생이냐?"고 물었을 때 "그것은 생도 아니고 멸도 아닙니다."라고 대답하면 그것이 맞는 말일까요? 그것은 어느 정도 근접한 말은 되지만 적중해서 맞게 말을 한 것은 아닙니다. 100% 완전하게 드러낸 말은 아니지만 아주 틀린 말은 아닙니다. 그것은 그것 나름대로의 차원에서 꼭 짚어 봐야 할 문제입니다.

나기도 하고 멸하기도 하며 또 생하지도 않고 죽지도 않는 이 심성은 만나는 곳마다 항상 그곳에 역력하게 존재할 뿐입니다. 그래서 아는 성품인 것이라 말하는 것입니다.

"보는 것이 곧 성품(見則是性)"이라고 하였습니다. 이와 같은 말씀이 『금강경』에 있습니다. 『금강경』에서는 "범소유상 개시허망 약견제상비상 즉견여래"라고 하였습니다. 이 부분을 강원에서 공부할 때는 '무릇 있는 것이 모두 허망한 것이니 만약 모든 상이 상 아닌 것을 보면 여래를 본다'고 배웠습니다. 그런데 '여래를 본다'고 말하면 그것은 확실히 능소가 갈라지는 말입니다. 과거에 큰스님은 그렇게 말한 분도 있습니다. "모든 것을 상 아닌 걸로 보는 것은 여래가 보는 것이다."라고 합니다. 그런데 그게 그렇게 되는 것이 아닙니다.

제가 대주어록을 보기 수년 전에 어느 큰스님을 모시고 좌담을 하다가 그 문제가 대두되어 한참 애기를 한 적이 있습니다. 그때 "여래가 본다고 하는 것이 옳을 것이다. 만약 여래를 본다고 하면 여래가 있고 여래를 보는 놈이 있어서 능소가 나누어지기 때문에 완벽한 말이 아니다. 그러므로 그것은 곧 여래가 보는 것이다. 모든 상을 상 아닌 것으로 보는 것은 곧 여래가 보는 것이다. 그러면 어느 정도 맞는 말이 아니겠느냐?"라고 말하였습니다. 저는 거기서 이의를 제기했습니다.

"그렇지 않다고 봅니다. 왜냐하면 모든 것을 상 아닌 것으로 본다면 그것도 편견이 아니겠습니까? 상을 상으로 봐야지 상 아닌 것으로 보는 것을 여래가 보는 것이라고 하면 그것도 한 곳에 떨어진 말이라고 생각합니다."

"그러면 어떻게 새겨야 합니까?"

"모든 모양 가운데서 모양 아닌 모양이 있습니다. 그러므로 이 부분은 '모든 모양에서 상 아닌 그 모양을 본다면 곧 보는 것이 여래이다'라고 해야 합니다."

그랬더니 그렇겠다고 말하고 모두 아무 말이 없었습니다. 우리는 모든 상을 보면서도 모양 하나만 볼 뿐 모양 속에 모양 아닌 모양이 있는 것을 보지 못합니다. 분명히 모양 아닌 모양이 있으니 그것을 볼 줄 알아야 합니다. 모든 상 가운데서 상 아닌 것을 본다는 말인데 그렇게 보는 사람은 보는 그대로 여래요, 부처라는 말입니다. 그렇게 해야 거기에는 시비가 붙지 않습니다.

식識이라는 것 자체가 그대로 성품입니다. 마음이 곧 마음의 성품인 것과 같습니다. 여기에서는 "그렇기 때문에 이름을 식성이라고 한다."라고 하였습니다. 안의비설신의 육근이 육식이고 더불어 칠식, 팔식이 있습니다. 이 세상 모든 것이 식이란 것입니다. 식 자체는 곧 마음이라는 것입니다. 그런 까닭에 이름을 식이라고 하는 것입니다. 아는 자체는 찾아보면 실체가 없습니다. 그래서 공空한 것이라 말하며 아울러 아는 식이라 말하며 성품이라 말합니다.

깨닫는 것이 즉 성품(了卽是性)입니다. 우리가 마음으로 생각으로 일체 만법을 지어내는 것이지 생각으로 지어내지 않는 것이 뭐가 있겠습니까? 생각만 하면 별 기기묘묘한 걸 다 지어 내고 만들어 냅니다. 이 법의 성품이라는 것이 일체의 분별된 생각을 일으켜 만 가지 법을 다 내는 것입니다. 또한 이것을 이름해서 법신法身이라고 합니다.

마음이 한 생각도 내지 않고 화두 일념삼매에 깊이 몰입해 있으면 그때 뭐가 있습니까? 한 생각을 내야 비로소 있다 없다, 생한다 멸한다와 같은 여러 가지 말을 하고 천태만상의 천하가 있다 없다고 말하는 것이지 깊은 선정 속에 들어 있을 때 거기서 뭐가 있다 없다고 말하겠습니까? 그런 것이 전혀 없습니다.

"마음이 남이 없으면 법이 쫓아 난 바가 없다(若心無生 法無從生)."라고 하였는데 마음이 나지 않으면 무슨 나올 것이 있겠습니까? 여러분이 깊은 선정 속에 들어가면 오고가는 것을 다 잊어버리지요? 그럴 때는 전후좌우가 다 끊어집니다. 그러면 그것이 없느냐 하면 없는 것은 아니라 분명히 성성역력하게 밝습니다. 그때는 이름이나 글자가 있는 것이 아닙니다.

다만 우리가 한 생각을 내어서 이름도 만들고 글자도 짓는 것입니다. 천태만상이 우리가 이름을 지은 것이지 본래 어디 있어요? 하늘이니 땅이니 수억의 사람 이름도 우리가 다 만들어 붙인 것이 아닙니까? 기계를 만들면 또 이름 만들어 붙이고, 나라마다 다른 이름을 붙여두는 것입니다. 그러나 한 생각 나기 이전으로 돌아가서 보면 거기에 이름이나 글자가 아무것도 없습니다.

“지식인知識人은 만천하滿天下지만 지심자知心者는 귀인貴人이라, 천하에 지식인은 꽉 차 있지만 마음을 아는 자 그 몇 사람이냐?” 하는 말이 있습니다. 실제로 마음의 도리를 알아야 되는데 사람들은 이 마음을 모릅니다. 마음이 있다면 그것이 큰 것인지 작은 것인지 마음의 모양이 둥근 것인지 모난 것인지 푸른 것인지 흰 것인지 이 마음의 모양을 밝혀내 봐야 되는데 그걸 전혀 모른단 말입니다.

미한 사람(迷人)은 곧 마음을 모르는 사람이요, 마음을 바로 아는 사람이 성품을 바로 아는 사람입니다. 미한 사람은, 법신이 모양이 없어 법성이 곧 법신임을 모르며 성품 자리가 모양이 없어 물건을 응해 모양을 나타내는 것을 알지 못합니다. 성품이라는 것은 모양이 없습니다. 아무것도 없지만 온갖 모양의 만물을 응할 때에 산을 볼 때는 산이라고 말하고 하늘을 볼 때는 하늘이라고 말합니다. 모든 사람을 접대할 때마다 누구는 어떻고 누구는 어떻다고 말합니다. 학문을 연구할 때는 학문이 어떻다 하면서 모두 다 응합니다.

“무엇을 해도 한 바가 없다.”라는 말이 있습니다. 분명히 한 것은 있는데 한 바가 없다는 것입니다. 어째서 그러는가? 한 것은 있으되 흔적이 없다는 말입니다. 만약 흔적이 남는다면 한 것이 있습니다. 여러분이 저녁에 밥을 먹었으니까 먹었다는 생각이 있고, 그렇기 때문에 그건 먹은 것입니다. 한 바가 없다는 것은 먹고 난 뒤에도 먹었다는 흔적조차 없다는 말입니다. 그것은 남은 것이 없이 그냥 지나갔다는 말입니다. 그것이 무슨 말이냐 하면 거울 앞에 물건이 비쳤을 때는 물건이 나타나지만 지나가면 맑은 거울만 그대로 있다는 말입니다. 우리가 마음을 행동으로 옮겼지만 마음에 전혀 흔적이 없이 깨끗하다는 말입니다.

서울을 다녀온다고 할 때 가고 오면서 바깥의 경계를 보기 때문에 그 다음날까지도 무엇을 보았다는 말을 합니다. 그것은 흔적이 계속 남아 있다는 것입니다. 깨달은 사람도 볼 때는 똑같이 보고 좋다 나쁘다고 분별하여 말을 합니다. 그러나 실컷 보고 분별을 했지만 서울에 다녀와서 집에 도착하고 난 뒤에는 마음에 흔적조차 없습니다. 그것을 자꾸 마음에 담아 놓으면 흔적이 남아 있는 것입니다. 그렇기 때문에 퍼뜩 지나가면서 흔적을 남기지 말라는 말입니다. 그렇게 마음에 흔적이 없는 것을 물들인 바가 없다고 합니다.

해도 한 바가 없다는 말은 무엇을 해도 한 자취가 남지 않아서 깨끗한 본성 그대로 유지한다는 것입니다. 깨끗한 본성을 그대로 유지하기 때문에 만물 가운데서 함께 뒹굴고 쓰고 해도 전혀 흔적이 없습니다. 생활하면서 이 마음을 멋지게 굴려야 하는데 우리들은 조금 섭섭한 소리만 들어도 그것이 며칠 가고, 좋은 소리를 들어도 며칠 갑니다. 노벨상을 탄 사람 가운데는 자기 명예에 빠져서 의욕을 상실한 사람이 많다고 합니다. 이 세상의 모든 사람들이 경계에 빠지지 않으려면 퍼뜩퍼뜩 지나가면 됩니다. 흐름을 따라 지나가지만 물들인 바가 없고 흔적이 남는 것이 없다는 것입니다. 어느 자리에 앉아서는 우리나라가 잘되니 못되니, 가정이 잘되니 못되니, 법이 있니 없니 하고 앉아서 실컷 토론하라는 것입니다. 그러나 그 순간 분별하고 썼을 뿐이지 쓰고 나서는 흔적조차 없어야 합니다. 그런 사람은 깨끗한 성품을 그대로 쓰는 사람이고, 그 사람이 바로 성품을 깨달아 요달한 사람이라고 합니다.

그런데 아무리 공부해도 해결이 안 되고, 마음 쓰는 데 가서 어제 말했던 거 오늘까지 남아 생각하고, 며칠이 지나도 생각하고, 화두만 들고 앉았으면 온갖 생각이 다 납니다. 그것이 왜 그럴까요? 그것은 보이지 않는 속에 태산같이 엄청난 흔적이 여러분에게 남아 있기 때문입니다. 그놈의 망상이 일어나는 바람에 그것을 영화를 보듯이 보고 앉아 있으면 시간이 금방 지나갑니다. 여러분이 생각해 보면 바로 알 수 있습니다.

법을 확실히 모르는 사람이 "저 푸르고 푸른 대나무가 모두 법신이요, 저 산천초목이 모두 반야 아닌 것이 없다."라고 말한다는 것입니다.

어찌하여 천하가 다 반야고 나무가 법신이라는 그런 말도 안 되는 소리를 하느냐고 말하는 것입니다. 모든 형상을 법신이라 하고 또 반야라 하면 모양에 떨어져서 허우적거리는 사람이요, 모양 아닌 것을 법신이요 반야라 하면 모양 아닌 것에 떨어진 사람이니 그렇게 되면 법신과 반야를 제대로 모르는 사람입니다. 두 가지 모양을 뛰어넘어 본성을 바로 알아야 된다는 말씀입니다.

『열반경』에서 "무정은 불성이 없다."라고 분명히 말씀했습니다. 항하가 반야고 법신이고 성품이라 하면 우리가 대나무를 먹으면 법신을 먹고 반야를 먹는 것이 되는데 그것은 말도 안 되는 소리입니다. 그렇다면 돌이나 대나무도 설법을 하고 움직이고 의사소통이 되어야 되는데 전혀 안 되지 않느냐 하는 것입니다.

유식법에서 제법이라고 말할 때 무정물을 일체 만법이라고 하는 것이 아니라 정이 있고 식이 있는 유정을 말하는 것입니다. 식이 있어서 움직이는 동물을 놓고 만법이라고 했지 무정물을 놓고 제법諸法이니까 똑같은 것이라고 한 것이 아닙니다. 유정과 무정물을 가려서 보지 못하고 혼동해서 법신이니 반야니 하느냐? 결코 그렇지 않다고 말한 것입니다.

마음이 괴로워 자살하려는 사람이 있습니다. 마음이 괴로운 사람은 방에 있거나 밖에 있거나 법당을 보거나 산천초목을 봐도 괴롭습니다. 그 사람에게는 온 천하가 모두 괴로운 것뿐입니다. 내 마음 하나가 괴로우니까 온 천하가 다 괴로운 것이지요. 그러므로 내 마음 하나가 즐겁고 편안하면 온 천하가 다 즐겁고 편안하다 이 말입니다. 그럼에도 불구하고 자기 마음은 제쳐놓고 뚝 떠나가서 사물을 보고 법신이고 반야라고 말하니 잘못된 것입니다.

주장자를 들고 물어봅니다.

"야, 이게 뭐냐?"

"주장자입니다."

"아니다. 이게 왜 주장자냐? 이름을 지어서 주장자라고 하는 것이지."

"그럼 주장자가 아니라고 해야겠네요?"

"그럼 너는 이걸 들고 다니면서 주장자가 아니다, 주장자가 아니다 하고 다녀야 하겠느냐?"

"그러면 어떻게 말해야 됩니까?"

이것이 바로 물건을 따라간 사람이고, 푸른 대나무가 법신이고 산천초목이 반야라고 하는 사람입니다. 그렇게 사물을 따라가면 나아가 물러설 길도 없어서 해법이 없습니다. 실타래를 사용할 때 안에서부터 풀어서 사용해야 술술 풀려나오지 밖에서 잡아당기면 더욱 흐트러져서 아무리 당겨도 안 됩니다. 그렇듯이 만약 물건을 따라가서 이게 반야라 하고 법신이라 하고 해결하려고 하면 천하인이라도 해결을 못합니다.

"뜰 앞에 잣나무니라."라는 조사의 말씀을 듣고 뜰 앞의 잣나무를 따라가서 그것을 일생 동안 끌어안고 있으면 어떻게 해결이 되겠습니까? 그 말씀에 곧바로 알아들으면 되는데 그걸 알아차리지 못하고 일생 동안 "뜰 앞의 잣나무", "뜰 앞의 잣나무" 하고 그것을 끌어안고 있습니다. 그러니 중생들이 답답한 노릇이지요. 그렇게라도 해서 일념이 되어 번뇌망상이 벗어지고 한 생각 뒤집어지면 되지만 어리석은 중생들은 그렇게 안 됩니다. 그래서 대주 선사는 "만약 네가 물건을 따라가서 반야니 법신이니 하면 대면미불對面迷佛, 얼굴을 대하고도 부처를 모르는 것이니라."라고 말한 것입니다.

"도를 바로 보아서 아는 사람은 행주좌와에 도 아닌 것이 없고, 법을 깨달은 사람은 종횡으로 자재해서 법 아닌 것이 없다."라고 합니다.

모든 상에서 상 아닌 것을 볼 줄 알아야 한다는 말입니다. 만약 모든 상을 상 아닌 것으로 보라고 말하면 그것은 틀린 것입니다. 상 아닌 모양이 분명히 있습니다. 그걸 바로 보란 말입니다. 그러면 그 자체가 바로 부처입니다. 그 말 한마디를 제대로 못 일러줘 가지고 지금도『금강경』을 해석해 놓은 것을 보면 모두 "상을 상 아닌 걸로 보라."라고 하였습니다. 상을 상 아닌 걸로 보면 부처가 된다니, 부처가 되어서 상을 상 아닌 걸로 보고 앉았으면 어떻게 할 것입니까? 상을 상으로 봐야지 상을 상으로 안 보면 되겠어요? 모든 상에 상 아닌 모양이 있으니 그 모양을 같이 보라는 말입니다. 그래야 비로소 그 사람은 보는 그대로 다 부처입니다. 자기가 보는 그대로 모든 것이 부처라는 말입니다. 이것은 말 한마디를 설파하는 것인데 이런 걸 설파해서는 공부에 큰 도움이 안 됩니다.

여러분이 스스로 깨달아야 합니다. 여러분이 여기서 깨달으면 해결되는 거고, 안 되면 화두를 잡고 늘어져야 됩니다. 이 말을 들었다고 하여 "야, 우리는 그거 다 들었으니까 이제는 참선을 안 해도 되겠다." 하는 마음을 내라는 것이 아닙니다.

대주 선사는 이 문제를 반대로 모양이 없는 그놈이 모든 물건을 응해서 나타내 보일 뿐이라고 하였습니다. 그것을 바로 보아야 하는데 물건에 따라가서 그게 법신이라고 들여다보고 앉아 있으면 나가고 들어갈 길도 없고 해법이 없습니다. 만물 가운데 분명히 모양이 없는 모양이 있으니 그 모양을 바로 보아야 합니다. 대주 선사는 "모든 모양이 없는 가운데 모양을 나타내 보이는데 너는 산천초목이니 반야니 법신이니 거기에 집착해서 따라가 허우적거리니 무슨 해법이 나오겠느냐? 미혹한 상태에서는 결코 드러나지 않는다."라고 하였습니다.

도를 모르는 자는 미迷해 밖으로 찾습니다. 그러나 바로 보아서 아는 자는 행주좌와에 도 아닌 것이 없고 법을 깨닫는 자는 종행으로 자재해서 법 아닌 것이 없다고 했습니다.

과거에 오조 법연 선사에게 한 사람이 물었습니다.

"태평한 것은 제가 말하지 않겠습니다. 그러나 조그만 먼지 털 하나만이라도 눈에 탁 세우면 법당 앞에 풀이 한 자나 길어진다고 하니, 그러면 티끌 하나라도 세우지 않는다면, 금으로 된 비단 위에 놓인 꽃은 왜 도를 보지 못합니까?(太平郎不言 若立一塵 法堂前 草深一丈 不立一塵 錦上鋪花 何也不見道)"

이에 법연 선사가 말하였습니다. "구구九九는 팔십일八十一이니라."

대주 선사는 바로 직설로 논리적으로 해석해서 말해준 것입니다. 모양이 하나 없는 이것이 모든 만물을 응해서 나타낸다고 했습니다.

그러나 법연 선사는 "구구九九는 팔십일八十一이니라. 궁한이라는 이가 죄를 다 받아서 마치고 겨우 다리 펴고 자려고 하는데 모기 각다귀가 나와서 문다.”라고 대답했습니다.

“구구는 팔십일이니라.”라는 말씀은 대주 선사와는 문제가 완전히 다릅니다.

여러분이 들으면 대주 선사가 말한 것은 조금 이해할 듯한데 법연 선사의 말은 “이게 도대체 무슨 소린가?” 합니다. 이것이 문제입니다.

“쌍으로 놓고 쌍으로 거두는구나. 기쁨이 있고 소리가 있는 곳에는 또한 근심도 있다. 일체의 현인 성인 할 것 없이 반짝 하는 번갯불이고, 대천세계가 바다 가운데 거품일 뿐이라.”

이것은 정말로 어려운 것입니다. 그러나 저는 “나는 그렇지 않다.” 그랬습니다.

입을 열면 그르치지만 아주 반질반질한 높은 철벽이라.
흐름을 따른즉 찰나에 잊어버린다.
머리를 척 하니 돌이켜서 보니 찰나에 쓱 지나가더라.
검은 물이 파도가 넘실거려도 달은 항상 밝음이로다.
開口卽錯高鐵壁
隨流卽刹那昧却
回頭觀卽是徹過
黑水風波月自明

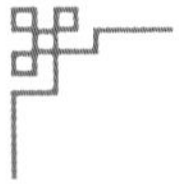

第
八

◉

흔적이 남지 않는다

대덕이 또 물었다.

"태허가 능히 신령스러운 지혜를 냅니까? 참된 마음이 모든 선악을 반연합니까? 욕심을 부리고 탐내는 사람이 도입니까? 시비에 집착하는 사람도 향후에 마음을 통할 수 있습니까? 경계에 부딪혀 마음을 내는 사람은 정定이 있습니까? 적막한 데 빠져 있는 사람은 지혜가 있습니까? 남에게 오만한 생각을 품은 사람은 나라고 하는 것이 있습니까? 공에 집착하고 유에 집착하는 사람도 지혜가 있습니까? 글을 찾고 증득하기를 바라는 사람, 고행으로 부처를 구하는 사람, 마음을 떠나서 부처를 구하는 사람, 마음에 집착해서 부처라고 하는 사람 이것을 모두 도라고 칭하겠습니까? 청하노니 선사께서는 한번 낱낱이 열어보여 주십시오."

선사가 말하였다.

"저 태허에는 신령스런 지혜가 나지 않으며, 진심은 선악을 반연하지 않고, 탐욕이 깊은 사람은 근기가 얕고, 시비를 가지고 다투는 사람은 깨닫지 못했으며, 경계에 부딪혀서 마음을 내는 사람은 선정의 힘이 적고, 적막한 데 빠져서 기틀을 잊는 사람은 지혜가 침체되었다. 거만하고 오만불손한 마음을 가진 사람은 나라는 생각이 강하고, 공에 집착하고 유에 집착한 사람은 어리석으며, 글을 찾고 증득한 사람을 찾는 자는 더욱 침체하며, 고행으로 부처를 구하는 사람은 모두 미혹하고, 마음을 떠나서 부처를 구하는 사람은 외도이며, 마음을 집착하여 부처라고 하는 사람은 마구니이다."

대덕이 말하였다.

"만약 이와 같다면 응당 필경에는 아무것도 없겠습니다."

선사가 말하였다.

"필경에는 대덕이니 필경에는 있는 바가 아주 없는 것이 아니다."

대덕이 뛸 듯이 기뻐서 절을 하고 물러갔다.

大德又問 太虛能生靈智否 眞心緣於善惡否 貪欲人 是道否 執是執非人 向後心通否 觸境生心人 有定否 住於寂寞人 有慧否 懷高傲物人 有我否 執空執有人 有智否 尋文取證人 苦 行求佛人 離心求佛人 執心是佛人 此皆稱道否 請禪師一一開示 師曰 太虛不生靈智 眞心不緣善惡 嗜欲深者機淺 是非交爭者未通 觸境生心者少定 寂寞忘機者慧沉 傲物高心者我壯 執空執有者皆愚, 尋文取證者益滯 苦 行求佛者俱迷 離心求佛者外道 執心是佛者爲魔 大德曰 若如是 應畢竟無所有 師曰 畢竟是大德 不是畢竟無所有 大德踊躍 禮謝而去

◉

여러분은 모든 경계에 부딪혀서 별별 마음을 냅니다. 공부하다가도 경계가 나타나면 아무것도 아닌데도 불구하고 그놈을 나한테 물어보려고 이틀, 사흘 끌어안고 있다가 무슨 경계를 봤다고 합니다. 그것을 찰나에 지나가야 되는데 대단히 통한 줄 알고 며칠을 끌어안고 있다는 말입니다. 그리고 저에게 달려와서 이렇게 말합니다.

"제가 공부를 하다가 며칠 전에 큰 것 하나가 나타났습니다."

"뭐가 나타났는가?"

그러면 "무엇인지 보이지 않는 속에 환히 나타난 게 있었는데 그게 뭔지 모르겠습니다." 또는 "기운이 가슴으로 머리로 올라가는데 환히 나타나는 것이 있었습니다." 등등 별의별 말을 다 합니다. 그저 찰나에 지나가는 꿈과 같은데 그것을 대단하다고 생각하고 끌어안고 있습니다. 그것에 속으면 안 됩니다.

어떤 경계에 부딪치더라도 흔적이 없어야 합니다. 흔적이 남았다는 것은 그 순간 여러분이 화두를 놓쳤음을 뜻합니다. 그때 즉시 머리를 돌이켜서 관해야 합니다. 그 순간 재빨리 돌이켜 잡으라는 말입니다. 빨리 잡지 않으면 찰나에 놓치고 맙니다. 모든 순간을 그렇게 하다 보면 완전히 익어지게 됩니다. 공부가 아주 익어지면 모든 곳에서 사량분별을 일으키지 않고 보는 대로 나타내 보이고 온갖 것을 분별해 따지고 했더라도 흔적이 없이 턱 지나갈 뿐입니다. 그래서 깨끗하여 물들인 바가 없습니다. 아무리 물들이려고 해도 물들일 바가 없다는 것입니다. 그런데 여러분은 그렇지 않기 때문에 철저하게 화두를 챙기고 애를 써야 합니다.

　　여러분은 '모든 것이 공空해서 없다' 하면 '공해서 없다' 하는 것을 가지고 있습니다.

　　예전에 미국에 가서 30년 동안 참선한 사람을 만났습니다. 그 사람은 티베트에서도 공부하였고, 일본의 조동선, 관법도 했다고 하였습니다. 그 사람을 보니 차분하고 조용하여 좋아 보였습니다. 그래서 그 사람에게 물었습니다.

　　"무슨 공부를 합니까?"

　　"일체 아무것도 안 합니다."

　　"그래 안 하면 뭘 합니까? 놉니까?"

　　"일체가 공했기 때문에 할 것이 없습니다."

　　"그러면 도대체 그 공이라고 하는 것은 어느 곳으로 돌아갑니까?"

　　"그런 말은 들어본 일도 없고, 누가 물어본 일도 없습니다. 잘 모르겠습니다."

　　그 사람의 대답을 듣고는 제가 "그것은 말도 되지 않습니다. 당신은 아무것도 할 것이 없다는 데 머물러서 더 이상 공부를 하지 않은 사람입니다." 하고는 호통을 쳤습니다. 그랬더니 그 분이 "경책을 아주 잘 받았습니다." 하고는 다섯 번이나 저에게 와서 절을 하였습니다. 다시 와서 절을 하고 또 와서 절을 하면서 "감사합니다. 제가 이제부터 열심히 공부를 하겠습니다."라고 말하였습니다.

　　예전에 월봉 도사와 한성지안 선사가 『원각경』의 "공생대각중 여해일구발 무변허공 각소현발空生大覺中 如海一漚發 無邊虛空 覺所現發"에 대하여 말한 것이 있습니다. 이 부분에서 월봉 스님은 "허공에서 각이 나온다."고 하였습니다. 그러자 한성지안 선사가 문제를 제기했습니다. "그것이 아니다." "그러면 어떻게 해석해야 하는가?" 하고 물으니 "무변허공이 각에서 나타난 것이다.”라고 하였습니다.

그것은 대주 선사가 말한 것처럼 '응물현영應物顯影'입니다. 우리가 밝은 자성을 가지고 있어서 만물을 다 나타내 보입니다. 허공도 우리가 나타내 보인 것이지 다른 것이 뭐가 있습니까? 그런데 월봉 스님은 반대로 허공에서 각이 나타난다고 하였습니다. 그렇게 서로 다른 주장을 하니까 대중들은 도대체 어느 말이 맞는지 알 수가 없었습니다. 그래서 그러지 말고 신장기도를 하자고 하였습니다.

700명 대중이 7일간 신장기도를 했습니다. 잘못된 주장을 하는 사람에게 철퇴를 내려서 시비를 가려달라는 것이었습니다. 신장기도 마지막 날 월봉 스님이 철퇴를 맞아 피를 토하고 죽었습니다. 그 결과 한성지안 선사가 두각을 나타내어 조선 불교의 마지막 선맥을 이어 나온 것입니다.

그전에 지안 선사는 다 떨어진 누더기 옷을 입고 어디를 다녀도 구박만 받았으며, 얻어먹고 다니기도 힘이 들 정도로 천대만 받았습니다. 그런데 700명의 대중을 지도하는 월봉 큰스님이 법문을 하는데 “무변허공에서 각이 나타난다.”라고 하였으니 '아, 이거 큰일 났다. 어디 가서 말을 해도 도무지 믿어주지 않는데 오늘은 사생결단하고 내가 따져야겠다' 하고 생각하였습니다. 그리고 대중들에게 말을 하니 “아, 저놈은 외도다. 알지도 못하는 놈이 저런다. 저놈을 죽여라.” 하였습니다. 그러자 지안 선사는 “그런 것이 아니니 다시 한 번 내말을 자세하게 들어보라.” 하고 강력하게 말했습니다. 대중들이 들어보니까 그게 맞을 것 같기도 하고 저게 맞을 것 같기도 하고 알 수가 없었습니다. 그런데 신장기도를 해서 일주일 만에 월봉 도인이 철퇴를 맞아 피를 토하고 죽고 나니까 대중들이 비로소 “아, 이 수좌의 말이 맞다. 이 스님을 조실스님으로 모시자.”라고 해서 조실로 모신 것입니다. 그때 정법이 살아난 것입니다.

정법의 맥은 그렇게 귀해서 잡초 속에서 지내 내려오면서 꺼질 듯 말듯 하다가 다시 살아납니다. 그 잡초처럼 무성하게 나오는 많은 사람들이 모두 도인이라고 하는데 어떻게 판단을 하겠습니까?

대주 선사는 "태허공에서 지혜가 나옵니까?" 하고 물으니까 "태허공에서는 지혜가 나지 않는다."라고 말하였습니다.

이 세상 사람들은 욕심으로 살아갑니다. 그렇기 때문에 욕심이 꽉 차서 기틀이 천박합니다. 그리고 경계에 부딪혀서 마음을 내는 사람은 진짜로 정에 들지 못한 것입니다. 모든 경계에 부딪혀서 그놈을 좋다고 끌어안고 있습니다. 훤히 나타나고 보이는 것이 좋다고 합니다. 뭐가 보였다고 하는 사람은 머리를 주장자로 쳐서 다시는 그런 소리 못하게 해야 합니다. 공부를 하면서 무엇을 봤다고 하는 사람은 다 틀린 것입니다. 보이긴 뭐가 보입니까? 그렇다고 하여 관법을 하면 오랜 세월을 고요한 데 빠지기가 십중팔구입니다. 그러면 그것을 벗어나기가 참으로 힘이 듭니다.

第
九

◉

자연히 일 없는 사람이 되다

대주 선사께서 어느 날 법당에서 설하였다.

"여러분들은 다행히 스스로 일없는 사람을 좋아하면서 고통을 받고 죽는 것을 조작해서 칼을 쓰고 지옥에 떨어지는 것은 무엇 때문인고? 매일 밤이 이르기까지 번거롭게 돌아다니면서 내가 참선을 하여 도를 배우고 불법을 알았다고 말을 하니, 이와 같이 전전하는 사람은 점점 더 멀어질 따름이다. 오직 빛과 소리를 쫓아서 달려가니 어느 때에 쉴까?

나는 강서의 마조 화상이 '네 자신의 보배창고에 일체를 원만하게 갖추고 있어서 자재롭게 사용할 수 있으니 밖에서 구하려고 하지 말라' 하는 말을 듣고 일시에 쉬어버리고 이로부터 자기의 보배를 마음대로 사용하니 쾌활하다고 말할 만하다.

한 법도 가히 취할 것이 없었으며, 한 법도 나고 죽는 생멸상을 보지 않았고, 가고 오는 거래의 상도 보지 않았다. 시방에 두루한 티끌 하나 만큼도 자기의 보배창고가 아닌 것이 없다. 단지 자기의 마음을 자세히 관찰하여 보라. 일체가 삼보라, 항상 네 앞에 나타나 있으니 가히 의심하지 말라. 생각해서 찾지도 말고, 구해서 찾을 것도 없다. 심성은 본래 청정한 것이다.

그런 고로 『화엄경』에 이르기를 '일체의 법은 나지도 아니하고, 멸하지도 않느니라. 만약 누구든지 이와 같이 안다면 모든 부처님이 항상 앞에 나타나느니라' 하였고, 또 『정명경』에 이르되 '몸의 실상을 바로 관하고, 부처를 관하는 것도 또한 이와 같이 하라' 하였다.

모든 성색을 따라서 생각을 움직이지 말고, 모양을 좇아서 알음알이를 내지 않으면 자연히 일없는 사람이 되리라. 너는 오래 서있지 말고 깊이 생각하라."

師上堂曰 諸人幸自好箇無事人 苦死造作 要擔枷落獄作麽 每日至夜奔波 道我參禪學道 解會佛法 如此轉無交涉也 只是逐聲色走 有何歇時 貧道聞江西和尚道 汝自家寶藏 一切具足 使用自在 不假外求 我從此一時休去 自己財寶 隨身受用 可謂快活 無一法可取 無一法可捨 不見一法生滅相 不見一法去來相 偏十方界 無一微塵許 不是自家財寶 但自子細觀察自心 一體三寶 常自現前 無可疑慮 莫尋思 莫求覓 心性本來淸淨 故華嚴經云 一切法不生 一切法不滅 若能如是解 諸佛常現前 又淨名經云 觀身實相 觀佛亦然 若不隨聲色動念 不逐相貌生解 自然無事去 莫久立珍重

◉

이 세상 모든 사람이 일이 있지, 일이 없지는 않습니다. 아무리 학업을 마치고 박사학위를 땄더라도 그 다음에는 또 무엇을 해야 됩니다. 살기 위해서는 사업도 해야 되고 돈도 벌어야 되고 이것저것 여러 가지의 일을 해야 합니다. 연구를 해도 더 연구할 것이 있고, 배워서 완전한 것이 없기 때문에 더 배워야 하고, 끊임없이 노력을 해나가야 합니다.

그렇다고 하여 누구나 일이 있느냐 하면 그렇지는 않습니다. 일이 없는 사람이 있다는 말입니다. 그런 사람을 무사인無事人이라고 합니다. 일대사의 일을 해 마쳤기 때문에 일이 없는 사람을 무사인이라고 합니다.

이 세상에서 아무리 공부를 많이 하고 힘이 좋고 영웅이라 할지라도 나고 죽는 생사는 해결하지 못했습니다. 어쩔 수 없이 생로병사의 고통을 당해야 되고 죽음에 이르러서는 꼼짝 못하고 사자의 올가미에 얽혀서 가야 되지 묘수가 없습니다. 그러나 화두 참선을 해서, 화두의 힘을 확실히 얻은 사람은 잠을 잘 때나 잠을 자지 않을 때나 항상 화두가 여일하게 되어 갑니다. 그런 사람은 생사와 아무런 관계가 없어서 저승사자도 염라대왕도 어쩔 수가 없습니다. 그러다가 확실히 깨달아서 견성성불을 했다 하면 거기에는 더 할 것이 없습니다.

이 세상 모든 사람은 무사인을 좋아합니다. 길을 걷다가도 어느 마을에 도인스님이 나타나면 좋아하지 않습니까? 아마 도인스님을 좋아하지 않는 사람은 없을 것입니다.

편양언기 선사 같은 분은 떨어진 누더기를 걸치고 집집마다 다니며 얻어먹고 살았습니다. 겨울에는 짚으로 엮은 짚동을 발로 툭툭 차면서 굴러가지고는 양지쪽으로 가서 그걸 둘러쓰고 자고 아침이면 성안으로 들어가서 얻어먹었습니다. 그랬으니 그분을 밥을 얻어먹는 거지로 알고 있었지 누가 도인인 줄 알았겠습니까?

후에 평양감사와 문답을 하면서 그 진가가 드러나게 되었습니다. 편양 선사와 문답을 한 평양감사가 "이 성안에 도인스님이 있어서 성 안이 편안하고 우리가 복되게 잘 사는 줄을 모르고 너희들이 얻어먹는 사람으로 여기고 귀찮다고 쫓아내라 하였구나."라고 하였습니다. 편양 선사가 도인이라고 밝혀지자 그 다음 날부터 성안 사람들이 끝이 없이 줄을 섰습니다. 도인스님 갖다 드린다고 비단이며 금덩이며 먹을 것을 이고 지고 왔습니다. 세상 사람들이 일을 마친 도인을 그렇게 좋아한다는 말입니다. 그뿐입니까? 누가 법당에 있는 부처님을 싫어하겠습니까? 지금이라도 문수보살이 나타나면 좋아하지 않을 사람이 있겠습니까?

그런데 문수보살이 봉두난발하고 거지로 나타나서 술이나 먹고 술주정을 하면 여러분은 미친놈이라고 하지 문수보살이라고 하지 않을 것입니다. 중생들은 보는 눈이 없기 때문에 그 껍데기만 보는 것입니다. 그러나 그 진가가 드러나면 누가 싫어하겠습니까?

그러면 무사인無事人을 좋아하고 부처님을 좋아하고 문수보살을 좋아하는 것이 무엇을 의미합니까? 그 까닭은 그분들을 통하여 무엇을 얻고자 하는 욕심 때문입니다.

제가 선방에 다닐 때의 일입니다. 어느 거사님이 해제만 하면 찾아와서 자기 집으로 가자고 합니다. 미리 차를 대놓고 가자고 하는데 가지 않을 수가 없었습니다. 그 집에 가니 자기 집 안방을 비워놓고 "스님, 몇 달 동안 고생하셨으니 푹 쉬십시오." 그러면서 약도 해주고 맛있는 것도 해주었습니다. 3일 정도 쉬고 나서 가려고 하는데, 가는 날에 삼 배를 하고는 "스님, 제가 요새 사업을 시작했는데 그게 잘 되겠습니까, 안 되겠습니까?" 하고 묻습니다.

참 기가 막힐 일입니다. 반드시 바라는 대가가 있어서 섬기는 것입니다. 큰스님이라고 하니까 앞일을 훤하게 다 안다 하는 생각을 가지고 있습니다. 그런 생각이 있기 때문에 자기 안방도 비워주는 것이지 아무것도 아니라고 하면 무슨 이득이 있다고 그러겠습니까? 그래서 그 다음부터는 가자고 해도 가지 않았습니다.

예전에 나옹 스님의 일화가 있습니다. 신도들이 자꾸 스님을 초청을 하자 두 번까지는 정중하게 거절을 하다가 세 번째는 비단을 훔쳐서 사람들이 볼 수 있도록 질질 끌고 나가니까 "저 중이 도인인 줄 알았더니 비단을 훔쳐간다."라고 소리를 질렀습니다. 나옹 스님이 가지 않으려고 일부러 그랬던 것입니다.

대주 선사가 "모든 보물이 네 자신에게 있다."는 그 말 한마디에 모든 것을 쉬었다고 하였습니다. 그것은 다 놓았다는 말입니다. 무엇을 놓았겠습니까? 부처를 구하는 것도 조사를 구하는 것도 세상의 명예도 권력도 모든 것을 버려서 구할 것이 없었다는 말입니다. 자기가 하늘과 땅을 덮을 만한 천하의 보물을 바로 알았으니 더 이상 구할 필요가 없었던 것입니다. 이처럼 단박에 다 쉬었기 때문에 자기 자신의 보배를 다 받아 쓰는 것입니다.

대주 선사가 단박에 쉬고 난 후로는 나고 죽는 생사의 생멸법을 본 일이 없었습니다. 한 법도 가히 취할 것도 버릴 것도 없다는 말입니다. 그런데 지금 사람들이 와서 자꾸 물으니까 대주 선사가 묻는 사람에게 "너는 이상한 사람이 아니냐? 나는 그렇게 단박에 쉬었는데 너는 왜 자꾸 묻느냐? 몇 차례 대답을 해 줬으면 바로 알아야지.” 하는 말입니다. 그것은 본래 허공처럼 텅텅 비어 맑은 그 마음 그대로여서, 어디 티끌 하나 낀 것을 본 것이 없다는 말입니다.

세상의 모든 것이 자기의 보배창고(自家財寶)를 벗어난 것이 없다는 말입니다. 그러므로 단지 자기의 보배창고인 마음을 자세하게 관찰하라는 것입니다. 일체가 삼보(一切三寶)이니 항상 눈앞에 스스로 나타나 있는데(常自現前) 뭘 구하고 찾느냐는 것입니다.

대주 선사가 『화엄경』과 『정명경』을 인용하여 “일체의 법은 나지도 아니하고, 멸하지도 않느니라. 만약 누구든지 이와 같이 안다면 모든 부처님이 항상 앞에 나타나느니라.” 하였고, 또 이르되 “몸의 실상을 바로 관하고, 부처를 관하는 것도 또한 이와 같이 하라.”라고 말하였습니다.

부처를 관하는 것도 이와 같습니다. 몸의 실상을 여러분 자신이 바로 본다는 것입니다. 그럼에도 불구하고 우리들은 분별을 합니다. 마음 가운데 따로 들어 있는 것이 또 하나 있다고 생각할 뿐만 아니라 몸뚱이는 또 달리 있다고 생각합니다. 그렇게 두 가지를 나누어서 따로 보라고 하는 말이 아닙니다. 몸에 대한 실상을 그대로 바로 관해 보라는 말입니다. 부처를 관하는 것도 또한 그와 같습니다.

소리와 색을 따라 생각을 움직이지 말아야 합니다. 그런데 사람들은 풀을 보고는 모양을 좇아 마음이 움직여서 “이 풀도 성품이 있을까, 없을까?” “성품이 있다면 왜 말을 못할까?” 하고 따집니다. 그것이 바로 모양을 따르고, 성색을 좇는 것입니다.

다만 ‘내가 묻는 이놈이 무엇인가?’ 하고 그놈을 바로 파고 들어가서 알아야 합니다. 이 몸뚱이를 끌고 다니면서 부리는 그놈이 있습니다. 그러면 그놈이 이 몸뚱이를 떠나서 있느냐 하면 그렇지는 않습니다. 그놈이 성색을 떠나서 따로 있는 것은 아니라는 말입니다. 두두물물이 그대로 마음이라, 분명히 마음이며 모양입니다. 그렇지만 거기에는 분명히 소소영영한 것이 있습니다. 그러나 그것이 따로 분리되어 있는 것은 아닙니다. 그렇기 때문에 『화엄경』에서 그랬고, 『정명경』에서 유마 거사도 그랬습니다. "성색을 따라서 생각을 움직이지 말고 모양을 따라서 아는 것을 내지 마라(若不隨聲色動念 不逐相貌生解)."

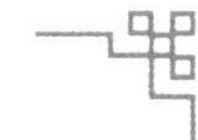

第
十

◉

만 가지 변화의 근본

이날 대중이 많이 와서 모였는데 오랫동안 흩어지지 않았다.

선사가 말하였다.

"너희들은 무슨 까닭으로 가지 않고 여기에 있느냐? 빈도는 이미 너희들과 얼굴이 마주칠 때 모두 보여주었다. 내가 하는 말을 긍정하지 않느냐? 무슨 의심할 일이 있느냐? 마음을 잘못 쓰지 마라. 헛되이 기력만 소비할 것이다. 만약 그대로 의문이 있거든 너희들은 마음대로 빨리 물어보라."

그때 법연이라는 스님이 물었다.

"어떤 것이 부처입니까? 어떤 것이 법입니까? 어떤 것이 중입니까? 어떤 것이 일체 삼보입니까? 원컨대 가르쳐 주십시오."

선사가 말하였다.

"마음이 곧 부처이니 부처를 가지고 부처를 구하지 말라. 마음이 법이니 법을 가지고 법을 구하지 말라. 부처와 법이 둘이 아니어서 화합하는 것이 승이니 이것이 일체 삼보이다. 경에서 말하기를 '마음과 부처와 중생 이 셋은 차별이 없느니라. 몸과 입과 뜻이 깨끗한 것을 부처가 세상에 났다고 말하고, 몸과 입과 뜻이 청정하지 못하면 부처가 열반하였다고 말한다' 하였다.

비유하면 화를 낼 때에는 기쁨이 없으며, 기쁠 때에는 화내는 마음이 없으니 오직 이 한 마음일 뿐이어서 실로 두 본체가 없다. 본래 지혜의 법이 이와 같아서 하나도 남김이 없이 항상 드러나 있다.

뱀이 화해서 용이 되더라도 그 비늘은 그대로인 것처럼 중생심을 돌이켜서 부처를 짓더라도 얼굴은 고치지 아니한다. 성품이 본래 청정해서 닦아서 이룰 것이 아니니라.

증득할 것이 있고 닦는 것이 있다고 하면 곧 증상만자와 같다. 진공은 막힘이 없어 응해서 쓰는 데 다함이 없다. 처음도 끝도 없어서 영리한 근기를 가진 사람은 즉시 깨달아서 짝할 수 없는 법을 사용하니 이것이 곧 아뇩다라삼먁삼보리이다.

마음의 형상이 없음이 곧 미묘한 색신이요, 모양이 없는 것이 실상의 법신이요, 성품과 형상의 본체가 공함이 곧 허공처럼 끝이 없는 몸이며, 만행으로 장엄하는 것이 곧 공덕의 법신이다. 이 법신이라는 것은 만 가지 변화의 근본이기 때문에 곳에 따라서 이름을 세운다.

지혜를 씀에 다함이 없음을 이름하여 무진장이라고 하며, 능히 만 가지 법을 내므로 근본법장이라고 말하고, 일체의 지혜를 갖추었으므로 지혜장이라고 한다. 만 가지 법이 여여한 데로 돌아가기 때문에 이름을 여래장이라고 한다. 경에 이르되 '여래라고 하는 것은 제법이 여의하기 때문이다' 또 말하기를 '세간의 일체 생멸법이라는 것이 한 법도 여여에 돌아가지 않는 것이 없다'라고 하였다."

此日大衆普集 久而不散 師曰 諸人何故在此不去 貧道已對面相呈 還
肯休麼 有何事可疑 莫錯用心 枉費氣力 若有疑情 一任諸人 恣意早問
時有僧法淵問曰 云何是佛 云何是法 云何是僧 云何是一體三寶 願師
垂示 師曰 心是佛 不用將佛求佛 心是法 不用將法求法 佛法無二 和合
爲僧 卽是一體三寶 經云 心佛與衆生 是三無差別 身口意淸淨名爲佛
出世 三業不淸淨 名爲佛滅度 喩如瞋時無喜 喜時無瞋 唯是一心 實無
二體 本智法爾 無漏現前 如蛇化爲龍 不改其鱗 衆心迴心作佛 不改其
面 性本淸淨 不待修成 有證有修 卽同增上慢者 眞空無滯 應用無窮 無
始無終 利根頓悟 用無等等 卽是阿耨菩提 心無形相 卽是微妙色身 無
相卽是實相法身 性相體空 卽是虛空無邊身 萬行莊嚴 卽是功德法身
此法身者 乃是萬化之本 隨處立名 智用無盡 名無盡藏 能生萬法 名本
法藏 具一切智 是智慧藏 萬法歸如 名如來藏 經云 如來者卽諸法如義
又云 世間一切生滅法 無有一法不歸如也

◉

대주 선사가 "너희들은 자꾸 오래 서서 무엇을 그렇게 묻느냐? 그렇
게 오래 서있지 말고 본래 할 일이 없으니 그만 가거라."라고 하였습
니다. 그리고 "다만 잘 간직하라."고 하였습니다. 그렇게 말하는데도
대중이 흩어지지 않고 그대로 있었습니다.

대주 선사는 "너희들은 무슨 까닭으로 가지 않고 여기에 있느냐?
빈도는 이미 너희들과 얼굴이 마주칠 때 모두 보여주었다. 내가 하는
말을 긍정하지 않느냐? 무슨 의심할 일이 있느냐?"라고 말하고 있습

니다.

대주 선사는 참으로 친절하게도 대중들에게 하나도 남김이 없이 가르쳐 주었습니다. 그러나 대중들은 대주 선사가 가르쳐 주지 않은 다른 것이 있는 것으로 의심을 하고 돌아가지 않았습니다. 그렇기 때문에 대주 선사가 말하기를 "내가 수고로움을 아끼지 않고 모든 것을 가르쳐 주었다. 그런데 왜 내 말을 믿지 않고 가지 않느냐?"라고 하였던 것입니다.

본래 심성은 청정하고 조작이 없는 것인데 사람들은 그렇게 쓰지를 못합니다. 남편이 집밖에 나가서 누구의 돈을 사기를 쳐서 빼앗았을지라도 집에 와서는 그렇다고 말하지 않습니다. 아이들도 마찬가지로 집에 와서는 부모에게 거짓말을 합니다. 솔직하고 담백하게 그대로 말하는 것이 청정하다는 것입니다. 거짓이 없는 것이 청정하다는 것입니다. 돈을 훔쳤으면 돈을 훔쳤다고 말을 해야 합니다. 교통사고가 났을 때 자신의 잘못으로 부딪쳤으면 자신이 잘못하여 사고가 났다고 사과를 해야 하는데도 오히려 상대방이 잘못했다고 소리를 지르고 싸움을 합니다.

옛날 아주 어려운 때에 친정아버지가 딸 집에 갔습니다. 그런데 딸은 시집살이를 하느라고 힘이 드는데 친정아버지가 왔으니 입장이 난처하였습니다. 딸은 시래기죽을 끓여서 드리고는 얼른 드시고 가시라고 하였습니다. 친정아버지가 죽을 다 먹고는 "나 그만 갈란다." 하고 일어서는데 딸은 방안에서 배웅도 하지 않고 잘 가시라고 하였습니다. 집으로 돌아온 친정아버지가 병풍을 쳐놓고 자기가 죽었다고 딸의 집에 부고를 띄웠습니다. 그러자 딸이 와서 병풍 앞에서 땅을 치고 울면서 "아이고, 아버지가 왔을 때 계란을 쪄드리니 '그것도 맛있다', '소고기도 맛있다' 하시고, 송편을 해드리니 '맛있다'고 잘 드시고 건강하시더니 어찌 이렇게 갑자기 돌아가셨습니까? 아이고, 나도 딸로서 할 일을 다 했으니 오빠가 아버지 남은 유산을 나에게 얼마나 주려는지 모르겠다."고 하였습니다. 그 소리를 듣고 병풍 뒤에서 누워 있던 아버지가 벌떡 일어나서 "야, 이것아, 네가 언제 해주기는 뭘 해줬어." 하였습니다. 그러자 딸이 "아이고, 아버지 죽음이 참죽음이 아닌데 내 말이 어찌 참말이겠습니까?"라고 말하였습니다.

세상의 많은 사람들이 진실하고 청정한 마음으로 살지 못하고 가면을 쓰고 거짓말을 하며 살아갑니다. 여러분은 청정하다고 말하면 지금 깨끗하고 청정하고 티 없는 것이 무엇인가 하고 생각합니다. 그러나 청정하다는 것은 우리 현실 그대로의 생활이 솔직하고 담백하여 조작이 없다는 말입니다. 설사 한 나라의 대통령이 잘못을 저질렀을지라도 "내가 가족과 친척을 외면할 수가 없어서 그렇게 했습니다. 잘못했습니다."라고 하면 되는데 그걸 피하려고 거짓말을 합니다. 그것이 청정하지 못하다는 말입니다. 청정하다는 것은 거울 앞에 나타난 그대로 비칠 뿐 조작이 없다는 것입니다.

대주 선사는 청정한 본래 그대로 다 가지고 있어서 해야 할 일이 없고, 본래에 깨끗한 자가의 보장(自家寶藏)을 다 가지고 있으니 그것을 단번에 알아서 그대로 쓰라고 말합니다. 그 마음을 그대로 현실에 쓰면 될 것을 그걸 못쓰고 자꾸 묻고 그러냐는 것입니다. 그런데도 대중이 의심을 버리지 못하자 "또 의심스러운 것이 있으면 물어라."라고 말하니 어떤 중이 나와서 "어떤 것이 부처입니까? 어떤 것이 법입니까? 어떤 것이 중입니까? 어떻게 하나가 삼보가 됩니까?" 하고 물었습니다.

대주 선사가 말하기를 "네가 곧 부처인데 왜 다시 부처를 구하느냐? 부처를 가지고 부처를 구하지 말라." 또한 "마음이 곧 법이니 법으로 법을 구하지 말라."고 하였습니다. 부처와 법이 둘이 아니어서 불법승 삼보를 화합해서 승이라고 하는 것이니 일체이면서 곧 삼보라는 것입니다.

조작이 없다는 말씀입니다. 현실 그대로 아무 거짓이 없이 그대로 한다는 말입니다. 조사스님들도 만약 어디에 가서 실수를 했다면 "아, 내가 실수했다."고 할 뿐입니다. 설사 내가 어디에 가서 돈을 벌면서 폭리를 취했다고 할지라도 그렇지 않은 것처럼 할 필요가 없습니다. 그것을 받아주는 상대방도 "아, 그런가?" 할 뿐입니다.

그렇지 않고 "왜, 그랬느냐?" 하고 꼬치꼬치 캐물어서 죽이느니 살리느니 하면 그것이 바로 깨끗하지 못하다는 말입니다. 만약 남편이 밖에 나가서 술을 마시고 잠을 잤다고 하면 "아, 그렇습니까?" 하면 될 것을 아무것도 아닌 일을 가지고 생사를 걸고 시비를 따질 필요가 없습니다. 그것이 모두 조작이라는 말입니다.

여기서는 그 마음을 말하는 것일 뿐 다른 것이 없습니다. 더 이상 거기에 시비를 논할 대상이 없다는 말입니다. 이 세상 사람들 누구나 아들이든 부인이든 남편이든 대통령이든 시장이든 그와 같이 마음을 쓴다면 아무 탈이 없습니다. 삼보가 다른 것이 아니라 마음이며, 몸과 입과 뜻이 청정한 것(身口意淸淨)이 바로 부처입니다. 신구의가 청정하지 못한 것을 부처가 이 세상에 없다고 하는 것입니다. 청정하지 못한 가정이나 사회에는 부처가 없습니다.

화를 낼 때는 기쁜 것이 함께 나올 수 없습니다. 만약 성질을 낼 때 기쁜 마음이 동시에 나오면 "아, 기쁜 마음과 화를 내는 마음이 두 개가 있구나." 하겠지만 성질이 날 때는 성질나는 것뿐입니다. 그리고 마음이 기쁠 때는 기쁠 뿐 다른 것이 없습니다. 그러므로 단지 그 한 놈이 기쁨도 내고 화도 내고 일체를 낸다는 말입니다. 그러니 일체가 바로 그 한 놈이어서 둘이 아니라는 말입니다. 예를 들면 두 걸음은 한 걸음부터 시작되어 나왔기 때문에 두 걸음이 됩니다. 그러면 한 걸음 두 걸음이 어디에서 나왔겠습니까? 한 걸음도 두 걸음도 모두 한 통 속에서 나왔지 다른 데서 나온 것이 아닙니다.

뱀이 용이 되었다고 해서 비늘이 없어지는 것이 아닙니다. 용이지만 뱀의 비늘을 그대로 가지고 있습니다. 중생이 깨달으면 부처인데 여러분의 지금 모양 있는 그대로 부처님이라는 것입니다. 중생심을 돌이켜서 부처를 짓지만 그렇다고 해서 그 얼굴은 달라지지 아니한다는 것입니다. 부처님이 쓰는 마음이나 중생이 가지고 있는 마음이 어떻게 다르겠습니까? 만약 다르다면 부처는 부처로 있어야 되고, 중생은 영영 중생으로 남아 있어야 할 것입니다.

"성품이 본래 청정해서 닦아서 이룰 것이 아니니라(性本淸淨 不待修成)."라고 하였습니다.

만약 닦아서 만들어지는 것이라면 그것이 오히려 이상한 것입니다. 뭘 닦아서 부처가 나온다면 말이 안 됩니다. 본래 깨달아 있는 물건이고 본래 진실하고 깨끗한 물건이고 닦을 것도 없고 깨달을 것도 없으니 오직 바로 보라는 말입니다. 그리고 바로 보고 "아, 내가 착각하고 몰랐구나." 하고 바로 알라는 말입니다. 우리는 그저 잠깐 우리 자신이 어떤 존재인지를 잊어버렸을 뿐입니다.

한 생각 얼른 돌이켜서 깨달았다는 말은 내가 착각해서 몰랐던 것을 바로 알았다는 말입니다. 바로 알면 여러분이 부처님 마음 그대로 쓴다는 것입니다. 여러분이 중생심으로 질투하고 싸움하지 않는다는 말입니다. 누가 무슨 말을 하면 "아, 그렇습니까?" 하면 그뿐 뭣이 이렇고 저렇고 하는 이론이 필요 없다는 말입니다. 그것을 곧바로 쓰면 됩니다.

밖으로 쓰는 마음이 마음대로 잘 안 될 때에는 『금강경』에 말씀하시길 훈습하고 단련하여 자력自力을 얻으라고 말씀하셨습니다. 훈습은 화두, 염불 등을 통해서 완벽하게 단련한다는 말입니다.

증상만자增上慢者는 공부를 제대로 안 하고 잘못 알아서 거만을 피우는 사람을 말합니다. 예나 지금이나 글줄이나 읽은 사람 가운데는 무엇을 안다는 착각에 빠져서 모르는 사람을 무시하고 아만심을 갖는 사람이 있습니다. 그러한 사람을 증상만자라고 합니다.

대주 선사는 "진공眞空은 막힘이 없어 응해서 쓰는 데 다함이 없다. 처음도 끝도 없어서 영리한 근기를 가진 사람은 즉시 깨달아서 짝할 수 없는 법을 사용하니 이것이 곧 아뇩다라삼먁삼보리이다."라고 설명합니다.

백두산 천지 못에서는 물이 끝이 없이 솟아납니다. 물의 본성은 아래로 흐르는 것인데 높은 산봉우리에서 물이 솟아나니 참으로 묘한 것입니다. 우리의 참된 진여 자리 역시 천지 못처럼 무한합니다. 그렇기 때문에 근기가 아주 날카로운 사람은 이 말에 단박에 깨달아 쓸 뿐만 아니라 쓰는 데 있어서 일체 평등하게 잘 씁니다.

대주 선사는 양변을 여의어서 선과 악, 미움과 사랑, 있고 없음의 두 가지 모양에서 완전히 탈피해서 말했습니다. 그렇기 때문에 말을 하면서도 "이것은 이것이다."라고 꼭 고집해서 말하지는 않았지만 양변을 떠나 있는 본체의 자리를 분명히 드러내서 말씀을 하였습니다. 이 분이 말씀하는 것은 부처님이 말씀하는 것과 똑같아서 한 치의 어긋남도 없습니다. 예전에 부처님도 그랬습니다. 한 동자가 부처님 제자가 되겠다고 찾아오자 그에게 물었습니다.

"너는 집에서 무엇을 했느냐?"

"저는 집에서 거문고 타는 것을 좋아해서 그걸 탔습니다."

"거문고를 탈 때 거문고 줄을 느슨하게 해서 타면 어떠한고?"

"그러면 소리가 잘 안 납니다."

"줄을 아주 조여서 타면 어떠한가?"

"그러면 줄이 끊어져서 소리가 나지 않습니다."

"줄을 느슨하게 하지도 않고, 탱탱하게 조이지도 않아서 그 중간을 취하면 어떠한가?"

"그러면 맑은 소리가 대천세계에 두루 퍼져서 덮습니다."

부처님이 말하였습니다.

"내가 모든 사람에게 가르치는 도 역시 이와 같으니라. 어느 한쪽에 치우쳐서 하지 말라."

부처님은 그렇게 말해 주면서도 그것이 바로 중도라고 말하지 않습니다. 다만 은연중에 그것이 드러나도록 표현할 뿐입니다.

『아함경』에서는 "내가 양변을 떠나서 양변을 취하지 않는 것이 중도이니라."라고 말하였습니다. 팔정도 역시 중도를 은연중에 드러내서 말한 것입니다. 그러나 부처님은 나중에는 반드시 "이것을 중도라고 못을 박아서 고집하지 말라."고 하였습니다. 대주 선사도 우리에게 항상 가르치는 것이 그것입니다. 두 가지의 양변을 여읜 바로 우리의 본성 자리 이것을 놓고 항상 말씀하는 것입니다.

본성 자리는 성상性相의 체體가 공空해서 허공처럼 무변신無邊身이라, 만 가지의 행으로 장엄한다고 하였습니다. '만행장엄'이 무엇입니까? 선방에서 안거 수행을 마친 스님들이 해제가 되면 만행을 다닙니다. 그런데 만행 나온 스님에게 만행이 뭐냐고 물으면 바람을 쐬고 돌아다니는 것이라고 합니다. 그것은 만행이 아닙니다.

만행은 공부를 마친 분이 저잣거리에 나가서 중생을 교화하러 다니는 것을 말합니다. 그런 분이 온 시방 대천세계를 다니면서 이런 몸, 저런 몸으로 나투는 것입니다. 나툰다고 하여 몸이 귀신처럼 화해서 나타나는 것이 아닙니다. 거지의 소굴에 가면 거지처럼 행세하면서 거지들을 제도한다는 말입니다. 온갖 모양으로 중생들과 같이 생활하면서 법을 펴서 가르친다는 말입니다.

만행은 곧 보시, 지계, 인욕, 정진, 선정, 지혜의 육바라밀을 바로 행하는 것입니다. 우리가 육바라밀을 닦으려고 하면 힘들어서 안 됩니다. 예를 들어 "너의 재산을 다 털어서 누굴 도와주라."고 하면 말처럼 실천하기가 어렵습니다. 더구나 아무것도 모르는 사람에게 너의 재산을 좀 떼어내어 어려운 사람을 도와주자고 하면 누가 선뜻 내놓겠습니까? 아무리 부처님이 육바라밀을 말씀하였으니 보시를 하라고 해도 그것을 실천하기가 어려운 것입니다. 보시를 행할 수 있으려면 여러분의 본성을 바로 봐서 당장에 놓고 쉬어야 합니다.

자신의 본성을 깨달은 사람은 천하에 부러울 것이 없고 더 구할 것이 없습니다. 더 구할 것이 없는 사람은 천하에 제일가는 부자이기 때문에 그 사람은 세상 사람들에게 베풀 것밖에 없습니다. 그렇게 되지 않는 사람에게는 한 생각을 바로 깨달아서 행하라고 가르쳐 주어야 합니다. 그래서 가르침을 통하여 교화하려고 세상에 나온 것입니다.

포대 화상 같은 분은 항상 포대를 짊어지고 이 사람이 오면 주고,

저 사람이 오면 주었습니다. 중생을 교화하기 위한 것입니다. 만행을 장엄한다는 것은 중생을 깨우쳐서 부처님 세계로 만들어 준다는 말입니다.

이 사람이 깡패소굴에 가서 깡패를 제도하면 무슨 이름이 붙겠습니까? 그 사람에게는 좋은 이름이 붙습니다. 마음이 악한 사람에게 가서 악한 마음을 고쳐주는 이 사람은 무슨 이름을 얻겠습니까? 이 사람은 세상에 가서 행동하는 그 자체가 아름다우니 그대로 아름다운 이름만 붙을 뿐입니다.

무진장이란 다함이 없이 갈무리해둔 고방에서 보물이 무한정 나온다는 뜻입니다. 일체 지혜를 내기 때문에 지혜를 갈무리해 둔 고방입니다. 예전에 33조사 가운데 선가난제라는 조사가 있었습니다. 그런데 어느 동자승이 선가난제 스님을 찾아왔습니다. 선가난제 스님은 그 사람이 자신으로부터 법을 받을 수 있는 근기가 되는지, 정말로 자기 마음의 심성을 깨달은 자인지를 시험하고자 하였습니다. 그때 마침 바람이 불어 처마 끝에 달아놓은 풍경이 울렸습니다. 그러자 선가난제 스님이 물었습니다.

"저게 바람이 우는 것이냐, 아니면 풍경이 우는 것이냐?"

그러자 동자승이 말하였습니다.

"풍경이 우는 것도 아니요, 바람이 우는 것도 아닙니다."

"그러면 뭐냐?"

"제 마음이 울 뿐입니다."

"바람도 풍경도 그런 것이 아니고, 마음이 운다면 무엇을 가지고 마음이라고 하는 것이냐?"

이럴 때 만약 어떤 사람이 주먹을 앞으로 내밀거나 소리를 지른다면 그것은 옳은 답이 아닙니다. 오직 확실히 깨달았을 때 비로소 분명한 대답이 나옵니다.

동자승이 말하였습니다.

"일체가 모두 고요합니다. 그러나 이것은 삼매는 아닙니다."

그러자 선가난제 스님이 말하였습니다.

"선재로다. 나의 법을 이을 자가 너 아니고 누구이겠느냐?"

분명한 소식을 아는 사람은 분명한 대답이 나옵니다. 쓸데없는 짓은 하지 않습니다. 자물통의 열쇠가 맞아야 열리지 맞지 않는 열쇠로는 아무리 열려고 해도 열리지 않습니다. 여러분이 '이뭣고?' 화두가 쉬운 줄 알지만 '이뭣고?' 화두를 깨달으면 1,700공안이 다 풀립니다. 어떤 사람은 '이뭣고'는 쉽고, '무無' 자는 어렵다고 그럽니다. 무 자 화두도 '이뭣고'하고 똑같습니다. 확실히 공부해서 본인이 알아야지 알지 못하고 섣불리 생각으로, 이론으로 알아내는 것은 하지 말아야 합니다. 확실히 자신의 근기를 비추어보아 돌이켜 점검해야 합니다.

어떤 사람은 찾아와서 말했습니다.

"'이뭣고'가 해결되었습니다."

"그래? '이뭣고'가 해결되었으면, 그럼 너는 뭐냐?"

그러자 합장하고 한 바퀴 빙 돕니다.

한참 있다가 "지금은 또 뭐냐?" 하니 주먹을 듭니다. 좀 있다가 "지금은 또 뭐냐?" 하니 절을 합니다.

"너는 집에 가서 너의 스님이 아무것아 하고 너의 이름을 부르거든 빙 돌아라. 또 부르거든 주먹을 들어라. 아침밥 먹으러 가자 하면 빙 돌아라. 일생을 그렇게 살아라."

그렇게 말하였습니다. 이렇게 해서는 해결되지 않은 것입니다.

또 어떤 처사님이 찾아와서 '이뭣고'를 알았다고 합니다.

"어떻게 알았습니까?"

"다만 목전에 요놈뿐입니다."

"그건 아니다, 틀렸다."

그러니까 일어나서 앉았다가 땅을 탁 칩니다.

"글쎄, 그건 아닌데." 하니 "하늘은 높고 땅은 낮습니다. 또 청산은 부동이고 물은 흐릅니다." 그렇게 말합니다.

"그건 틀렸습니다."

"어떤 스님은 이 정도면 되었다고 하던데요."

"글쎄, 암만 그래도 나는 안 됐어."

'이뭣고'에서는 주먹을 든다든지 절을 한다든지 하늘은 높다든지 땅은 넓다든지 모두 통하지 않습니다. 그렇게 해서 통했을 것 같으면 도인, 조사가 무수히 많을 것입니다. 여기는 딱 한마디가 있습니다. "무엇이냐?" 했을 때 딱 한마디뿐입니다. 그 한마디가 나왔을 때 또 한 번 더 물으면 그 다음에 나오는 것이 분명히 있습니다. 그건 깨닫지 않고는 나오질 않는데 어떻게 하겠습니까?

공부하는 사람이 이 말을 듣고 해결이 안 되면 정말 뼛속 깊이 사무치게 발심을 해야 됩니다. "다른 분은 언하에 해결되었다는데 나는 왜 이렇게 안 되는가?" 하고 말입니다. 생명을 걸고 화두를 참구해서 반드시 '이뭣고'가 해결되어야 합니다.

실제로 공부해서 이 자리를 분명히 알면, 여여如如한 자신이 여여한 것과 바로 계합이 되어서 둘이 아닙니다. 본인 자신이 여여하다는 것입니다. 본인이 여여하니 일체 만법이 그대로 여여하여, 여여하지 아니한 것이 없습니다. 그러나 이 여여의 도리를 바로 깨달아 알지 못하면 우리 인간은 항상 생멸법生滅法을 가지고 살기 때문에 나고 죽는 생멸법을 벗어나지 못합니다.

이 공부는 철저한 믿음이 있어야 됩니다. 이 자리에 앉아 있지만 반신반의로 앉아 있는 사람이 있습니다. 그러면 본인도 시간이 지겹고 괴로울 뿐만 아니라, 이 산승도 시간을 헛되이 소비하기 때문에 손해가 많습니다.

또한 이 자리에서 법문을 들으면서 화두를 들고 있으면 안 됩니다. 화두를 들려면 여기 있지 말고 선방에서 참선해야지, 여기 와서 참선한다고 화두 들고 앉아서 꾸벅꾸벅 졸고 있으면 되겠습니까? 화두를 든다고 하거나 화두를 챙긴다고 말하는 것은 공부가 무엇인지를 모르고 말하는 사람입니다. 그 사람은 저 밑바닥에 생멸심을 가지고 있는 사람입니다. 화두를 든다고 생각하고 앉아 있으면 그 자체가 망상입니다. 이런 생각 저런 생각을 모두 떨쳐버리고, 오직 어떤 법문이 나올까 하고 일념으로 귀를 기울여야 합니다. 일념이 되면 이 한마디 듣는 데서 곧바로 계합이 됩니다.

저도 과거에 선방에 다닐 때는 멋모르고 큰스님 법문 한다고 하면 화두를 들고 졸았습니다. 그러니 무슨 말씀을 했는지 알 수가 없었습니다. 그런데 가만히 생각을 해봤습니다.

'내가 화두를 들고 공부할 것 같으면 저 스님한테 법문을 들으러 와서 앉아 있을 필요가 없지. 그냥 앉아 있으면 시간 낭비이니 이거 보통 일이 아니구나.'

그래서 큰스님에게 물어봤는데 어떤 분은 "화두를 들고 앉아 있어도 된다."고 하였습니다. 또 어떤 분은 "그러면 안 된다. 법문하는 데 모든 생각을 털어버리고 오직 일념으로 '무슨 법문을 하려나?' 하고 마음을 지극하게 다해야 말씀 한마디에 네가 바로 깨달아 계합하게 된다. 그렇지 않으면 53선지식善知識을 친견한 선재동자가 무엇 하러 선지식을 친견하러 돌아다니겠느냐? 가만히 화두를 들고 앉아 있지.”라고 말씀하였습니다.

법문을 들을 때는 화두를 들고 있어서는 안 됩니다. 그러면 역대 조사스님들 찾아가서 물을 것이 뭐가 있겠습니까? 화두를 들고 가만히 앉아 있으면 될 것을 말입니다.

저는 선방에 있을 때는 반드시 조실스님에게 가서 묻고 경책을 받았습니다. 공부하다가도 한 생각이 일어나면 그냥 지나치지 않고 찾아가서 “제가 문득 이렇게 깨달은 듯한데 이것이 확실한 것인지 짚어주십시오.” 하고 물었습니다. “뭘 어떻게 알았느냐?” 하고 물으셔서 “이런 게 아닌가 생각했는데 어떻습니까?” 하고 말하면 또 저에게 물었습니다. 그러면 제가 알 수가 있나요? “조사스님이 서쪽에서 온 뜻이 무엇입니까?” 하고 물으면 “판때기 이빨에 털이 났다 했는데 너는 그것을 알겠느냐?”라고 물었습니다. 그것을 알 수가 없었습니다.

한 번은 밤에 고암 스님을 찾아가니 스님께서 묻기를 “너는 뜰 앞의 잣나무 뜻을 알겠느냐?”라고 하였습니다. 제가 뭐라고 한마디 하니 고암 스님께서 “이놈아, 어디다 입을 대느냐!” 하고 고함을 질렀습니다. 또 뭐라고 한마디 대답을 하려고 하는데 소리를 꽥 질렀습니다. 그러니 할 말도 없고 그냥 앉아 있었습니다. 그렇게 경책을 받고 나서 분심이 생겨 단 하룻밤을 지새우고 다시 뛰어가서 공부에 대해서 점검을 받고 인가를 받았던 것입니다.

제가 남장사에서 계를 받고 6년을 보냈는데 강원을 보내주지 않았습니다. 그래서 걸망을 지고 도망을 나왔습니다. 누가 청암사에 가면 일대 강백이 있다고 하여 찾아갔는데 그냥 받아주지 않았습니다. 석 달을 지내려면 쌀 서 말을 내야 됩니다. 저는 도망을 나온 주제이니 누가 쌀을 대줄 리도 없고, 천지에 제가 아는 신도가 없었습니다. 그래서 초파일을 보려고 김천의 어느 대처승이 사는 데를 갔습니다. 그분은 대처승이지만 일본 대학을 나왔습니다. 부인이 굉장히 억세서 스님을 아주 무안하게 할 때도 있었습니다.

제가 그 절에 가기 전에 포교당이라는 데서 잠을 잤는데 새벽녘에 웬 객스님이 걸망을 지고 들어와서 누가 혹시 오거든 내가 없다고 하라고 합니다. 그런가 보다 하고 있었는데 잠시 후에 밖이 시끄러워서 문을 열고 보니 어떤 보살이 몽둥이를 들고 내려와서는 "어떤 중이 오지 않았느냐?"고 하였습니다. 그런데 그 중은 객실에 숨어서 나오지도 못하고 있었습니다. 그래서 속으로 '이상하다. 왜 스님이 저렇게 꼼짝을 못하고 있나'라고 생각하였습니다. 당시에 직지사의 주지를 지냈던 도인스님인 봉인 스님이 포교당 주지를 했었습니다. 봉인 스님은 일생을 걸망을 지고 다닌 수좌스님인데 그분을 무심도인이라고 그랬습니다. 봉인 스님이 나오면서 "아, 보살 왜 그래?" 하니 "큰스님, 아침에 객스님 하나 안 왔어요?", "못 봤는데. 왜 그래?" "예불을 하라 했더니 죽비를 딱딱 치며 예불 다 마쳤다고 하길래, 그렇게 하지 말고 지심귀명례 계향 정향 하며 하라고 했더니 계향 정향을 할 줄 모르잖아요. 그래서 몽둥이를 가지고 뒤에서 막 두드려 팼더니 삼십육계 줄행랑을 놓더라고요. 예불도 못하는 중이 무슨 중이냐고요."

저는 그 절인 줄도 모르고 사월 초파일 되면 돈을 좀 준다고 하기에 갔었습니다. 가서 보니 그 보살이 거기 있었습니다. 속으로 '내가 예불하고 불공을 못하는 것은 아니니 혼날 일은 없겠지' 생각하고 사월 초파일을 거기서 보냈습니다. 노장스님은 학자인데 연세가 많아서 예불 같은 것을 잘 못했습니다. 제가 소리를 내서 아주 멋지게 불공을 했습니다. 혹시 그 힘센 보살에게 두드려 맞으면 어쩌나 하고 목청껏 소리를 높여 잘했습니다. 그랬더니 사월 초파일날 돈 50원을 줍니다. 그때가 1964년이니까 화폐개혁 뒤였습니다. 50원을 받아서 국수를 사고 술을 됫병으로 사서 걸망에 넣었습니다. 걸망 안에는 옷이며 책이 잔뜩 들어 있었습니다. 그런데 대덕에서 청암사까지 돌아가면 40리고, 재를 넘어가면 30리 길입니다. 그 무거운 걸망을 짊어지고 태산준령을 걸어 넘어가 방부를 들이려고 객실에 있었습니다.

처음에는 방부를 들여주지 않았습니다. 그래서 새벽에 종성을 한번 멋지게 했더니 스님의 목소리가 좋다고 하면서 방부를 받으라고 하였습니다. 그리고 가져간 국수와 술을 보고는 “이 국수하고 술은 누가 가져왔나?” 물으니 “아, 저 사람이 가져왔습니다.”라고 하였습니다.

“내가 곡차 좋아하는 거 알고 가져왔느냐, 모르고 가져왔느냐?”

“저는 잘 모르는데 큰스님이니까 잡수실 것 같아서 사왔습니다.”

“그래 사오긴 잘 사왔다. 그런데 다른 사람이 보면 너를 이상하다 안 하겠느냐?”

“공부를 하려면 무엇이든지 신심信心을 가지고 올려야 되지 않겠습니까?”

“그렇지 공부하는 사람은 신심이 있어야 되느니라. 네가 그와 같이 구하고 배우려 하는 마음을 내는데 내가 어찌 방부를 받지 않겠느냐.”

그래서 방부를 들였던 것입니다.

우리가 공부를 하는 데는 신信을 가져야 됩니다. 오늘날에는 승속僧俗 간에 믿음을 갖지 않습니다. 재가신도들은 승을 믿지 않기 때문에 혼자 공부를 합니다. 그런데 스승한테 매를 맞고 공부하지 않은 사람은 아무리 해도 해결을 할 수 없습니다. 저는 스승 없이 혼자 공부가 되는 사람을 보지 못하였습니다. 스승으로부터 엄청나게 시달리고 갖은 구박을 받은 그 사람이 오늘날 행세하는 것입니다.

제가 통도사에 갈 때도 그렇고 범어사 동산 스님도 그렇고 큰스님을 모실 때는 철저한 신臣을 가졌습니다. 한 철 내 공부할 때 시자를 통해서 언제, 왜 만나느냐 허가를 받아서 예약을 해야만 큰스님을 만날 수 있었습니다. 면담하는데도 긴 시간을 주지 않습니다. 5분, 길어야 10분 동안 몇 마디를 묻고 답하였을 뿐입니다. "아니다, 더 해라." 하는 말을 듣든가 아니면 몽둥이로 정신없이 두드려 맞고 나왔습니다.

어떤 사람이 살면서 나름대로 자수성가해서 큰 공장을 운영하는 사장이 되었다고 합시다. 만약 밑에 있는 직원이 일도 하지 않고 와서 돈 주시오 하면 돈 줄 사장이 누가 있겠습니까? 돈 많은 사장에게 좋은 일 할 테니 돈 다 내 놓으시오 하면 얼른 내놓을 사람이 있겠어요?

아무리 이 세상에서 벼슬을 하고, 돈을 벌었지만 마지막에 가서 자기 인생을 되돌아보면 괴로움에서 벗어나지를 못했습니다. 천하에 없는 문장가, 학자, 예술가, 영웅이라고 할지라도 마지막 죽음에 이르러 괴로움에서 벗어났느냐 하면 절대 벗어나지를 못합니다. 그렇게 세상에서 해결하지 못한 괴로움을 이 문중에 와서 해결합니다. 그냥 해결하는 것이 아니라 반드시 스승을 만나서 스승의 가르침을 따라서 본인이 공부를 하고 점검을 받아서 진정 괴로움에서 벗어나는 사람이 됩니다. 그것을 해탈했다고 말하고, 깨달았다고 말하고, 열반이라 하지만 그렇게 되기까지는 그냥 되는 것이 아닙니다.

만약 스승이 일생 동안 공부했던 것을 공부도 하지 않고 "저에게 공부의 비법을 알려주시오." 하였을 때 그 사람에게 비법을 가르쳐 주면 안 됩니다. 내 마음을 다해서 지극하게 하여 허공처럼 텅 비워졌을 때 그 스님이 일생 동안 공부하여 깨달은 도리를 한마디해 주면 그만 거기서 해결이 되는 것입니다.

그런데 요즘은 배급을 주듯이 화두를 막 줍니다. 자기 생각도 정리되지 않은 사람이 무턱대고 찾아와서 "저에게 참선을 가르쳐 주십시오. 화두를 주십시오." 하고 말하면 "그래, 공부를 하거라." 하고 화두를 줍니다.

저에게 오는 사람 중에도 수도 없이 "저 화두를 탔습니다."라고 합니다. "누구에게 받았느냐?"라고 물으면 "누가 화두를 주었습니다." 라고 말합니다. "그래, 되느냐?" 하고 물으면 "하나도 안 됩니다." "몇 년을 했느냐?" "10년 동안 했습니다."

이렇게 공부를 해서 되겠습니까? 제가 하는 말을 여러분이 분명히 알아들어야 합니다. 만약 제가 말씀드린 이것을 귀 밖으로 흘려보내면 스님들은 일생 동안 이 절에 들어와서 가사 장삼 믿고 허송세월 보내는 거고, 재가신도들은 마을에 살면서 일생 동안 허송세월을 보내는 것입니다. 만약 그러한 마음으로 참선을 하면, 거짓참선을 하는 것입니다.

제가 왜 화두를 주기 전에 절을 삼천 배 하라고 하는지 아십니까? 그것은 제가 잘났다고 그러는 것이 아니라 여러분을 위한 것입니다. 법당에 가서 절을 삼천 배 해야 화두를 일러준다고 했더니 어떤 사람이 불평을 하고 욕을 하면서 갔다고 그러더군요. 그런 사람은 자질이 되지 않은 사람입니다. 법당에 가서 절을 삼천 배 하는 과정이 바로 자기 자신이 공부를 하기 시작하는 길입니다. 그것이 자신을 수련하는 지름길인데도 불구하고, 그것을 마다 하고 쉽게 화두 참선하는 방법을 가르쳐 달라고 하면 안 됩니다.

이 절로 저 절로 다니면서 적당하게 편리하게 사는 사람을 많이 보았습니다. 그렇게 공부하면 자기가 일생 동안 가지고 있는 그 썩어빠진 살림살이 하나도 내던지지 못합니다. 자기가 짊어지고 다니는 것을 눈꼽만큼도 버리지 못하고, 오히려 불어났으니 어떡합니까? 그러면서 참선을 몇 년 했다고 하면 참 기가 막힙니다.

그래서 과거에 조사스님들이 재를 뿌리고, 오줌을 던지고, 욕을 하고, 육두문자를 쓰면서 가라고 했던 것입니다. 그러한 데는 다 이유가 있어서 그러는 것입니다. 그 사람의 자질이 공부할 수 없기 때문에 그러는 것입니다. 그 마음을 쓰는 것이 그릇을 거꾸로 엎어 놓은 것과 같은 사람에게는 아무것도 담아줄 수가 없습니다. 그래서 공부하는 자세가 되도록 하기 위하여 첫 과정으로 보자마자 재를 뿌리는 것입니다. 그것이 공부하는 첫 과정인데도 불구하고, 그것을 받아들이지 못하는 근기라면 공부를 할 수 없는 것입니다. 그것을 받아들이지 못하는 근기를 붙들어 놓고 아기에게 사탕을 주듯이 달래가며 하라고 하면 안 됩니다.

제가 이 절에 있는 것이 20년이 다 되어 가는데, 그 동안 오는 사람마다 근기에 맞춰 사탕을 줘가면서 달래고 따라가며 비위를 맞춰주면서 해봤지만 한 사람도 건지지 못했습니다. 지금 그 사람들은 공부를 하지 않습니다. 지금은 이 절에 오지도 않습니다. 처음에 한두 번 참선해 보더니 오지 않습니다. 오지 않는 사람을 제가 붙들어서 공부를 시킬 수는 없습니다. 그래서 제가 '이렇게 해서는 공부하는 사람에게도 좋지 않을 뿐만 아니라 내 건강에도 한계가 있으니 방법을 바꾸어야 되겠다'라고 생각하였습니다. 제 한 몸이 쓰러지는 것은 문제가 아닙니다. 지금 문제는, 선에 대해 공부해서 깨달았다고 쫓아오는 그 사람이 정말 알았는지 몰랐는지 확실히 바로 지도해줄 수 있는 사람이 몇 사람이나 있느냐 하는 것입니다. 그래서 '내가 치료를 해야 되겠구나' 하는 생각을 하였습니다.

화두 참선을 하려는 사람은 정말이지 이 공부를 열심히 해야 합니다. 그렇지 않으면 세상의 고통에서 벗어날 길이 없습니다. 그리고 이 공부는 스승 없이는 할 수 없는 공부입니다. 만약 어떤 사람이 고통에서 헤어날 길은 오직 이 길밖에 없는데, 가르쳐 주는 스승이 필요하다고 느끼거든 법당에서 삼천 배를 하라는 것입니다. 그것이 수행의 첫걸음이니 그것을 능히 하는 사람은 제가 화두를 줄 뿐만 아니라 묻는 대로 가르쳐 주고자 합니다.

어떤 사람은 공부를 하고자 하는 신심이 없이 그저 공부를 핑계로 제 방에 와서 한 시간이고 두 시간이고 자기의 개인 사정을 말합니다. 자식이 속을 썩인다거나 남편이 바람이 났다고 하고, 혹은 부인이 바람이 났다고 하고, 또 뭐가 어떻게 되어서 재산이 날아갔다고 합니다. 두 시간 혹은 세 시간씩 털어놓는 그 이야기를 다 들어주고 있다가 제가 다시 '이 사람을 그냥 둬서는 안 되겠구나' 생각하고, 그 생각을 바꿔주려고 두 시간을 이야기합니다. 그 사람이 이야기한 두세 시간과 제가 이야기한 두 시간을 합하여 네다섯 시간을 앉아 있다 보니 제 몸이 지치게 되었습니다.

이런 사람들은 신信이 부족한 사람들입니다. 선재 동자는 태어날 때부터 고방마다 재물이 꽉 찼었습니다. 그 많은 재산을 이 법 하나 구해서 깨닫기 위해서 버렸습니다. 법을 하나 배우기 위해서는 이 몸의 기름을 짜서 바친다고 했습니다. 혜가 대사는 왜 팔을 끊었겠습니까? 이러한 신信을 가지라는 뜻입니다.

第
十
一

●

죽이고 살리는 법

어떤 객이 있어 물었다.

"제자는 율사, 법사, 선사가 어떤 자가 가장 수승한 자인지 모르겠습니다. 원컨대 화상께서는 자비로 가르쳐 주십시오."

선사가 말하였다.

"율사라고 하는 자는 비니의 법장을 열어서 부처님의 유풍을 전하고 지키고 범하는 것을 통찰하여 열고 닫는 것을 통하게 하며, 위의를 지켜서 규범을 시행하고, 세 번의 갈마를 거듭하여 4과의 기초를 삼으니 숙세의 덕을 쌓은 백미가 아니면 어찌 이와 같이 하겠느냐?

법사라고 하는 사람은 사자좌에 걸터앉아 큰 강물이 홍수가 나서 쏟아져 내려오듯이 변론을 쏟아내 빽빽이 모인 많은 사람들에게 현묘한 관문을 열어주고, 반야의 미묘한 문을 열어주어 시주를 하는 사람이나 시주를 받아먹는 사람이나 시주하는 물건이나 모두 평등하여 공하게 베풀도록 하니 용상대덕이 아니면 어찌 감히 이 일을 당하겠느냐?

선사라고 하는 사람은 가장 요긴한 것을 이끌어내서 마음의 근원이 나고 들고 거두고 펴는 것을 바로 요달해서 깨닫게 해주며, 종횡으로 모든 만물에 응해서 일과 이치에 함께 균등하게 몰록 여래를 보게 하여 생사의 깊은 뿌리를 발본색원해서 바로 현전삼매를 획득하게 한다. 현전삼매를 획득한다는 것은 깊은 선정에 들어가서 가만히 안주해서 생각하는 그런 것은 아니다. 저 속에 이르러 모름지기 망연자실할 뿐이다.

기틀에 따라서 법을 일러주는 것이 삼학이 비록 다르지만 뜻을 얻고 말을 잊는다면 일승과 무엇이 다르겠느냐? 그런 고로 경에 이르되 ‘시방의 불국토 가운데는 오직 일승법만이 있을 뿐 둘도 없고 또한 셋도 없다. 부처님의 방편으로 설한 것을 제하고는 다만 거짓으로 이름을 빌려서 중생들을 제도하게 된 것이다’라고 하였다.”

객이 말하기를, “화상께서는 깊이 부처님의 뜻을 깨달아서 무애변재를 얻었습니다.” 하고 절을 하고 물러갔다.

有客問云 弟子未知 律師法師禪師 何者最勝 願和尚慈悲指示 師曰 夫律師者啓毗尼之法藏 傳壽命之遺風 洞持犯而達開遮 秉威儀而行軌範 牒三番羯磨 作四果初因 若非宿德白眉 焉敢造次 夫法師者 踞師子之座 瀉懸河之辯 對稠人廣衆 啓鑿玄關 開般若妙門 等三輪空施 若非龍象蹴踏 安敢當斯 夫禪師者 撮其樞要 直了心源 出沒卷舒 縱橫應物 咸均事理 頓見如來 拔生死深根 獲現前三昧 若不安禪靜慮 到這裏總須茫然 隨機授法 三學雖殊 得意忘言 一乘何異 故經云 十方佛土中 唯有

◉

비니법장毗尼法藏은 비구계, 사미계, 사미니계, 보살계, 오계 할 것 없이
부처님의 모든 계를 망라해서 가리킵니다. 그리고 사과四果는 사다함,
수다원, 아나함, 아라한을 가리킵니다.

백미白眉는 뛰어난 사람을 가리키는 말로 이와 관련된 고사가 있습
니다. 옛날 초나라에 마씨 집안에 5형제가 있는데 그 중 흰 눈썹이 많
이 섞여서 길게 난 아들이 가장 뛰어난 인물이었습니다. 그래서 훗날
백미는 뛰어난 인물을 가리키는 말로 사용되었습니다.

계라고 하는 것은 범하고 가질 줄을 알아야 하고, 열고 닫을 줄 알
아야 합니다. 예를 들면 바른 말을 하면 자기는 살지만 백 명이 죽는
다고 할 때 거짓말을 해서 나도 살고 다른 사람들도 살 수 있다면 거
짓말을 해야 합니다. 이것을 계를 범한다고 하였지만 사실은 계를 범
한 것이 아닙니다. 자신의 오욕락에 대한 욕심을 모두 버리고 대중을
위하여 거짓말을 하는 것을 계를 범한다고 하지만, 대승적인 차원에
서 보면 그것은 범하는 것이 아닙니다.

계를 지킨다는 것은 계행을 철저히 가진다는 말입니다. 오욕을 모
두 버려서 마음을 오롯하고 깨끗이 가지기 위해서는 철저히 계를 지
켜야 하는 것입니다. 그것을 말하기를 열 줄도 알고 닫을 줄도 안다고
합니다. 그것은 곧 계를 쓸 줄 안다는 말입니다. 그러면 과연 그것만
이 계를 지키는 것인가 하면 그렇지 않습니다. 여기서 더 차원을 높여

가면 과연 누가 개차開遮를 잘 하는가?

남전 스님의 다음과 같은 일화가 있습니다. 그때 동당과 서당의 스님들이 고양이 한 마리를 놓고 서로 싸우고 있었습니다. 그러자 남전 스님이 고양이를 들고 올라가서 말하였습니다.

"말하라. 말하면 고양이는 살 것이요, 말하지 못하면 죽는다."

스님들 가운데서 한 사람이 "야옹, 야옹" 하였습니다. 그러나 남전 스님이 고양이의 목을 쳤습니다. 그러면 남전 스님이 살생을 한 것일까요?

이 분이 바로 개차지법開遮之法을 바로 쓰는 분입니다. 남전 스님은 살생을 한 것이 아니라 계행을 잘 지킨 것입니다. 이처럼 계행을 올바로 지킬 수 있는 사람은 다름이 아니라 스스로 공부를 하여 생사의 고통에서 해탈한 사람입니다. 그런 사람만이 과감하게 개차지법을 쓸 수 있습니다.

만약 공부가 완성되지 못한 상태에서 계행만 지키려고 하면 자꾸 어기게 됩니다. 다시 말하면 계정혜가 함께 지켜져야지 계만 지켜도 안 되고, 정만 지켜도 안 되고, 지혜만 지켜도 안 됩니다. 지혜가 있다고 하여 함부로 다니면서 계행을 마구 파기하면 안 됩니다. 분명히 곡절이 있어서 그 때에 맞춰서 쓰는 것을 개차지법이라고 합니다.

예전에 약산 스님이 풀을 베고 있는 데 어떤 중이 다가오자 그 사람이 보는 앞에서 낫으로 뱀의 목을 탁 끊었습니다. 그러자 그 중이 "나는 도인이라고 해서 찾아왔더니 아주 추한 중이로다."라고 말하였습니다. 그 중은 계행을 철저히 지키고 살생하지 말라고 했기 때문에 살생하지 않아야 된다고 하는 생각이 머리에 꽉 박혀 있는 사람인데 약산 스님이 풀을 베던 낫으로 뱀의 목을 탁 쳐버렸으니 그렇게 하지 않을 수가 없었습니다. 말을 마친 중이 돌아서서 가려고 하는데 약산 스님이 "어이, 이보게." 하고 불렀습니다. 그 중이 머리를 돌려 돌아보자 "네가 추한가, 내가 추한가?"라고 물었습니다. 이 수좌가 그 자리에서 오지도 가지도 못하고 물끄러미 서 있다가 그만 한 생각을 깨달았습니다.

적재적소에서 개차지법을 잘 쓰는 것은 공부해서 이 일을 마친 사람이 아니면 못합니다. 만약 계를 지키려고 하면 자꾸 어긋나는 것입니다. 마음을 조복 받아서 내 마음을 자유자재로 쓸 때 계를 지키려고 하지 않아도 저절로 지켜지는 것입니다.

단하천연 선사는 방이 추워서 잠을 잘 수가 없자, 법당의 목불을 패서 아궁이에 넣어 불을 피우고 잠을 잤습니다. 그렇지만 그분은 그냥 그렇게 한 것이 아니라 개차지법을 알아서 그것을 잘 쓴 것입니다.

이런 말을 들으면서 자기를 비추어 보고 발심을 해야 합니다. 그렇지 않고 그럭저럭 세월만을 보내서는 안 됩니다. 저 역시 용맹정진을 밥 먹듯이 했습니다. 요즈음에도 거의 잠을 자지 않습니다. 저는 꼭 밤 11시에서 12시 사이에 사방으로 순행을 돕니다. 그런데 저를 본 사람이 아무도 없습니다. 모두 그저 천지 모르게 자고 있습니다. 예전에 제가 다른 곳에서 가끔 입승을 볼 때 밤에 순행을 돌면 저와 마주치는 사람이 두어 사람은 있었습니다. 밤 1시가 되어도 잠을 자지 않고 애를 써서 공부하는 사람이 있습니다.

대주 선사가 말하기를 "망연자실茫然自失"이라고 하였습니다. 여러분이 "판대기의 이빨에 털이 났다板齒生毛."고 말하면 거기에 가서 무슨 말을 할 수가 있겠습니까? 이치로 들이대도 맞지 않고 말이나 생각으로 들이대도 맞지 않습니다. 생각으로도 미칠 수 없고, 이치로도 미칠 수 없으며, 그 어떤 것으로도 미칠 수가 없습니다. 주먹을 내밀어도 얻어맞고, 가만히 앉아 있어도 얻어맞습니다. 그래서 전후좌우 돈절이라, 앞생각 뒷생각, 지나간 생각 다가올 생각, 현실에 있는 생각이 모조리 딱 끊어졌다는 말입니다. 이처럼 모든 생각이 딱 끊어진 것을 망연자실이라고 말합니다. 모든 것을 몰록 잊어버리고 돌장승처럼 있다는 말입니다. 아주 기가 막힌 일을 당하면 아무런 생각도 나지 않는 것과 같습니다. 여기 가서는 모든 것이 통하지 않으니 아무것도 모르고 다 잊어버린 것입니다.

예전에 어느 신도 집에 불이 난 것을 봤는데 불이 엄청나게 타니까 어떻게 할 도리가 없었습니다. 보살이 그것을 보고 "아이고" 하더니 아무런 말도 못하고 자기가 들고 있던 전화기만 들었다 놨다 그랬습니다. 남편도 하도 기가 막혀 엄두가 안 나니 아무 말도 못하고 멍하니 쳐다보고 있었습니다. 저도 보니 어찌할 도리가 없었습니다. 만약 자기 가족이 갑자기 몰살당했다면 어떻겠습니까? 그런 참혹한 일을 당했을 때 무슨 생각이 있을 턱이 없습니다. 이처럼 엄청난 일이나 기막힌 일을 당했을 때 말도 끊어지고, 생각도 끊어지고, 행동도 끊어져서 모든 것이 끊어진 것을 망연자실하다고 합니다.

만약 "이놈이 뭣인고?" "이 몸을 네가 끌고 왔는데 뭐가 왔느냐?" 하고 물을 때 "마음이 왔습니다."고 말하면 "아니다." 하고 후려칩니다. "이 몸이 왔습니다." 해도 "아니다." 하고 후려 때리고, "몸도 마음도 아닌 것이 왔습니다." 해도 "그것도 아니다. 이놈아." 하면서 때립니다. 그러면 망연자실하지 않을 수가 없습니다.

임제 스님이 60방을 맞았을 때 아무 생각이 없었다고 합니다. 그것을 망연자실하다고 합니다. 망연자실해서 돌장승처럼 일체 생각 없이 그대로 깊은 "무엇 때문에 그럴까?" 하는 뼛속 깊이 사무친 의심

하나만 돈발해 있을 때는 분명히 없지는 않으나 돌장승 같다는 말입니다. 그렇게 깊이 의정 속에 들어가서 일주일이면 해 마친다는 것입니다.

계정혜가 바로 하나이지, 다르지 않습니다. 일승법이라는 것이 무엇이겠습니까? 그것은 다른 것이 아니라 단지 우리의 마음, 진여자성, 불성 그 자리를 일승이라고 말합니다. 부처님이 성문, 연각, 고집멸도, 사성제, 보살승, 일불승을 말했지만 전부 교리적으로 말한 것입니다. 부처님이 중도실상, 진여자성, 진공묘유와 같은 말을 한 것은 전부 방편으로 중생들을 제도하기 위해서 내놓은 것입니다.

第
十
二

◉

불교, 유교, 도교가 같습니까, 다릅니까?

또 물었다.

"유교와 도교와 불교가 같습니까, 다릅니까?"

선사가 말하였다.

"대근기의 사람이 쓸 때는 같고, 기틀이 작은 사람은 집착해서 다
르다. 모두가 한 성품이 일어나서 쓰는 것이니 기틀이 차이가 있어서
셋을 이루는 것이다. 미혹하고 깨닫는 것은 사람으로 말미암아 있는
것이지 가르침의 다르고 같은 것이 있는 것이 아니다."

又問 儒道釋三敎 爲同爲異 師曰 大量者用之卽同 小機者執之卽異 總
從一性上起用 機見差別成三 迷悟由人 不在敎之異同

第十三

다만 알지 못한다

유식을 강의하는 도광이라는 강사가 물었다.

"선사께서는 어떤 마음을 써서 도를 닦습니까?"

선사가 말하였다.

"노승은 가히 쓸 마음이 없으며 닦을 도도 없느니라."

"마음을 가히 써야 할 것이 없고, 도도 가히 닦을 것이 없다면 스님께서는 어찌 매일 여러 사람을 모아 놓고 참선해서 도를 닦으라고 권합니까?"

"노승은 오히려 송곳 하나 꽂을 만한 땅도 없는데 어디에 대중을 모았다고 하며, 노승은 혀가 없거늘 언제 사람들에게 권했다고 하는가?"

"선사께서는 얼굴을 맞대고는 거짓말을 하십니까?"

"노승은 사람들에게 권할 혀가 없는데 어찌 거짓말을 하겠느냐?"
"저는 선사의 말하는 도리를 알지 못하겠습니다."
"노승도 알지 못하느니라."

講唯識道光座主 問曰 禪師用何心修道 師曰 老僧無心可用 無道可修 曰
既無心可用 無道可修 云何每日聚衆 勸人學禪修道 師曰 老僧尚無卓錐
之地 什麼處聚衆來 老僧無舌 何曾勸人來 曰 禪師對面妄語 師曰 老僧
尚無舌勸人 焉解妄語 曰 某甲卻不 不會禪師語論也 師曰 老僧自亦不會

◉

예전에 마조의 제자인 대매大梅 선사라는 분이 있었습니다. 이 분은
마조 선사의 "즉심시불卽心是佛"이라는 말을 듣고 산속에 들어가서 10
년을 나오지 않았습니다. 하루는 방 거사가 대매 선사한테 묻기를
"매실이 익었는가?"라고 하였습니다. 그러자 대매 선사가 하는 말이
"어디에다 입을 대겠는가?"라고 말하니 방 거사가 "백잡쇄百雜碎"라고
하였습니다. '백잡쇄'는 백 가지 잡생각을 모조리 부수었다는 뜻입니
다. 그러자 대매 선사가 "나에게 매실 씨나 돌려주시오."라고 하였습
니다. 달밤에 둘이 만나서 귓속말을 주고받고 하고는 동서로 갈라서
서 가더라는 것입니다.

어느 중이 대매 선사에게 물었습니다.
"어떤 것이 조사가 서쪽에서 온 뜻입니까? 한마디 일러주시오."
그 말을 듣고 대매 선사가 말하기를 "본래 서쪽에서 조사가 온 뜻
은 없다."라고 하였습니다.

이에 대하여 영관 스님은 "관은 하나인데 두 개의 죽은 놈이로다."라고 하였고, 현사 스님이 듣고 말하기를 "영관이란 이는 작가(作家, 뛰어난 선승)이나 공연히 하나의 찻잔이 있는데 동쪽 집의 표주박을 서쪽 집에 비했도다."라고 하였습니다. 그리고 "평생 동안 분명히 말했지만 이렇게 말해도 모르고 저렇게 말해도 모르고 알지 못한다. 다른 이의 눈에 오히려 티가 들어갈까 걱정한다."라고 말합니다.

자기 입술이 붉은 것은 모르고 다른 이의 입이 푸르다고 말한다는 것입니다. 나비나 벌은 꽃 속으로 들어가지만, 땅속의 두더지는 땅 위로 나오면 죽습니다. 이 말을 들으면 공부를 많이 해서 눈이 열린 사람이면 알지만 그렇지 못하면 듣고서 "아, 그런 건가." 하고 열심히 공부를 해야 합니다. 또 "두세 개나 다 늘어놨겠지만 공부에는 큰 고비를 넘어야 한다."고 말하기도 합니다.

그런데 대주 선사는 이렇게 말합니다.

"네가 모른다고 하니 나도 또한 알지 못한다."

이 말씀이나 앞의 다른 조사들의 말씀이나 같습니다. 우리가 눈앞에 보는 이대로 아무것도 아닌 것이 모든 것을 나투고, 나툴 때마다 그것을 반야, 법신, 중도 등의 여러 가지로 말하지만 단지 알지 못하는 줄 알아야 합니다. 다만 알지 못할 줄을 알면 그 사람은 견성한다는 것입니다.

깨친 입장에서 본래 도라고 하는 것은 쓸 것이 없고 노력할 것도 없다고 말한다고 해도, 본래 본지풍광에서는 닦아야 된다, 닦을 필요가 없다와 같은 말을 할 필요가 없습니다. 어떤 틈이 있어도 안 되고 오직 모를 뿐이어야 합니다. 어떤 말을 듣고서 '아, 그런 것이구나' 하고 생각하고 있으면 그게 병이 됩니다. 전혀 그런 것이 없지만 없는 속에서 확연합니다. 아는 사람은 확연하다는 말입니다. 그러나 이런 말은 소용없는 뜬구름 같은 소리입니다. ‘모를 뿐이다’라고 하는 의미가 바로 그것입니다. 만약 안다는 생각을 조금이라도 갖고 있으면 벌써 거리가 먼 것입니다.

그러나 깨치지 못한 사람은 닦을 것이 있고, 쓸 것이 있고, 참선하면 통할 것이 있고, 자꾸 깨칠 것이 있다고 생각을 합니다. 닦을 것도 구할 것도 없어서 항상 진여자성을 쓰고 있습니다. 그런데도 자성을 닦아서 얻으려고 합니다. 이런 말을 하면 안타깝게도 이해가 되지 않는다고 말합니다.

이런 법문을 하고 나면 어떤 사람은 “스님은 닦을 것이 없고 구할 것이 없다고 그러시는데 그러면 우리가 선방에 앉아서 참선할 필요 없지 않습니까? 우리가 어떻게 해야 됩니까?”라고 말합니다. 참으로 답답한 일입니다. 부처님 당시 것은 자료가 너무 많아서 다 살펴볼 시간이 없고, 증거를 찾으려면 부처님 말씀을 기록한 경전으로부터 시작해야 하는데 어떻게 그것을 모두 공부합니까?

우리가 이 공부를 처음 시작할 때 ‘본래 나는 중생이다. 나는 부처가 아니다. 그러므로 나는 닦아야만 된다’고 생각하면 아무리 닦아도 되지 않습니다. 우리가 본래 중생이라는 말은 본래 시커먼 숯이라는 말인데, 숯을 자꾸 닦아 봐야 계속 검은 물만 나오지 그게 언제 하얗게 되겠습니까?

그렇기 때문에 공부를 하기 위하여 분명한 입지의 안목을 세워주는 것입니다. “본래 닦을 것이 없다.”는 말도 부처님 이후로는 어떤 사람도 한 적이 없습니다. 오직 부처님 한 분만이 “본래 중생이 부처였고, 지혜 덕상을 갖추고 있어서 닦을 것이 없다.”고 설파하셨습니다. 어느 성인도 그런 말씀을 하지 않았기 때문에 부처님이 설파한 뒤에 쏟아져 나온 천하의 많은 도인들이 그 말에 매료되어서 "아, 이것이 무엇인가? 우리는 그렇게 생각을 하지 않았다. 하느님이 있고, 우리가 죄인이고, 아무것이 아닌데 우리가 본래 부처님이고, 본래 닦을 것이 없고 전지전능하고 대자유인이라고 하니 도대체 이것이 무슨 소리인가?"라고 하였습니다. 그래서 천하의 귀재들이 귀를 기울인 것입니다.

부처님이 그렇게 말씀을 했기 때문에 우리는 그 말씀에 따라서 합니다. 우리는 부처님이 한 말씀을 믿을 뿐입니다. 우리가 어떻게 부처님처럼 본래 닦을 것이 없다고 자신 있게 말할 수 있겠습니까? 그렇게 말하지는 못합니다. 요즈음 그렇게 자신 있게 말할 수 있는 사람이 없습니다.

제가 큰스님들에게 다 물어보았습니다. 그러면 "내가 아직 부처님은 안 됐다."라고 합니다. 효봉 스님, 동산 스님이 그랬습니다. 또 "그러면 스님은 부처님처럼 전지전능하십니까?" 하고 물어보면 "부처님이 설파하였으니 그렇게 믿을 뿐이니라."라고 말씀합니다.

저 역시 공부를 해보니 자신이 생기고 확신을 합니다. 제 스스로 해봤기 때문에 누구에게도 할 수 있다고 자신 있게 말할 수 있습니다. 그러나 어느 누가 "부처님처럼 다 됐어." 하고 말을 하겠습니까? 다만 누구나 본래 성품의 씨앗을 가지고 있는 것은 같기 때문에 조련을 해야 합니다. 마치 조련사가 사자를 길들여서 데리고 놀듯이 이놈을 길들여야 되는데 역대 조사는 부처님이 제시해준 길들이는 방법을 따라서 실천하였을 뿐입니다.

고봉 스님의 사구게四句偈를 예로 말씀드리겠습니다.

바다 밑의 진흙소가 달을 물고 달아나고

바위 앞의 돌범은 아기를 안고 존다.
쇠뱀이 금강의 눈을 뚫고 들어가고
곤륜이 코끼리를 타니 노새, 뱁새가 이끌더라.
海底泥牛啣月走
巖前石虎抱兒眠
鐵蛇鑽入金剛眼
崑崙騎象鷺鷥牽

이것을 어떻게 알겠습니까? 지식으로도 통하지 않고, 학식으로도 통하지 않고, 이치로도 통하지 않습니다. 그것을 해결한 선지식스님들은 방망이를 들고 "이것을 아느냐?" 하고 큰소리를 치고 "이놈아, 그것도 아니다."라고 방망이로 때리고 그랬던 것입니다. 그런데 지금은 주장자를 들고 법문을 하지 못합니다. 지난번에 조계사에서 법문을 하는 것을 보니 주장자를 들고 해야 되는데 주장자는 놔두고 손에 들지도 않고 합니다. 이제는 주장자가 무슨 필요가 있는가 하고 부정해 버립니다.

'돌범이 새끼를 안고 존다'는 것이 무엇인지 생각도 하지 않습니다. 우리가 지금 중국에서 전해진 간화선을 공부하고 있는데, 그것을 부정하면 우리 자신을 부정하는 것입니다. 전에는 간화선이 절대적으로 우월하여 그 어느 것과도 비교할 수 없다고 큰소리를 치던 사람이 지금은 그것을 부정합니다.

고봉 스님의 사구게나 부처님 경전에 있는 "반야바라밀이 반야바라밀이 아니라 그 이름이 반야바라밀이라."라는 말을 바로 보고 확실히 가르쳐 줄 수 있는 사람은 공부를 할 필요가 없습니다. "범소유상 개시허망 약견제상비상 즉견여래凡所有相 皆是虛妄 若見諸相非相 卽見如來"라는 말을 확실히 알았다면 그는 견성을 한 사람입니다.

저는 강의를 하면서 반밖에는 말을 해주지 않습니다. 왜냐하면 그것을 말해주면 공부하는 사람에게 도움이 되지 않기 때문입니다. 제가 전에 공부를 많이 했다고 하는 스님들에게 물어보면 그 문제를 해결하지 못했습니다. 고봉 스님 사구게와 『금강경』의 사구게가 조금도 다르지 않습니다. 저는 그것을 분명히 알았습니다.

역대 조사스님이 법을 쓰는 것을 보면 기상천외하고 기가 막힙니다. 그분들이 부처님의 법을 응용해서 나타내어 쓸 때는 조금도 부처님의 근본사상과 어긋나지 않으면서 적재적소에 잘 썼습니다. 제가 분명하게 말하지만 이 법이 부처님 당시에 쓴 법하고 한 치도 다르지 않습니다. 법을 쓸 때 굴리는 방법이 다르기 때문에 여러 가지 다양한 모습으로 나타나지만 조금도 다르지 않습니다. 그렇기 때문에 제가 자신 있게 말하는 것입니다. "말도 안 되는 소리를 하지 마라. 중국의 코끼리가 나무를 거꾸로 타고 간다는 말이나 사구게가 모두 올바른 말씀이다."라고 말입니다.

우리가 부처님의 말씀을 생각해봐야 합니다. 부처님께서는 확실히 법의 안목이 나오면 어떤 것이 나오더라도 걸리지 않고 해결한다고 말씀하셨습니다. 우리가 역대 조사스님들의 말씀이 잘 해득되지 않는다고 하여 그것을 이상한 것이라고 도외시하면 되겠습니까?

우리 스스로 어떤 것이든 갖다 대면 척척 해결이 되어야 합니다. 그래서 날카로운 취모검吹毛劍을 사용한다고 그럽니다. 취모검은 무엇이든 날에 닿으면 베어지는 날카로운 칼입니다. 그렇듯이 뭐든지 갖다 대면 다 해결이 되어야지 그렇지 않으면 부처님이 말씀하신 사상에서 어긋납니다.

◉

일체 시비에 걸리지 않는다

화엄을 강의하는 지志라는 강사가 물었다.

"어떤 연고로 푸르고 푸른 대나무가 다 법신이요. 울울한 노란 꽃이 반야 아닌 것이 없음을 수긍하지 않습니까?"

선사가 말하였다.

"법신은 모양이 없어서 푸른 대나무를 응해서 모양을 나타내고, 반야는 아는 것이 없어서 노란 꽃을 대하여 모양을 나타내지만 저 노란 꽃과 푸른 대나무가 반야와 법신을 갖춘 것이 아니다. 그러므로 경에 이르되 '부처님의 참된 법신은 저 허공과 같아서 물건을 응해서 모든 모양을 나타내니 물 가운데 달과 같다'고 하였다. 노란 꽃이 반야라면 반야는 무정물과 같으며, 푸른 대나무가 법신이라면 푸른 대나무가 능히 응용을 해야 하지 않느냐? 좌주는 알겠느냐?"

“이 뜻을 알지 못하겠습니다.”

선사가 말하였다.

“견성한 사람은 옳다고 말해도 옳고, 옳지 않다고 말해도 옳아서 작용에 따라서 말하여도 일체의 시비에 걸리지 않는다. 견성하지 못한 사람은 푸른 대나무라고 하면 푸른 대나무에 집착하고, 노란 꽃이라고 말하면 노란 꽃에 집착하며, 법신이라고 말하면 법신에 집착하며, 반야라고 말하면 반야를 모른다. 그러므로 모두가 시비 쟁론이 되는 것이다.”

이에 지 강사가 인사를 하고 물러갔다.

講華嚴志座主 問 何故不許靑靑翠竹盡是法身 鬱鬱黃華 無非般若 師曰 法身無象 應翠竹以成形 般若無知 對黃華而顯相 非彼黃華翠竹 而有般若法身也 故經云 佛眞法身 猶若虛空 應物現形 如水中月 黃華若是般若 般若卽同無情 翠竹若是法身 翠竹還能應用 座主會麽 曰 不了此意 師曰 若見性人 道是亦得 道不是亦得 隨用而說 不滯是非 若不見性人 說翠竹著翠竹 說黃華著黃華 說法身滯法身 說般若不識般若 所以皆成諍論 志禮謝而去

◉

이것이 무슨 말인가 하면 본래 반야는 반야가 아니라는 말입니다. 그런데 여러분은 반야라고 하면 반야라는 생각을 머리에 담아 두고 있습니다. 이 담아 놓고 있는 것이 병이라는 말입니다. 반야라는 것은 반야라고 이름을 지어 놓았을 뿐 반야도 법신도 아닙니다. 다른 사람에게 드러내어 말을 하기 위한 것일 뿐입니다.

예를 들면 서로 모르는 사람들이 만났을 때 "나는 누구이다." 하고 가짜이름이라도 알려 주어야 할 것이 아닙니까? 그런 것입니다. 24시간을 항상 구슬을 굴리듯이 사용하지만 그렇게 쓰는 것이 무엇이냐고 물어오면 반야라고 하는 것입니다. 부처님이 그렇게 말씀하셨습니다. 모양과 이름이 없는 근본 신체를 법신이라고 이름 붙인 것입니다.

만물은 천태만상으로 모양이 다르지만 모두 다 마음의 다른 이름입니다. 우리가 "이것이 티끌이다."라고 말하는데 티끌이 언제 자기가 티끌이라고 했습니까? '이것이 티끌이다', '티끌 속에 시방세계가 들어간다'는 것은 모두 자기가 그러는 것입니다.

만약 "그놈이 어떤 것인가?"라고 물었을 때 "요만한 것이다."라고 했다고 하여 그것이 더 커지지도 않고 고정되어 있는 것이 아닙니다. 본래 작은 것도 아닙니다. 그렇기 때문에 만약 아주 작은 먼지가 있으면 그보다 더 작다고 말합니다. 그것은 자기도 작아져서 더 작은 것이 있으면 더 작은 데로 들어간다는 말입니다. 아무리 작다고 할지라도 그 물체는 어디 다른 데 존재하는 별개의 것이 아니라 무한대한 이 마음속에 하나의 존재일 뿐입니다.

색수상행식의 오온 가운데서 색은 유정과 무정의 두 가지가 있습니다. 몸뚱이를 가지고 있어서 형상이 있는 것은 유정의 색이 있고 무정의 색이 있습니다. 그러면 색이라는 것이 어디 다른 데 떨어져 있습니까? 모두 함께 있습니다. 우리의 몸을 한번 살펴봅시다. 우리 몸을 구성하는 세포를 분석해 보면 그 가운데 오온이 다 들어 있습니다. 다섯 가지의 맛도 들어 있고, 아는 식이 들어 있습니다. 팔만 사천 충이 있어서 모두 지각을 가지고 있습니다.

현대 과학에서는 물질을 끝까지 분석해 보면 결국엔 아무 흔적이 없다고 합니다. 그것은 없어진 것이 아니라 있지만 그것을 무엇이라고 규정할 수가 없다는 것입니다. 왜냐하면 오온이 하나가 되어 있는데 이것이 어떤 때는 줄어들다가 커지기도 하고, 그 모양이 끊임없이 바뀌어서 다양한 성품을 가지고 있기 때문입니다. 그러나 결국은 이 몸이 무너지게 되는데 몸이 무너지면 색수상행식의 오온이 각각 흩어지는 것입니다.

오온이 흩어졌다고 하여 그것이 아주 사라진 것이 아닙니다. 이 우주 공간 속에는 색으로 나타난 것이 전부가 아닙니다. 형상으로 나타나지 않은 우주의 기가 있습니다. 기氣 속에는 일체를 아는 식이 들어 있습니다. 조그마한 먼지까지도 이 마음의 세계를 벗어나는 것이 없습니다. 그 차원에서는 모든 것을 다 알게 됩니다. 그래서 『화엄경』에서는 나무는 수신樹神이라 하고, 물은 수신水神이라고 하고, 허공을 허공신虛空神이라고 하는 등 모든 것을 신神이라고 합니다.

예전에 이런 일이 있었습니다. 어느 때 큰 바위를 폭파하려고 하는데 자꾸 꿈에 나타나서 폭파하지 말라고 그랬습니다. 그것을 믿지 않고 폭파를 했는데 폭파하고 나서 사람이 몇 명 죽었습니다. 만약 그 바위가 단순한 물질에 불과하다면 왜 그런 일이 일어났겠습니까?

또한 공동묘지 옆의 마을이 폐허가 된 적이 있었습니다. 사람들이 모두 그 동네를 떠난 까닭은 큰 나무를 베어 버렸기 때문입니다. 동네 밭에 아름드리 큰 나무가 있었는데 마을 사람들이 제사를 지내자 교회 다니는 사람들이 미신이라 하고 그것을 베어 버리자고 하였습니다. 그 나무를 베는데 피와 같은 빨간 진액이 흘러나오고 톱밥도 붉었다고 합니다. 그리고 큰 짐승의 우는 소리가 들렸다고 합니다. 사람들이 겁이 나서 혼비백산이 되어 도망을 갔습니다. 몇 년이 지난 뒤 주인이 밭의 나무를 없애겠다고 생각하고, 밖에 드러난 뿌리를 끊어서 나무를 썩게 하는 약을 부었답니다. 그러자 나무가 죽으려고 하다가 다시 싹이 터서 반은 죽고 반은 살았답니다. 그래서 작품을 만드는 사람에게 팔았답니다. 그런데 그것을 베고 난 후부터 동네 사람들이 자꾸 죽더랍니다. 나무를 벤 주인도 죽고, 아들도 죽고, 동네 사람도 젊은 사람부터 하나 둘 죽더니 결국은 다 죽더라는 것입니다.

『화엄경』에서 모든 것을 신이라고 부른 것은 만물이 모두 식識이 있음을 나타낸 것입니다. 제가 큰스님들에게 "모두 식識이 있다면 왜 무정물이 되어, 사람처럼 움직이고 육근과 육식을 갖지 못하고 가만히 있습니까?"라고 물어보았습니다. 그러자 "무정물을 말하기 전에 우리 인간을 놓고 말을 하자. 사람도 태어날 때부터 눈, 귀 등의 오감을 쓰지 못하는 사람이 있지 않느냐. 그건 왜 그렇다고 보느냐? 그것부터 먼저 생각을 해봐라."라고 말하였습니다.

무정물이라고 해서 아무것도 없는 것이 아니라 육근을 가지고는 있지만 단지 그것을 인출해서 쓰지 못할 뿐입니다. 왜냐하면 업을 따라서 나투었기 때문입니다. 부처님 경전을 보면 이런 말이 나옵니다. 어떤 스님이 시주물을 많이 받아먹고는 공부를 안 했습니다. 그러다가 죽었는데 그 빚을 갚기 위하여 삼생 동안을 송이버섯이 되어서 동네 사람이 따 먹도록 했습니다. 이 세상에 어느 것 하나 식이 없는 것이 아닙니다. 단지 쓰고 못 쓰는 데 차이가 있을 뿐임을 분명하게 알아야 합니다.

천태만상의 모든 것을 마음에 의하여 이것이다, 저것이다 하는 것은, 곧 모든 것이 마음의 다른 이름이라는 것입니다. 취죽도 항하도 모두 마음의 다른 이름입니다. 그것은 마음은 취죽도 항하도 아니지만 다만 밖으로 모양을 나투어 보일 뿐이라는 말입니다. 그래서 무정과 유정으로 분별해서 나누어 보는 것은 서로 다릅니다.

『화엄경』에서는 땅은 지신地神이요, 물은 수신水神이요, 불은 화신火神이요, 바람은 풍신風神이라고 하여 모든 것을 신神이라고 했으며, 안의비설신의 육식에서 모든 것이 유식이라고 했습니다. 일심론에서는 만법이 한마음이라고 했습니다.

만약 누가 "한마음이 어떤 소식입니까?" "마음, 이것이 무엇입니까?" 하고 물으면 알아야 가르쳐 줄 수 있지 않겠습니까? 자신이 마음이라는 것을 공부해서 확실히 알아야 가르쳐 줄 수 있지 그렇지 않으면 못합니다. 주먹을 내밀었다고 해서 가르쳐 준 것입니까? 만약 도끼로 손목을 끊어버리면 그때는 무엇으로 가르쳐 줄 것입니까? 만약 몸뚱이를 화장하고 무덤에 가서 "이 마음을 내놔라."라고 하면 뭐라고 하겠습니까? 오직 마음에 대한 이 소식을 아는 사람만이 자신 있는 말을 할 수 있는 것입니다. 그 사람은 이 세상에서 걸리는 것이 하나도 없이 멋지게 사는 도리를 압니다. 그것을 모르고 모두 엉뚱한 짓을 하니까 인생을 헛살고 가는 것입니다. 우리 공부하는 사람은 이것 하나 알려고 생명을 거는 것입니다.

제가 공부할 때는 둥글둥글한 목침을 베었습니다. 새벽 2시까지 공부를 하다가 너무 피곤해서 조금 누워 있는데 잠깐이라도 졸면 바로 목침이 달아납니다. 그러면 깜짝 놀라 벌떡 일어나서 다시 공부를 하였습니다. 이 공부는 목숨을 걸고 애를 써야 합니다. 그리고 내가 본래 부처라는 것을 철저하게 믿어야 합니다. '내가 본래 부처인데 어쩌다가 무량겁을 두고 쓸데없는 짓거리를 해서 찌꺼기가 붙어 자유를 얻지 못했으니 그것을 쳐내야 된다'고 생각해야 합니다.

이것을 마음대로 다룰 수 있도록 길을 들이는 것이 공부입니다. 조련사가 짐승을 길들이듯이 화두를 참구하여 자신을 잘 다루는 것이 공부입니다. 화두가 10분 지속되고, 20분, 30분 지속되고, 1시간 동안 계속 이어지면 그것이 곧 자기 자신을 점점 잘 다루게 되는 것입니다. 본래 없는 것을 닦아서 부처가 된다고 생각하면 그것은 잘못된 것입니다.

일체가 모두 마음이니, 오온의 색도 유정, 무정으로 구분하지만 그것이 모두 성품의 바다에서 존재합니다. 오온이란, 그 자체가 성품이기 때문에 오온을 내놓고 성품을 찾지 말아야 합니다. 오온을 끊어서 없애버리고 하나도 없는 거기에 뭐가 있는가 하는 생각을 해서는 안 됩니다. 오온, 색신, 색상을 가지고 있는 그대로 바로 보아서 확실히 알라는 말입니다. 나무나 돌, 쇠를 무정물이라고 한 것은 색이 서로 다르기 때문에 유정물과 구분하여 나누는 것입니다. 무정물이라고 하여 식이 없는 것이 아니라, 단지 사람처럼 오근을 모두 쓰지 못할 뿐입니다. 초목도 서로 교배를 하여 번식을 할 뿐만 아니라 들을 줄 아는 식이 있습니다. 어떤 사람이 나무를 베고 벌을 받는 것도 다 그러한 까닭 때문입니다.

그러나 법신 반야를 오근을 사용하지 못하는 무정물과 같다고 생각하면 안 됩니다. 법신은 모든 존재와 함께 하지만 멀리 초월해 있기 때문입니다. 그러므로 견성한 사람에게는 산천초목이 반야, 법신이라고 해도 걸림이 없고, 씀을 따라서 말하기 때문에 옳고 그른 시비에 떨어지지 않습니다. 마음의 세계, 성품의 세계를 깨달아 안 사람은 걸리지 않습니다. 그러나 모르는 사람은 모양을 따라가기 때문에 항상 걸리게 됩니다. 마음의 세계를 확실히 알고 나면 바로 그것이 무너집니다. 그렇기 때문에 일체의 시비가 없게 되는 것입니다.

第
十
五

◉

싱품을 본 자

어떤 사람이 물었다.

"마음을 가지고 닦는다 하니 우리는 언제 해탈을 얻겠습니까?"

선사가 말하였다.

"마음을 가지고 닦는다 하니 네가 진흙물로 때를 닦아내는 것과 같구나. 반야는 현묘해서 본래 스스로 남이 없으니 현전에 크게 나타나 시절을 논하지 않는다."

"범부도 이와 같이 얻을 수 있습니까?"

"성품을 본 자는 범부가 아니니라. 몰록 깨달은 상승인은 범부를 뛰어넘고 성인을 넘어선다. 사람이 미혹해서 범부를 논하고 성인을 논하는 것이지 깨달은 사람은 생사와 열반을 초월한다. 미혹한 사람은 일을 말하고 이치를 말하지만 깨달은 사람은 크게 쓰되 한계가 없다. 미혹한 사람은 얻고자 하고, 증득하고자 하지만 깨달은 사람은 얻을 것도 구할 것도 없다. 미혹한 사람은 무량겁을 닦아서 증득하는 것을 기약하지만 깨달은 사람은 몰록 보느니라.”

問 將心修行 幾時得解脫 師曰 將心修行 喩如滑泥洗垢 般若玄妙 本自無生 大用現前 不論時節 曰 凡夫亦得如此否 師曰 見性者卽非凡夫 頓悟上乘 超凡越聖 迷人論凡論聖 悟人超越生死涅槃 迷人說事說理 悟人大用無方 迷人求得求證 悟人無得無求 迷人期遠劫證 悟人頓見

◉

여러분이 만약 ‘나는 중생이고 때가 많기 때문에 때를 닦아서 깨끗하게 하려고 한다’라고 생각하면 그것은 잘못된 것입니다. 그것은 흙덩이로 닦는 것과 같아서 취하려 해도 취해지지 않습니다. 진여자성은 본래 고요하고 청정하여 구하고 닦아서 증득하는 것이 아닙니다. 그렇기 때문에 깨달은 사람은 본래 구하고 증득할 것이 없는 것입니다.

그러나 본래 닦을 것이 없다고 생각하는 사람은, 또한 없다는 생각에 떨어져 있는 사람입니다. 대주 선사가 “본래 진여자성은 닦을 것도 구할 것도 없다.”고 말하였다고 하여 여러분이 ‘아, 없구나’라고 생각하면 안 됩니다. 없다는 생각 자체를 마음에 담고 있으면 안 된다는 말입니다. 깨달은 사람은 그런 것을 담을 일이 없습니다. 그러나 깨닫지 못한 사람은 무엇을 들으면 그것을 머릿속에 담아 놓습니다.

그러면 왜 이런 말을 하겠습니까? 그것은 공부를 하는 태도가 올바로 확립되어야 하기 때문입니다. 여러분이 “아, 내가 본래 부처구나.”하고 분명하게 입지가 되어야 올바로 공부를 할 수 있습니다. 본래 부처이지만 무량겁 동안 익혀서 쌓아 놓은 쓰레기통 때문에 부자유스러우므로 화두를 챙기는 공부를 해야 하는 것입니다. 우리 안에 갇혀 있는 사자는 우리만 부숴버리면 자유롭습니다. 그 우리는 누가 만든 것이 아니라 스스로 만든 것입니다. 그것을 부수려면 화두가 아니면 해결되지 않습니다.

여러분이 “이것이 무엇인가?” 하고 지극하게 화두를 챙겼을 때 결국은 우리를 부수고 자유로워지는 사자가 되는 것입니다. 조주 스님은 도반인 달장을 제도하려고 달장이 죽어서 다시 태어날 때까지 120살까지 살면서 기다렸습니다. 그러한 지극한 자비가 ‘무’라는 화두에는 담겨 있습니다.

第
十
六

◉

어떻게 법희선열식을 얻습니까?

『유마경』을 강의하는 강사가 물었다.

"경에서 말하기를 '저 외도 육사들이 너의 스승이다. 그들을 따라 출가하여 그들이 떨어진 곳에 그대도 떨어져야 하고, 그대에게 보시하는 것은 복전이라고 할 수 없으며, 그대에게 보시하는 사람은 삼악도에 빠지고, 부처님을 비방하고 불법을 훼손하며, 승가에 들지 못하여 끝내 멸도를 얻지 못하느니 네가 이와 같이 해야 가히 밥을 취할 수 있다'고 하였으니 이제 청컨대 선사께서 밝게 해설해 주십시오."

선사가 말하였다.

"육근에 미혹된 사람을 육사라고 하며, 마음 밖에서 부처를 구하는 사람을 외도라고 하고, 보시할 물건이 있음을 복전이라고 말하지 않으며, 마음을 내어 공양을 받으면 삼악도에 떨어진다.

네가 만약 능히 부처를 비방할 수 있다면 그것은 부처를 구함에
집착하지 않은 것이며, 법을 비방한다면 법을 구함에 집착한 것이 아
니며, 승가에 들지 않는 것은 승가를 구함에 집착하지 않음이고, 끝내
열반을 얻지 않음은 지혜의 작용이 드러난 것이다. 만일 이와 같이 아
는 사람이 있으면 그는 문득 법희선열의 밥을 얻을 것이니라."

維摩座主問 經云 彼外道六師等 是汝之師 因其出家 彼師所墮 汝亦隨
墮 其施汝者 不名福田 供養汝者 墮三惡道 謗於佛 毁於法 不入衆數
終不得滅度 汝若如是 乃可取食 今請禪師明爲解說 師曰 迷徇六根者
號之爲六師 心外求佛 名爲外道 有物可施 不名福田 生心受供 墮三惡
道 汝若能謗於佛者 是不著佛求 毁於法者 是不著法求 不入衆數者 是
不著僧求 終不得滅度者 智用現前 若有如是解者 便得法喜禪悅之食

◉

석가모니 부처님께서 처음 출가해서 설산에 들어가서 외도外道의 여
섯 스승을 만납니다. 그 가운데는 고행으로 목숨을 죽이는 연습을 해
서 영원한 마음의 안심처를 얻고자 하는 사람이 있고, 수백 가지 허공
내지 하늘에 있는 절대 유일신을 믿는 사람도 있었습니다. 또한 무신
론자도 있었고, 유물론자도 있었습니다. 마지막으로 만난 스승이 사
선팔정을 닦은 사람이었습니다. 그는 사선팔정을 닦아서 최고의 열반
을 증득한다고 주장하였습니다.

부처님께서는 여섯 스승을 만나서 그들의 수행방법을 두루 섭렵
합니다. 하늘세계에도 신이 있다면 신에 의지해서, 같이 하늘세계도
보고, 또 삼십삼천 대천세계를 낱낱이 두루 가봅니다. 부처님은 이 세

상 어느 법 할 것 없이 모두 섭렵을 하였습니다.

불교에서는 불교 이외 고대 인도의 외도들이 주장하는 62가지 주장들을 62외도 사견이라고 합니다. 그것은 불교의 정도에서 벗어난 62가지의 그릇된 견해라는 의미입니다. 부처님이 세상에 있을 당시에 많은 이교도들의 주장이 있었습니다. 그 주장을 하는 사람이 각각 나름대로 얻은 바를 제기한 것이지만, 부처님이 깨달은 최상의 무아의 진리와 다르기 때문에, 부처님 가르침 외에 모든 이교도의 사상을 모은 것을 62사견이라고 한 것입니다. 이를 외도 사견이라고 규정한 까닭은 그들의 주장이 모두 단견斷見과 상견常見에 빠졌기 때문입니다.

인도 전통의 범아일여梵我一如 사상에서는 우리가 볼 수 없는 브라만이라는 절대적인 존재가 있어서 그것이 우주만물을 창조하였을 뿐만 아니라, 우주 만물 속에 들어가 있다고 합니다. 개체 속에 존재하는 브라만을 아트만이라고 합니다.

그런데 스님들 가운데는 법문을 할 때, 이 몸뚱이는 허망해서 생하고 멸하는 것이 있어서 영원하지 못하지만, 몸뚱이 아닌 마음이 있어서 죽지도 않고 영원하다고 말합니다. 이러한 주장은 인도의 아트만 사상과 같습니다. 그것은 상견에 빠진 것으로 불교와 아트만 사상을 혼동한 것이라고 할 수 있습니다. 만약 이 몸뚱이는 생멸하지만 우리의 마음은 나지도 죽지도 않고 영원하다고 말하면, 마음이라는 항구불변하는 어떤 것이 있는 것으로 인식하게 됩니다.

외도들이 하늘에 가면 영원하다고 주장하자 부처님이 "하늘에는 누가 가느냐?" 하고 물었습니다. 그러자 외도가 "내가 간다."고 대답하였습니다. "그러면 나라는 것이 무엇이 있다는 것이냐?" 그러자 "뭔가가 있어서 간다."고 하였습니다.

그렇다면 하늘나라로 간 것이 나라는 생각이 있어야 할 것입니다.

만약 생각이 없다면 무용지물인데 무정물이 되어서 어디로 간다고 할 수는 없기 때문입니다. 그런데 그곳에서도 생각이 있을 수밖에 없는데 그곳에서도 이런 생각, 저런 생각이 많이 일어난다면 그것도 역시 망상입니다. 만약 그곳에서도 중생의 구하는 생각이 있다면 헐떡거리는 망상이 일어날 것이 아니냐는 것입니다. 그러자 "거기까지는 잘 모르겠다."고 하였습니다.

부처님께서는 "그곳에서도 나라는 것이 있고 생각이 있다면 여기서 생각이 있는 것과 무엇이 다르겠느냐? 망상이 일어나고 마음이 불안한 것은 똑같은 것인데 거기가 무엇이 더 좋다고 하겠느냐?"고 하였습니다.

삼십삼천이 아니라 아무리 좋은 다른 세계가 있어 그곳에 갈지라도 나라고 하는 생각이 존재하면 망상이 일어나는 것입니다. 그러므로 그것은 진정한 해탈이 아닙니다. 부처님은 그것을 떠나서 다시 사선팔정을 닦았습니다.

외도들은 영원하다는 상견常見이나 영원하지 않다는 단견斷見을 주장합니다. 『장아함경』에 의하면 외도의 여러 주장들을 크게 본겁본견本劫本見, 말겁말견末劫末見으로 나누어서 말하고 있습니다. 본겁본견은 과거의 전제前際, 즉 전생에 의하여 분별을 일으킨 견을 말하며, 말겁말견은 미래의 후제後際, 즉 내생에 의하여 분별을 일으킨 견을 말합니다. 본겁본견이 다섯 가지 종류의 18견이며, 말겁말견 역시 다섯 종류의 44견으로 합하면 62견이 됩니다.

본겁본견에는 4종의 변상론遍常論, 4종의 상무상론常無常論, 4종의 변무변론邊無邊論, 4종의 불사교란론不死矯亂論, 2종의 무인론無因論이 있으며, 말겁말견에는 16종의 유상론有想論, 8종의 무상론無想論, 8종의 비유상비무상론非有想非無想論, 7종의 단멸론斷滅論, 5종의 현재열반론現在涅槃論이 있습니다.

『대품반야경』에 의하면 색수상행식의 오온五蘊에 과거와 현재 그리고 미래의 삼세가 있으며, 각각의 삼세에 사구四句의 이견이 있어서 합하면 60견이 되고, 여기에 단견斷見과 상견常見을 더하면 62견이 됩니다. 현재의 오온에는 각각 유상有常, 무상無常, 상무상常無常, 비상비무상非常非無常이 있으며, 미래의 오온에는 유변有邊, 무변無邊, 유변무변有邊無邊, 비유변비무변非有邊非無邊이 있고, 과거의 오온에는 여거如去, 불여거不如去, 여거불여거如去不如去, 비여거비불여거非如去非不如去가 있습니다.

『열반경』에서는 62견을 56가지의 아견我見과 6가지의 변견邊見으로 구분하여 나타내고 있습니다. 아견에는 욕계와 색계에 각각 오온이 있고, 각각에 4견이 있어서 40견이 되고, 무색계의 사심에 각각 사견이 있어서 16견이 되어 합하면 56견이 됩니다. 그리고 변견에는 욕계, 색계, 무색계의 삼계에 대한 단견과 상견이 있어서 6견이 됩니다.

부처님 당시에 62견을 모두 나타내어 설명하는 뛰어난 스승들이 있었습니다. 당시 그 누구도 여섯 스승들의 논리적 견해나 법력을 제압할 수 없었습니다. 그러나 이 여섯 스승의 견해를 완전히 뒤집어엎은 분이 부처님입니다. 부처님이 처음에는 이 여섯 분을 스승으로 삼아서 그들의 세계를 모두 섭렵하였습니다. 어디에 스승이 있다고 하면 그 사람을 찾아가서 배웠습니다. 그것이 유심론이든 무심론이든 유물론이든 무물론이든 궁금한 것이 있으면 반드시 스승을 찾아가서 물었던 것입니다. 그리고 그들의 견해를 통해서는 내가 어떤 존재인지를 알 수 없다는 결론을 내렸습니다. 그래서 부처님은 마지막에 보리수 아래 앉아서 "내가 깨치지 못하면 설사 우박처럼 칼비가 쏟아져서 내 몸이 갈기갈기 찢기더라도 절대 이 자리에서 일어나지 않으리라."라고 다짐하고 수행한 결과 7일 만에 성도를 했습니다.

부처님이 깨닫고 난 후에 말씀하신 것이 연기설입니다. 연기설은 부처님밖에 말씀하신 분이 없습니다. 연기설을 통하여 62가지의 사견 외도를 엎어버린 것입니다. 그래서 『금강경』에서는 "어느 곳이든 의지하지 않은 자, 홀로 해탈하여 남의 힘을 빌리지 않은 자, 삼계에 홀로 드러난 분 이 사람이 곧 부처이다."라고 하였습니다.

부처님이 62견, 사견에 떨어지지 아니한 것은 정안, 정견을 가졌기 때문으로 그것은 곧 연기 중도실상입니다. 모든 법은 홀로 존재하지 않으니, 만약 그런 것이 있다면 그건 큰 망견이라는 것입니다. 왜냐하면 이 세상의 만물은 색수상행식이라는 오온의 화합에 의하여 이루어진 것입니다. 그러면 오온이 단순한 물질이냐 하면 그렇지 않습니다. 이 오온이 바로 마음입니다.

일반적으로 마음이라고 하면 색수상행식을 떠나서 따로 마음이라는 존재가 있다고 생각합니다. 그러나 색수상행식 자체가 그대로 마음입니다. 이 색수상행식 가운데는 따뜻한 기운만 있는 것이 아니라 차가운 기운도 있습니다. 그것은 여러 가지 요소가 있다는 것으로 우주법계에 원래 그대로 가지고 있다는 말입니다. 그러므로 우리의 몸뚱이가 흩어져도 그것은 그대로 존재합니다.

우주 허공 속에서 전기도 나오고, 따뜻한 기운도 나오고, 찬 기운도 나옵니다. 온풍기, 냉풍기를 가동하면 그러한 기운이 나오지 않습니까? 보이지는 않지만 냉기와 온기가 따로 있느냐 하면 그렇지는 않습니다. 분명히 함께 있는데 그것을 쓰는 데 따라서 달리 나타납니다.

그런데 이 차고 따뜻한 것을 아는 것을 성품이라고 합니다.

우리가 무엇을 안다고 할 때 아는 것이 홀로 존재하는 것이 아니라 색수상행식의 오온 가운데 성품이 있어서 안다는 것입니다. 그것은 외부로부터 나타난 것이 아니고 본래 가지고 있는 것입니다. 공적영지空寂靈知한 이 마음이 모든 반연을 만나 함께 들어가는 것입니다.

우주 만유에는 성품이 있어서 오온이 모이고 흩어지고 하는 그대로가 영원합니다. 그것은 영원히 모이고 흩어진다는 것으로, 그것을 떠나서 따로 영원한 것이 없습니다. 그러므로 어느 것 하나 틈이 있고 따로 비어 있는 것이 아니라 꽉 차서 그대로가 작용을 합니다. 작용을 하여 모였다가 흩어졌다가 하지만 그것이 실상은 아닙니다.

우리가 오온 가운데서 색을 말할 때 색 하나만 봐서는 안 되고, 더불어 공이라는 요소를 보아야 합니다. 공과 색을 더불어 보는 사람을 부처라고 합니다. 색의 차원에서 보면 오온이 모였다가 흩어지는 것 같지만 공의 차원에서 보면 모이지도 않고 흩어지지도 않습니다. 그렇기 때문에 부처님은 만유는 홀로 존재하는 것이 아니라 더불어 존재한다고 하였습니다. 그것을 연기라고 합니다만 본래 연기 자체도 공한 것입니다. 공하다는 것은 '절대 무'라는 것이 아니라 무한한 작용을 합니다.

부처님은 연기법에서 중도실상을 말씀하셨는데 이것은 어디까지나 교리입니다. 우리가 이것을 듣고 비록 교리적 관점, 이론적이지만 그렇게라도 인식을 하라고 말씀한 것입니다. 본래는 여러분이 실제로 공부해서 나의 존재가 무엇인지, 나의 실체를 파악해 봐야 합니다. 공부하여 확실히 안목이 툭 터진 사람을 선지식이라고 합니다. 부처님이나 역대 조사스님들이 깨달은 것이 서로 다른 것이 없습니다.

여기 컵이 하나 있는데, 이 컵이 홀로 컵으로 만들어진 것이 아니라, 물과 흙과 사람의 손이 만나서 만들어진 것입니다. 이 세상의 모든 사물이 그와 같이 더불어 존재할 뿐 결코 홀로 존재하지 못합니다. 이 연기법에 의하여 62가지의 외도들의 그릇된 견해를 모두 뒤엎어 버렸기 때문에 부처님께 귀의하게 됩니다.

부처님은 그밖에 사선팔정, 관법과 같은 25유 관법을 모두 수행하였습니다. 관법을 깊이 하면 정에 들게 됩니다. 정에는 유위정과 무위정의 두 가지가 있는데 유위정이라고 하는 것은 현실생활에서 모든 것을 판별하고 인식하고 움직이는 속에 그 자체를 정이라고 말하고, 무위정이라고 하면 바깥세계 일체를 아무것도 모르는 것을 말합니다. 숨은 쉬고 있지만 죽은 시체와 같아서 폭탄이 떨어져도 모릅니다. 그처럼 일 겁도 갈 수 있고 이 겁도 갈 수 있고 무한히 갈 수 있습니다.

부처님은 평소에 다닐 때도 정에 들어가곤 했다고 합니다. 이러한 속에 들어가면 일체 먹는 것도 소용이 없다고 합니다. 아무것도 먹지 않고 영원히 그대로 가만히 있는 것입니다. 그런데 어째서 부처님이 사선팔정을 다 해 가지고도 깨닫지 못했을까요?

우리들이 깊은 곳에 침체해서 빠져 버리면 그대로 정에 빠져 있을 뿐입니다. 여러분이 맛있는 거 먹으면 빠지는 것과 같습니다. 이것도 마음이 고요한 데 깊이 갔으니까 일단 빠진 것입니다. 그처럼 맛있는 데 깊이 집착하고 극장에 가서 영화를 보며 화면이 돌아가는 것을 한동안 심취하여 들여다보았다고 하더라도 제 자신이 깨닫는 것은 없습니다.

우리가 공부를 하는 정도 마찬가지입니다. 화두를 들고 깊은 정에 오랫동안 들어가 있었지만, 깊은 정에 침체해서 빠져 있으면 빠져 있는 자체 그대로일 뿐 다시 또 돌아봐도 별것이 아닙니다.

이처럼 일체의 망상이 다 끊어져서 아주 고요하고 적적할 때 반드시 스승을 만나야 합니다. 스승을 만나서 확실하게 지도를 받지 않으면 깨달을 수 없습니다. 공부를 하는 데 있어서 스승을 만나서 지도를 받는 것이 가장 중요합니다. 만약 스승의 지도를 받지 않으면 그것으로 재산을 삼기 쉽습니다. "내가 정에 들었더니 일주일이 지나가도 모르고 있었다. 이것이 깨달은 것이다."라고 아는 수가 많습니다. 그렇게 해서 잘못 알고 그렇게 지내는 사람도 있고, 또 이것도 저것도 모르고 그냥 평생 계속 그렇게 그것만 해 나가기도 합니다.

부처님이 제자들을 지도한 경우를 보면 알 수 있습니다. 제자들이 혼자 오랫동안 정에 들어서 몇 십 년이 가는 줄도 모르고 있을 때 부처님이 가서 탁 쳐서 한 구절 일러줍니다. 그러면 비로소 "여래시여, 몰랐나이다. 이제 확실히 알았습니다."라고 말하였습니다. 그러므로 공부를 하고자 하면 스승을 만나서 분명히 점검과 경책을 받아야 합니다. 그러지 않으면 경계에 빠져서 그것이 깨달음의 세계인 것으로 착각하게 됩니다.

법이라고 하는 것은 절대 홀로 존재하지 않으며, 모든 것은 인연법으로 존재합니다. 또한 흩어지고 모이고 하는 자체는 공하여 본래 생멸이 없습니다. 그러나 생하고 멸하는 것이 없다고 하는 것은 아닙니다. 그것은 생각으로 말하는 것이 아니라 천하만사를 확실하게 꿰뚫어보고 아는 신령스러운 영지에 의하여 말하는 것입니다. 그것은 공부해서 바로 볼 수 있을 때 알 수 있습니다.

만약 주장자를 들고 "이것이 무엇이냐?"고 물었을 때 "그건 연기법이고 중도실상 아닙니까?"라고 하면 어떻게 되겠습니까? 만약 그렇게 말로 할 수 있다면, 그럼 이미 다 됐는데 공부할 것이 뭐가 있겠습니까? 그것이 문제입니다.

부처님은 모든 사상을 깨어버리고 확실한 깨달음의 견해를 밖으로 드러내서 말씀하셨습니다. 그러나 그것이 무엇이라고 고정되게 말씀하지 않으면서도 이것이라고 주장했습니다. 이처럼 깨달은 사람은 이것을 가지고 마음대로 쓸 수 있지만 깨닫지 못한 사람은 그렇게 되지 않습니다. 그래서 모든 것을 걸러내어 철저하게 진검을 가려내라고 하였습니다. 그러기 위해서는 우리가 확실하게 바다 밑을 밟아 봐야 되고 산봉우리도 밟아 봐야 됩니다.

앙산 스님이 위산潙山 스님에게 "어떤 곳이 참부처님이 머무르는 곳입니까?" 하고 물었습니다. 위산 스님이 말하기를 "생각으로 생각하지 않음이 묘하다. 생각을 돌이켜 영험한 불꽃이 무궁하고 생각이 다하여 근원에 이르면 성품과 모양이 항상 머무니 사事와 이理가 둘이 아닌 곳이 참부처의 여여如如한 곳이니라(師問 如何是眞佛住處 潙山云 以思無思之妙 返思靈焰之無窮 思盡還源 性相常住 事理不二 眞佛如如)."라고 하였습니다. 그 말씀에 앙산 스님이 몰록 깨달았습니다.

이와 같이 말씀하신 이것도 부처님이 말씀하신 교리에 상충되는 것이 아니고 확실히 맞습니다. 그래서 62가지 사견을 부처님은 연기법과 중도실상으로 완전히 엎어서 드러내심으로써 모든 외도들이 부처님께 귀의했고 오백 제자들도 부처님을 찾아와 귀의해서 부처님 법문을 듣고 아라한과를 증득했다고 했습니다.

그러면 스승이 "너희들의 스승인 부처님도 여섯 외도 스승에 의지해서 수도했으니 너희들도 거기에 따라서 가야 될 것 아니냐. 그런데 어째서 안 따라가느냐?"라고 물었을 때 어떻게 하겠습니까?

대주 선사는 다음과 같이 말합니다.

"법에 집착해서 법을 구하는 것도 아니고, 부처님의 법을 구하는 것도 아니고 부처님을 구하는 것도 아니다. 그런 사람은 열반을 얻으려고 하지도 않는다. 그 사람은 천상천하에서 지혜를 쓰는 것이 바로 현전에 나타날 것이다. 그렇게 하는 사람이라면 그 사람은 이 세상에서 최상의 공양을 할 것이다."

『유마경』「부사의품不思議品」에서 나오는 것과 같이 부처님에게 집착해서 구하는 것도 아니요 법에 집착해서 구하는 것도 아니고 스님에게 집착해서 구하는 것도 아닙니다(夫求法者 不著佛求 不著法求 不著衆求).

그러한 사람을 최상의 공양을 한다고 말하는데 최상의 공양은 다음과 같은 것입니다.

일반적으로 공양이라고 하면 음식을 생각하는데, 「화엄경소」에서는 출세간의 오식을 말하고 있습니다. 세상에서 뛰어나서 깊은 선정의 맛을 즐기는 사람, 번뇌 망상이 없는 깊은 선정 삼매를 터득한 사람이 먹는 밥을 출세간의 밥이라고 합니다. 「관심론」에 보면 다섯 가지 밥이 있는데 진리의 법을 근본 양식으로 삼는 법희식과 수행을 열심히 해서 공부하면서 밥을 먹는 선열식, 화두나 염불, 주력을 깊이 생각하는 사람이 먹는 염식, 일체중생을 다 건질 것이고 꼭 깨달아서 성불할 것이라는 원을 세웠을 때의 원식이 있습니다.

아미타불은 48대원력을 세워 아미타불이 되었고, 부처님도 4가지 원과 10대원을 세웠듯이 원력을 세운 것을 말합니다. 그리고 공부해서 일체 번뇌망상을 벗어나서 대자유를 얻은 사람이 먹는 것을 해탈식이라고 합니다. 이와 같이 어디에도 구애받지 아니하고 어디에도 의지하지 아니하고 홀로 깨달아서 법희선열식을 정말로 누릴 수 있는 그런 사람이 되어야 한다고 대주 선사는 말합니다.

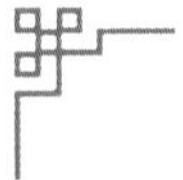

第
十
七

⦿

경전에 없는 말

한 행자가 물었다.

"어떤 사람이 부처를 물으면 부처라고 답하고, 법을 물으면 법이라고 답하여 모두 한 글자 법문만 하니 이렇게 대답하는 이 사람이 옳습니까?"

선사가 말하였다.

"앵무새가 사람의 말을 따라서 배우는 것과 같아서 자기 스스로는 말을 하지 못해서 지혜가 없는 까닭이니 비유하면 물을 가지고 물을 씻고, 불을 가지고 불을 태우고자 하여 도무지 의취가 없는 것이다."

有行者問 有人問佛答佛 問法答法 喚作一字法門 不知是否 師曰 如鸚
鵡學人語話 自語不得 爲無智慧故 譬如將水洗水 將火燒火 都無義趣

서산 스님이 출가하기 전에 사서삼경을 공부하고 사회에서 하는 학문을 모두 터득했습니다. 그리고 세상 사람들이 학문을 하면 할수록 양심껏 잘 살 것으로 생각하였습니다. 그런데 과거를 보면 자기보다 실력이 낮은 사람도 합격하는데 자기는 떨어지자 이상하게 여겼습니다. 나중에 경위를 알아본 결과 그 사람이 윗사람에게 뇌물을 주어서 합격한 것을 알았습니다. 서산 스님이 그것을 보고 '속세에서 출세를 해 봐야 결국 저 자리에 가서는 저렇게 할 수밖에 없구나' 하는 무상함을 느끼고 출가를 합니다.

서산 스님이 출가하면서 말하기를 "나는 일생 동안 벙어리처럼 살지언정 앵무새 노릇은 하지 않겠다."고 하였습니다. 글자나 팔아먹는 그런 사람은 되지 않겠다고 말한 것입니다. 그분은 수행을 잘 해서 선지식이 되었습니다. 오대산의 방한암 스님 역시 선교를 겸하신 분임에도 불구하고 그분도 오대산에 들어가면서 일생 벙어리로 살지언정 말이나 글을 팔아먹는 장사꾼은 되지 않겠다고 했습니다. 그와 같이 자신의 확실한 견해와 안목이 있는 사람은 활구의 법문이 쏟아져 나옵니다.

조사스님이나 경에 나오는 남의 말을 담아서 쓰려고 하면 그것은 부처님의 말씀이나 조사스님의 말씀을 그대로 옮길 수는 있지만 그걸 버리고 떠나서 한마디 하라고 하면 할 수 없습니다.

그런데 정말로 멋지게 한 분들이 있습니다. 조주 스님의 "뜰 앞의 잣나무라."라는 말씀은 어느 경에도 없고 다른 조사스님이 말한 적도 없었습니다. 운문 스님은 "어떤 것이 부처입니까?" 하고 묻자 "변소 젓는 마른 똥 막대기다."라고 하였습니다. 이것도 부처님 경전에 없는 말입니다. 공부해서 안목이 나온 사람은 이렇게 아주 명료하고 멋지게 법을 씁니다.

그러면 그분이 오직 마른 똥 막대기라고만 대답하느냐 하면 또 달리 대답을 합니다. 정말 공부해서 깨달은 사람은 묘법을 굴리고 쓰는데, 깨닫지 못한 사람은 그렇게 못합니다. 누가 마른 똥 막대기라고 할 때, 그 말한 의지를 꿰뚫어 안 사람이면 괜찮습니다.

또 "판치생모(板齒生毛, 판때기 이빨에 털 났다)라."라고 말한 사람이 있습니다. 앞이빨이 판때기처럼 넓다고 해서 판아板牙라고 그러는데 판치생모란 앞이빨에 털이 났다는 말입니다. 이런 말은 전무후무한 것입니다. 확실히 깨달아서 안목이 있으면 자기의 안목을 무한정 쓰지만 그렇지 못한 사람은 앵무새처럼 남의 말이나 글귀를 외워서 남에게 소개해 주는 복덕방 역할을 할 수밖에 없습니다.

예전에 선교를 겸한 분들로부터 강의를 들어보고, 선을 하지 않은 분들로부터도 강의를 들었습니다. 일대 강백이라고 유명한 분들의 강의를 듣다가 고봉 스님의 사구게에 관하여 물었습니다.

"고봉 스님은 사구게 가운데서 한 글귀만 알아도 그 사람은 일생 참선을 마쳤다고 하는데 이 가운데 어느 글귀를 알아야만 됩니까?"

그러자 그분은 "그건 참선해서 알아야 되지, 나도 거기에 대해서는 확실히 말을 못해준다."라고 말하였습니다. 양심이 있는 분은 스스로 모른다고 발을 뺍니다. 그리고 "당신이 공부를 해서 알든지 이걸 아는 선지식을 찾아가든지 하라."고 말합니다.

그런 말을 하기 싫어하는 강사도 있습니다. 자존심이 상한다고 그러는지는 몰라도 그건 이런 것이라고 말을 합니다. "무엇입니까?" 하고 물으면 "그건 기용機用이다."라고 말합니다. 저도 그렇게 배웠습니다.

나름대로 참선해서 견해가 있다고 하지만 선지식은 아닌 것 같았습니다. 왜냐하면 오랫동안 참선했다고 하는 사람들이 와서는 주먹 들이밀고 하여 강사가 자꾸 당하니 아니꼬워서 참선을 해서 나름대로 견해를 가진 것입니다. 그러고는 누가 물으면 "기용機用이다."라고 대답을 합니다. 그러면 '아, 이분이 대단한 분이구나'라고 생각을 합니다. 그리고 "기용이 뭡니까?" 하고 물으면 "체용體用이라는 말이다." 라고 말합니다. "체體고 용用이라는 말이다. 그것 외에 없다." 그러면 '아, 그렇구나'라고 생각하는데 그렇게 배워서 알았다고 해서 해결이 되느냐 하면 그렇지 않습니다.

저도 처음에는 속았습니다. "요건 너한테만 가르쳐 준다. 다른 사람한테는 안 가르쳐 준다. 절대 남한테 말하지 말아라."라고 말을 하니 '야, 내가 좋은 것을 알았다'고 생각했습니다. 그날은 참 기분이 좋아서 밥을 먹고 싶지도 않고 하루가 언제 갔는지 몰랐습니다. 그러다가 어디 가서 "너, 이거 아나?" 하고 물어보면 "모른다."고 그럽니다. 그러면 "야, 그것도 몰라." 하면서 뭐라 하고 그랬습니다.

그런데 알고 보니 그것이 아는 것이 아니었습니다. 큰스님께 말씀을 드리자마자 주장자를 들고 때리면서 "이놈이 말도 안 되는 소리를 하고 있네. 그거 아니야, 다시 말해!"라고 말하였습니다. 체용體用이란 것만 알고 있는데 알 수가 없었습니다.

누가 '뜰 앞의 잣나무'라는 공안에 대하여 왜 잣나무라고 했는지 가르쳐 달라고 하면 가르쳐 줄 수는 있습니다. 그러나 그것을 알려주면 그것은 배웠기 때문에 사용하겠지만, 왜 '앞이빨에 털 났다'고 하는지는 모릅니다. 그렇기 때문에 스스로 알라고 하고 가르쳐 주지 않습니다.

제가 미국에 갔을 때, 거기는 "이것이 무엇인고?" 하니 "좀 가르쳐 주시면 되지 않습니까?"라고 말하더군요. "야, 이놈아, 나는 못 가르쳐 줘. 내가 가르쳐 주면 너 죽고 나도 죽는다." 만약 그렇게 가르쳐 주어서 될 일이라면 무엇 때문에 가르쳐 주지 않고 앉아서 참선을 하라고 하겠습니까? 자신이 직접 참구를 해서 막힌 것을 뚫어야 합니다. 하나의 공안만 확실하게 해결하면 1,700공안이 와르르 무너집니다.

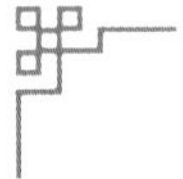

第十八

◉

한마디도 설한 바 없다

어떤 사람이 물었다.

"말과 문장이 같습니까, 다릅니까?"

선사가 말하였다.

"한 가지이다. 말이 모여서 어귀를 이루는 것을 문장이라고 한다. 비유하면 신령스런 변설이 도도하기가 대천을 흐르는 물과 같으며, 준수한 기틀이 높고 높은 것이 둥근 그릇에 구슬을 굴리는 것과 같은 것이다. 만상을 확연히 통하여 폭포수 같은 웅변을 쏟아내고 뜻의 바다를 분석하였으니 이것이 문장이다. 말은 한 글자로 마음을 나타내는 것이니 안으로 오묘하고 극미한 것을 드러내며, 밖으로는 묘한 모양을 나타낸다.

만 가지 기틀이 흔들어도 혼란하지 아니하고, 깨끗하고 흐린 것이 섞여 있지만 항상 잘 분별한다. 제왕이 이에 이르러서는 오히려 대부의 말을 듣고 자신을 부끄럽게 여겼고, 문수보살도 오히려 유마 거사의 말을 칭찬했으니 지금의 보통 사람들이 어찌 능히 이것을 알겠느냐?"

人問 言之與語 爲同爲異 師曰 一也 謂言成句名語矣 且如靈辯滔滔 譬大川之流水 峻機疊疊 如圓器之傾珠 所以廓萬象 號懸河 剖乎義海 此是語也 言者一字表心也 內著玄微 外現妙相 萬機撓而不亂 淸濁混而常分 齊王猶慚大夫之辭 文殊尙歎凈名之說 今之常人 云何能解

◉

'현하懸河'란 급하게 물이 흘러가는 것을 말합니다. 말씀 어語 자의 뜻은 모든 사람을 대해서 말을 할 때에 마치 강물이 고요히 흐르는 것과 같고, 폭포수가 막 쏟아지는 것과 같으며, 둥근 그릇에 구슬을 굴리는 것과 같이 걸림이 없이 말을 하는 것을 가리킵니다. 그리고 뜻의 바다를 완전히 해부해서 말을 하는데 이것을 말語의 뜻이라고 합니다.

흔히 언중유골言中有骨이요 소중유검笑中有劍이라고 말합니다. 이는 말하는 가운데 뼈가 있고, 웃음 속에 칼이 있다는 것을 의미합니다. 이처럼 사람이 속으로 생각한 모든 것을 문자를 통하여 밖으로 나타내어 표현한 것이 말이고 글입니다. 그렇기 때문에 글자 속에 엄청난 의미를 담고 있다는 것입니다.

모든 부처님이나 조사스님께서도 무한한 진리의 뜻을 말로 표현해서 드러냈습니다. 그것이 이른바 경율론經律論의 삼장三藏으로 부처님께서는 경율을 말씀하시었고, 논論은 후대의 용수龍樹, 마명馬鳴과 같은 조사스님들이 지은 글입니다. 그분들이 논을 지어 말씀한 것을 보면 마치 큰 강물이 쏟아져 내려가는 것 같고, 폭포수가 쏟아지는 것 같고, 그릇에 구슬을 굴리는 것과 같이 변재무애辯才無碍하였습니다.

부처님도 49년 동안 팔만 사천의 무량 법문을 설하셨습니다. 그런데 부처님은 설하실 때 듣는 사람의 근기에 따라서 대기설법을 하였기 때문에 때와 장소에 따라서 서로 다른 말씀을 하였습니다. 그렇기 때문에 부처님의 변설은 천상천하에서 누구도 따라갈 수가 없습니다. 이처럼 부처님이 49년 동안 설법한 무한한 진리의 말씀을 언어, 문자로 담아 놓은 것이 바로 경전입니다.

『유마경』을 보면 「부사의해탈」, 「불이법문」 등 14품까지 있는데 유마 거사의 변설은 어느 누구도 당해낼 수가 없었습니다. 부처님이 십대 제자들을 유마 거사에게 보냈는데 모두 유마 거사와 문답을 하다가 방망이를 맞았으며, 모든 보살들을 다 보내지만 보살들도 역시 유마 거사에게 모두 방망이를 맞았습니다. 단지 상수보살인 문수보살만이 유마 거사의 뜻을 잘 알고 서로 묵언으로 계합했다는 말씀이 있습니다.

조사스님들의 말씀은 아주 오묘하고 극미합니다. 조주 스님은 "불성이 있습니까, 없습니까?"라고 묻자 한마디로 "무"라고 하였습니다. 고봉 스님은 "바다 밑의 진흙소가 달을 물고 달아나고, 바위 앞의 돌범이 애기를 안고 졸고, 쇠뱀이 금강의 눈을 뚫고 들어가고, 곤륜이 코끼리를 타니 뱁새가 이끌더라."라고 하였습니다. 이러한 오묘하고 극미한 말은 우리들의 의식으로는 미치질 못하는 세계입니다.

역대 조사스님들은 그러한 말이나 언구를 턱 하니 밖으로 토해냈던 것입니다. 눈이 나서 확실히 아는 분이라야 저 사구게에 걸리지 않습니다. 몇 년 전만 해도 나이 70, 80이 되고 공부 40년, 50년을 했다는 사람도 저 사구게에 대해서 "한마디 바로 일러봐라." 하면 대답을 못했습니다. 여기서 본인의 똑 부러진 안목이 나오지 않아서 일생 동안을 헤맵니다. 일생 동안 선방에서 똥을 싸고 오줌을 싸며 거기에 매달려서 "무", "무" 하고, "뜰 앞의 잣나무"라고 해도 해결이 되지 않습니다.

이 일을 해 마친 사람들 세계에서 직설로 탁탁 내뱉는 것을 활구라고 하고, 조사의 격외도리라고 합니다. 그것은 격 밖의 소식입니다. 이러한 언구를 무한정 쏟아 놓은 조사어록만 해도 짐으로 한 짐 지고도 다 못 지고 갈 것입니다.

중국의 어느 산에 가면 산에 온통 책만 쌓여 있다고 합니다. 책이 쌓여 있는 그 가운데 왕 도사라는 한 노인이 불을 때고 있더라는 것입니다. 그래서 "뭘 태우고 있느냐?"라고 물으니 "내가 일생 태워도 삼분의 일도 못 태운다."고 하면서 책으로 불을 때고 있었다고 합니다. 그 속에서 돈황본 『육조단경』이라는 책도 나왔는데 현재에 있는 『육조단경』과는 좀 다릅니다. 그래서 성철 스님이 방장스님으로 있을 때 해인사에서 그걸 가지고 다시 법문 좀 하자고 해서 했습니다. 그런데 그것만 있느냐 하면 그렇지 않습니다. 어록이 수도 없이 있고, 속세의 문학전집이니 철학전집이니 할 것 없이 엄청나게 많습니다. 그놈이 참으로 묘한 놈이라 그렇게 많은 말을 만들어 냅니다.

이와 같이 밖으로 모든 글귀를 드러내는 것은 무한히 드러냈지만 아직 백분의 일도 못 내놨습니다. 지금 있는 전적典籍들을 모두 불살라 없애고 나면 또 다시 끊임없이 나올 것입니다.

그런데 부처님은 일체 걸림이 없는 변재를 쓰셨고, 모든 중생을 향해서 무한정 법을 설해 놓고는 나중에는 한 글자도 말한 것이 없다고 하셨습니다. 부처님의 이 한마디는 깨달아서 성불한 사람이 아니면 그 말을 못합니다. 한 글자도 설한 것이 없다고 한 것은 무슨 도리일까요? 그것을 바로 보아야 합니다.

속세에 부처님의 말씀, 조사스님의 말씀을 능가할 말씀을 담은 서적은 없습니다. 이 세상에 많은 종교 서적이 있지만 '부처님을 일봉으로 타살해서 개를 준다'고 하는 말이 어디에 있으며, '곤륜이 코끼리를 타니 뱁새가 이끈다'는 말이 어디에 있습니까? 그리고 부처님을 물었는데 "변소 젓는 마른 똥 막대기"라고 말한 전적이 없습니다. 어느 종교에서 하느님이 무엇이냐고 물었을 때 '똥 막대기'라고 그런 말을 할 수 있겠습니까? 그러나 이 문중에는 그러한 말이 엄청나게 나와 있단 말입니다. 그러면 어째서 그러한 말이 나오느냐가 문제입니다.

조사가 한 말, 부처님이 중생을 향해서 말씀하신 경율론 삼장, 조사스님이 말한 격외언구, 성문 보살이 말한 것, 아라한이 말한 것은 일상의 차원이 아닙니다. 예를 들면 아라한을 증득한 사람은 얼마만한 세계를 보느냐 하면 빗방울이 떨어지는 것과 같은 세계를 본다고 그랬습니다. 하물며 부처님의 눈으로 보는 세계는 헤아릴 수 없습니다. 또한 성문, 연각 거기다 보살이 말한 차원의 세계 역시 무한대합니다. 그렇기 때문에 이 세상에서 그러한 변재수를 덮을 이가 없다는 것입니다. 팔지, 십지만 증득하면 이 세상의 누구도 추종할 수 없는 걸림이 없는 무애변설이 막 쏟아져 나온다는 것입니다.

이러한 말이 언어로 다 드러나는 것이지만 그러나 실제로는 백 분의 일도 드러내지 못했다고 합니다. 대주 선사는 한마디로 갈라서 말했습니다. 말씀 언語 자와 말씀 어語 자로 구분하여 말씀 언語 자는 무한대한 말씀을 밖으로 드러내는 것이고, 말씀 어語 자는 안으로 아주 오묘하고 극미한 깊은 그러한 것을 언구 한 글자에 마음을 표해서 턱 드러내고 밖으로는 만상을 나타내기도 하고 그러나 일체에 흔들리지 않고 일체를 분별한다는 것입니다.

第十九

◉

천리만리 어긋난 길

원 율사라는 이가 물었다.

"선사께서는 항상 말씀하기를 곧 마음이 부처라고 하니 옳지 않습니다. 초지의 보살만 되어도 백억 부처님의 세계에 몸을 나타내며, 이지의 보살은 그 열 배가 됩니다. 선사께서는 한번 신통을 나타내 보여 주십시오."

선사가 말하였다.

"사리여, 그대는 지금 범부인가, 성인인가?"

"범부입니다."

"이미 범상한 스님이라고 하면서 능히 이와 같은 경계를 물을 줄 아는구나. 경에 이르되 '인자의 마음에 높고 낮음이 있음은 부처님의 지혜를 의지하지 않는다'고 한 것이 바로 이것이니라."

"선사께서는 항상 말하기를 '도를 깨달으면 현전에서 몸을 해탈한 다'고 하니 옳지 않습니다."

"어떤 사람이 일생 동안 착한 일을 하다가 홀연히 남의 물건을 훔 치면 그 사람을 도적이라고 하겠느냐?"

"예, 그렇습니다."

"네가 지금 분명하게 성품을 보았다면 이를 어찌 해탈을 얻었다고 하지 않겠느냐?"

"지금은 반드시 안 될 것이니 모름지기 세 아승지겁을 지내야 비 로소 얻을 것입니다."

"아승지겁이라는 숫자가 도리어 있느냐?"

원 율사가 소리를 지르며 말하였다.

"도적을 가지고 해탈에 비합니까? 그렇게 해서 도의 이치를 얻겠 습니까?"

선사가 말하였다.

"아사리여, 스스로 도를 알지 못하고 일체의 모든 사람들이 아는 것을 막지 말며, 스스로 네가 눈을 열지 못하고 일체의 사람들이 물건 을 보는 것을 화내지 마라."

원 율사가 얼굴색이 변하여 떠나면서 말하였다.

"늙기만 하였을 뿐 전혀 도가 없구나."

선사가 말하기를 "바로 떠나는 것이 너의 도이다."라고 하였다.

源律師問 禪師常譚 卽心是佛 無有是處 且一地菩薩 分身百佛世界 二
地增於十倍 禪師試現神通看 師曰 闍梨自己是凡是聖 曰 是凡 師曰 旣
是凡僧 能問如是境界 經云 仁者心有高下 不依佛慧 此之是也 又問 禪
師每云 若悟道 現前身便解脫 無有是處 師曰 有人一生作善 忽然偸物

入手 即身是賊否 曰 故知是也 師曰 如今了了見性 云何不得解脫 曰
如今必不可 須經三大阿僧祇劫始得 師曰 阿僧祇劫 還有數否 源抗聲
曰 將賊比解脫 道理得通否 師曰 闍梨自不解道 不可障一切人解 自眼
不開 瞋一切人見物 源作色而去 云 雖老渾無道 師曰 即行去者是汝道

◉

여러분은 신통이라고 하면 허공을 날고, 말 궁둥이로 들어가서 입으로 툭 튀어나오는 것을 생각합니다. 그러나 그것은 신통이 아니며, 꿈과 같은 요술이라고 합니다. 왜 그것을 환술이라고 하겠습니까?

일제 때 부산의 선암사에 해월 스님이 계셨습니다. 어느 날 해월 스님이 시장에 갔는데 사람들이 인산인해입니다. 그런데 멀리서 보니 요새로 말하면 서커스단에서 말을 데려다 놓고 접시를 돌리고 재주를 부리고 있었습니다. 그때 한 사람이 나오더니 "나는 신통술이 있소이다."라고 말하였습니다. 그러자 무슨 신통인가 하고 사람들이 모여 인산인해를 이루었습니다. 이 사람이 하는 말이 말 궁둥이로 들어가서 말 뱃속에 들어갔다가 말 입으로 튀어나온다는 것입니다. 거기에 모인 사람들이 모두 궁금해 하는데 그 사람이 저쪽에서 뛰어 날아오더니 그냥 말 궁둥이로 쑥 들어갔다가 말 입으로 툭 튀어나와서 서는 것입니다. 그것을 구경하던 사람들이 우레와 같은 박수를 치고 함성이 대단하였습니다.

해월 스님이 가만히 서서 보니 그 사람이 말 배 밑으로 들어갔다가 턱밑으로 빠져나오는 것입니다. 그런데 그 동작이 워낙 빠르기 때문에 사람들이 그것을 못 보았던 것입니다. 그렇기 때문에 말 궁둥이로 들어갔다가 나온 것처럼 보이는 것입니다.

해월 스님이 곁에 가서 가만히 서서 선정에서 그걸 보고 있는데 그 사람은 스님이 와 있는 걸 몰랐습니다. 그 사람이 저쪽에서 뛰어서 빠져나가려고 하는데 말밑의 다리에 걸려 넘어지고 말았습니다. 그 사람이 '아, 이상하다. 왜 이렇지? 내가 실수한 적이 없는데'라고 생각하고 다시 몇 번을 해보아도 되지 않았습니다. 그래서 주위를 둘러보니 노스님이 주장자를 들고 서 있는 것이 보였습니다. 그 사람이 곁에 와서 절을 하더니 "저는 밥을 벌어먹고 살아야 하니 스님께서는 그만 가시지요."라고 말하였습니다.

"예끼, 이놈. 그 많은 사람을 속이면 네가 무간지옥에 떨어질 텐데 밥을 빌어먹을 데가 없어서 이런 짓을 해서 남을 속이느냐."

"아이고, 스님 제가 죽을죄를 지었습니다."

많은 사람들이 그걸 보고는 이 사람이 우리를 속였구나 하고 알게 되었습니다.

어떤 사람이 오신통이 나서 허공을 나르고 구름을 탄다고 하더라도 여러분이 '이뭣고' 하는 의심관만 하고 있으면 툭 떨어지고 맙니다. 그 사람이 아무리 애를 써도 되지 않습니다. 여러분의 '이뭣고' 하는 단계가 그 사람이 신통부리는 차원보다 위에 있습니다. 여러분은 그것도 모르고 다른 생각을 하고 있는데 그렇지 않습니다. 여러분이 정말 '무엇인고' 하고 의심을 깊이 하는 화두를 관하고 있으면 천하에 없는 요술쟁이가 와서 요술을 부리려고 해도 요술이 안 됩니다.

요술은 일종의 재주이기 때문에 그런 요술을 익히기 위해서 많은 고생을 해야 합니다. 그러나 요술을 하면 많은 고생을 하고 쓸데없이 힘을 소비할 뿐 자신에게 얻는 것이 없습니다. 오히려 다른 사람에게 이용만 당하고 맙니다. 예로부터 요술, 신통을 부리는 사람은 나라의 정치하는 사람이나 돈 많은 재벌가에게 이용당하였습니다. 왜냐하면 자기가 그것으로 벌어먹어야 되기 때문입니다. 그렇게 요술을 팔아먹고 인생을 살아가는 것입니다.

그런데 그러한 사람들은 반드시 싸움을 하고 남을 해치게 되어 있습니다. 우리 중생들의 욕망, 욕심의 때가 묻은 생각이 제거되지 않은 상태에서 설사 조금 신통술을 배웠다고 하더라도 그걸 어디에 쓰겠습니까? 결국 자기 욕망을 충족시키는 데 쓰고 맙니다. 그렇기 때문에 무한한 업을 짓고, 죄를 지어 무간지옥에 가는 것입니다.

부처님은 그런 신통이 아니라 우리가 밥 먹고 옷 입고 걸어가고 행하는 것 이대로 신통이라고 말씀하였습니다.

나옹 스님이 중국에 가서 지공 선사를 만났는데 "네가 육지로 왔느냐, 바다로 왔느냐, 허공으로 왔느냐, 어디로 왔느냐?" 하고 물으니 "신통으로 왔습니다."라고 대답하였습니다. 그러자 "응, 신통으로 왔다면 어디 내 앞에서 신통을 보여 봐라." 그랬습니다. 나옹 스님이 지공 선사 앞에서 세 바퀴를 유유히 돌고 서서 "오늘이 몇 년 몇 월 몇 일입니다."라고 말하였습니다. 지공 스님이 허허 웃으며 "여시여시로다, 그렇다 그렇다."라고 말하였습니다.

낙산사의 고암 큰스님이 종정이고 방장이고 하니까 가는 데마다 많은 분이 따라다녔습니다. 기자가 취재한다고 쫓아와서 절을 하고 "스님, 불교에도 신통이 있다는데 저한테 신통을 보여줄 수 없습니까?" 하니 스님이 "시자야, 차 가져 오너라." 그랬습니다. 그러니까 기자가 "조금 전에 차 먹고 왔는데요."라고 합니다.

이렇게 거리가 멀다 이 말입니다. 고정관념으로 뭐 있다 하는 것을 딱 가지고 있으니 전혀 불통입니다. 고암 스님이 가만히 있으니까 다시 "아니, 스님 신통을 보여 주신다더니 안 보여 주십니까?" "그래, 아직도 신통을 알아야 되겠는가?" 하고 스님이 밖으로 나가더니 말하였습니다.

"주지, 오늘 설악산 신흥사에서 부처님 점안식이 있다고 하였는데 몇 시에 한다고 하였는가?"

"몇 시에 합니다."

"이와 같으니라."

그러자 또 기자는 "점안식을 하는 것은 우리도 압니다."라고 말합니다. 그러자 고암 스님이 기자에게 "그대가 아는 신통이 대단하네." 그랬습니다. 그때서야 기자가 "아, 예, 몰랐습니다." 하면서 절을 하고 돌아갔습니다.

대주 선사가 말하기를 "너는 범부라 하는 것도 물을 줄 아네."라고 하였습니다. 대주 선사가 말하는 것이 다른 것이 아니라 "나는 범부다 하고 낮게도 쓰고, 또 성인이라고 높게도 쓰고 그대의 마음이 이렇게 잘하니 다만 이것이니라." 하는 말입니다. 그와 같이 신통에 대한 것도 잘못 생각하면 안 됩니다. 우리 이 마음은 무한해서 무한정 쓰고 있으니 그것이 바로 신통을 매일매일 쓰고 있는 것입니다.

그 스님은 다시 "현전에 해탈이라는 것이 됩니까?" 하고 묻습니다. 그러자 대주 스님이 말하였습니다.

"일생 착한 일을 하다가 물건을 훔치면 도둑이라는 이름이 붙느냐, 안 붙느냐?"

"붙지요."

"네가 견성했다면 해탈이라는 이름이 붙느냐, 안 붙느냐?"

"지금은 그렇지만 삼 대아승지겁을 지나면 얻겠지요."

다시 묻기를 "아승지겁이라는 숫자가 정말 있느냐?"라고 하였습니다.

그 스님이 큰 소리를 치면서 "도적과 해탈을 비유하십니까?"라고 말하였습니다. 그러자 대주 스님이 "그래서야 되겠느냐. 네가 스스로 도를 알지 못하고 어찌 일체 사람들이 아는 데 장애를 하려 하느냐?"라고 야단을 칩니다.

스스로 눈을 열지 못했으면서 왜 일체 사람들이 물건을 보는 데 진심을 내느냐는 것입니다. 그 스님이 "노장이 참 희한하네. 도가 없구면." 하면서 가니 대주 스님이 "바로 가는 네가 곧 도다."라고 말합니다.

오늘날에도 공부를 하는 사람이 그런 허무맹랑한 데 빠져서 무슨 호흡을 해서 허공에 뜬다고 하기도 하고, 수십 년 목숨이 늘어났다고 하기도 합니다. 그렇게 하면 공부가 되지 않습니다. 우리가 공부하는 것은 오직 '이뭣고' 하나, '무' 그 하나뿐입니다.

"왜 없다고 했는가?", "무엇인고?" 했을 때 호리라도 다른 생각이 있으면 안 됩니다. 만약 '아, 무엇인고? 하는 이놈뿐이지 다른 것이 없구나'라고 생각을 하면 벌써 천리만리 어긋난 것입니다. 오직 '무엇인고?' 하는 의정 하나만이 일상생활 속에서 그대로 뚜렷해야 합니다. 하나의 둥근 달과 같고 해와 같아서 다른 것 없이 오직 그것뿐이어야 합니다.

그래서 그릇을 들고 밥을 먹으러 가는데 "너 요즈음은 어떠하냐?"라고 묻기에 "나는 다만 이것뿐이다."라고 했더니 어떤 사람이 있다가 "아, 밥을 먹으려 하는 그것뿐이로구나." 하고 말을 합니다. 그렇게 아는 사람이 많은데 그것은 관법을 하는 사람입니다. 관법하는 사람들은 전부 그렇게 알아듣는데 그래서는 안 됩니다.

"이뭣고" 하는 데는 다른 생각이 나면 그건 삼십 방입니다. 오직 '뭣인고' 그것만이 24시간 꾸준하게 밀고 나갈 뿐입니다. 잠을 자나 깨나 오직 하나로 쭉 이어져야 됩니다. 그러고 난 후에야 비로소 '이뭣고'에 대한 것이 딱 부러지게 한마디 나올 수 있습니다. '이뭣고' 하는 사람이나 '무'자 하는 사람이나 절대 다른 생각이 나서는 안 됩니다.

예전에 '무無' 자 하는 사람 하나가 찾아와서 무엇을 알았다고 하기에 죽비로 혼을 냈습니다. 화두 참선은 24시간 꾸준히 틈을 주지 아니하고 그대로 밀고 나가는 힘을 기르면 나중에는 우주법계로 차고 나가게 됩니다. 그러한 힘을 얻은 사람한테는 일체 누구도 당해낼 수가 없습니다.

그런데 한마디에 바로 될 수 있습니다. 금방 뒤집어지면 됩니다. 대주 스님도 "본래 네가 갖추고 있는 이것을 확연히 보고 바로 그 자리에서 뒤집어엎어버려라. 바로 엎어버리고 바로 보아버리면 되는데 왜 무량겁을 두고 닦아야만 된다고 그런 생각을 하느냐."라고 말씀하십니다. 무량겁을 닦아야 얻어진다는 생각 자체가 바로 생멸을 다시 만드는 것입니다. 본래 구족한 진여자성, 자리 이걸 깨달아서 확실히 알면 영원히 이대로 행주좌와 모든 것이 원만한 신통 자유자재합니다. 중생들도 항상 신통을 쓰고 있는데 그것을 모르고 별도로 신통이 있는 줄 알고 허황하게 구하려 하고 얻으려 하고 찾으려 하는데 그러면 안 됩니다.

모든 생각을 놓고 쉬라는 말을 합니다. 왜 쉬라고 하느냐 하면 구하는 생각, 닦아서 얻으려 하는 생각, 얼른 깨달으려는 생각, 얼른 맞추려는 생각부터 쉬라는 말입니다. 다 놓고 쉬고, 버리고 버린 뒤에 한번 네가 솔직하게 나는 뭐냐 하고 점검을 해보라는 말입니다.

이 사람은 이미 오신통을 한 사람 이상으로 넘어간 사람입니다. 그 사람은 일체가 다 떨어졌습니다. 나무로 말하면 잎이 다 떨어진 것과 같습니다. "무엇인고?" 하고 딱 갖다 대면 여기에는 무엇이라도 통할 수가 없습니다. 나뭇잎이 떨어지고, 가지도 떨어지고, 나무둥치도 썩어서 없어지고, 뿌리조차 뽑혀서 없어졌을 때 뭐라고 하겠습니까? 이건 아주 가깝게 딱 갖다 댄 것입니다. 여기에는 단지 그것 하나만 남았습니다. 모두가 그것 하나를 못하기 때문에 그냥 오늘이 오늘, 내일이 내일 하면서 앉아가지고 조금 하다가 졸지 않으면 망상하고, 화두 하다가도 일어나면 잊어버리고, 문밖에 나가면 잊어버리고, 밖에 나가 포행하면서 이곳저곳 쳐다보며 화두는 어디로 달아나고 그런 정도의 공부를 해가지고 어떻게 되겠습니까? 이건 가장 높은 데다 딱 갖다 대어서 어느 것도 통할 수 없습니다. 그것만 딱 하면 일체의 신통, 요술이 어디에 통합니까? 없습니다. 다 허망한 구름입니다. 여러분이 이러한 소중한 가치를 모릅니다.

대주 선사가 말한 것이 그것입니다.

"실제로 그대가 깨달았다면 어떻게 해탈한 사람을 해탈한 사람이 아니라고 말할 수 있겠느냐."

대주 선사는 한마디로 말하기를 "도는 다 가지고 있는 것이니 달리 구하지 마라. 그대로 원만 구족하니 바로 보라."라고 하였습니다.

第
二
十

◉

본래의 공부로 이끄는 방편

지관을 강의하는 혜慧 강사가 물었다.

"선사께서는 마구니를 가려볼 수 있습니까?"

선사가 말하였다.

"마음을 일으키면 천마이며, 마음을 일으키지 아니하면 음마니라. 혹 일으키고 일으키지 아니하면 번뇌마니라. 나의 정법 가운데는 이와 같은 일이 없느니라."

"한마음으로 세 가지를 관하는 도리는 어떤 것입니까?"

"과거심은 이미 지나갔고, 미래심은 아직 오지 아니했고, 현재심은 머무르는 바가 없다. 그 중간에서 다시 어떤 마음을 사용하여 관하겠느냐?"

"선사께서는 지관止觀을 모릅니다."

“좌주座主는 아는가?”

“압니다.”

선사가 말하였다.

“그러면 지자 대사智者大師가 말하기를 ‘지止를 말하여 지止를 파하고, 관觀을 말하여 관觀을 파한다. 지에 머물면 생사生死에 떨어지고, 관에 머물면 심신心神이 어지러워진다.’고 하였으니 이는 마음을 가지고 마음을 그치게 하는 것으로 생각하는가? 아니면 마음을 일으켜서 관을 관한다고 생각하는가? 만약에 유심으로 관을 한다면 이는 상견법에 떨어지는 것이며, 무심으로 관한다면 이는 단견법에 떨어지는 것이며, 있기도 하고 없기도 하다고 한다면 이견법에 떨어지는 것이다. 그러니 좌주는 자세히 말해 보라.”

“이렇게 물으니 아무 말도 할 수 없습니다.”

선사가 말하였다.

“어찌 지관을 안다고 하겠느냐?”

講止觀慧座主問 禪師辨得魔否 師曰 起心是天魔 不起心是陰魔 或起不起 是煩惱魔 我正法中 無如是事 曰一心三觀 義又如何 師曰 過去心已過去 未來心未至 現在心無住 於其中閒 更用何心起觀 曰 禪師不解止觀 師曰 座主解否 曰 解 師曰 如智者大師 說止破止 說觀破觀 住止沒生死 住觀心神亂爲當將心止心 爲復起心觀觀 若有心觀 是常見法若無心觀 是斷見法 亦有亦無 成二見法 請座主仔細說看 曰 若如是問俱說不得也 師曰 何曾止觀

◉

지관은 천태지관법으로 천태종의 천태지자 선사가 염했습니다. 우리가 지관법을 바로 보면 간화선의 가치를 알 수 있습니다. 그러므로 여러분은 지관이라는 것이 무엇인지를 바로 알아야 합니다.

우리의 본래 마음자리는 하늘처럼 천진무구해서 천진바탕이라 그럽니다. 그러므로 천진바탕인 마음을 일으키면 하늘의 마魔이고, 일으키지 않으면 음마陰魔이며, 혹 일으키기도 하고 혹 일어나지 않기도 하면 번뇌마煩惱魔라고 하였습니다.

대주 선사가 마魔에 대하여 말하자 그 스님이 다시 일심삼관에 대하여 묻습니다. 이에 대주 선사가 대답한 것입니다. 어떤 사람은 삼세심이 불가득이라고 했는데 현재 분명히 말하는 이것이라고 말하는 사람도 있습니다. 이러한 사람은 "삼세심 불가득"이라는 이 도리에 대하여 확실히 공부를 해야 할 사람입니다. 현재의 마음도 머무는 것이 없습니다.

중국의 천태종을 개창한 지자 대사는 『법화경』을 최상승으로 삼아서 공부하여 깨달은 대선사입니다. 그분이 수행하는 법을 말씀하신 것이 지관법입니다. 지관법도 역시 간화선에서 하는 그 뜻이 내포되어 있습니다. 그것을 잘못 알고 있는데 근본적으로 가서는 그것도 아니라는 것을 뒤집어엎어서 말씀하신 것도 있습니다. 천태종에서 지관을 쌍으로 같이 닦는다고 하는 것은 달마 선종에서 정혜를 쌍수하는 것과 같은 것입니다.

지관의 지止는 범어로는 사마타奢摩他, śamatha이며, 관觀은 범어로는 비파사나毘婆舍那, vipaśyanā입니다. 정定과 혜慧를 닦는 두 가지 방법으로, 지止는 모든 번뇌를 그치는 것이며 관觀은 자기의 천진심을 관찰하는 것입니다. 산란한 온갖 망념을 그치고 고요하고 맑은 슬기로써 만법을 비추어보는 것을 지관이라고 합니다.

혜사慧思 대사로부터 지자 대사에게 전하여진 지관에는 원돈지관圓頓止觀과 부정지관不定止觀 그리고 점차지관漸次止觀의 세 가지가 있습니다. 원돈지관은 대승 최고 경지의 본래면목에서 지관을 논하는 것으로, 알고 난 후에 사사무애가 되지 않기 때문에 조련을 하기 위해서 행하는 지관입니다. 점차지관은 범부 중생이 닦아서 이루고자 하는 지관입니다. 그리고 부정지관은 중생의 성질과 능력에 따라서 그 실천의 순서가 정해지지 않는 것을 말합니다.

지止는 번뇌 망상을 없애는 것으로 그것을 정定이라고 합니다. 그것은 화두가 그침이 없이 이어져 가는 것을 말합니다. 그렇기 때문에 "이뭣고" 하는 사람은 이미 지관을 하고 있는 것입니다. 만약에 지관 수행을 한다면 무량겁을 닦아야 합니다. 예를 들면 끊임없이 솟아나는 백두산 천지의 물을 다 퍼내려는 것과 같습니다. 끊임없이 일어나는 생각을 망상으로 여겨서 없애고 또 없애려고 하면 그것을 어떻게 하겠습니까? 또한 끊임없이 일어나는 생각을 없애고 내 본래면목이 어디 있는지를 관한다는 것은 말이 안 됩니다.

본래 천태지자 대사가 말한 지관법은 그것이 아닙니다. 지관법에서 지켜야 할 10가지가 있는데 이것은 가장 근기가 약한 사람에게 권하는 것입니다. 그것은 본래의 공부를 하도록 끌어들이기 위하여 방편으로 권한 것이라고 할 수 있습니다.

지자 대사가 지관을 닦아 익히는 요체를 밝힌 『소지관小止觀』에서는 지관을 다음과 같이 설명하고 있습니다.

"대저 열반진법에 들어가는 길이 많으나 그 중요한 것을 들자면 지止와 관觀에 지나지 않는다. 왜냐하면 지라고 하는 것은 업장을 조복하는 초문初門이요, 관이라고 하는 것은 혹업惑業을 끊는 정요正要이다."라고 하였습니다. 우리 중생들은 본성을 잊고 번뇌망상에 가로막혀 있습니다. 그렇기 때문에 수생 겁을 이어온 혹업을 관함으로써 끊는 것이 지관입니다.

"지止는 심식을 잘 기르는 좋은 자료가 되고, 관이라고 하는 것은 신혜神慧를 책발하는 묘술이다. 지는 선정禪定의 가장 수승한 인이요, 관은 지혜를 발생케 하는 그 본적本籍을 말하는 것이다. 만약 사람이 정과 혜의 두 가지 법을 바로 성취한다면 자비와 이타를 구족하여 만법이 다 구족한 것이다. 그러므로 『법화경』에서는 '부처님이 대승일불승에 머물러서 그 얻은 바의 법을 정과 혜 두 가지 힘으로 장엄해서 이로써 중생을 제도했다'고 하였다."

대승일불승이라는 것은 우리 중생들이 깨달아서 부처님이 된다는 것 오직 하나라는 말씀입니다.

"마땅히 지와 관의 두 법은 수레의 두 바퀴와 같고 새의 두 날개와 같은 것임을 알아야 한다. 그러므로 만약 치우쳐서 하나만 닦으면 삿된 데 거꾸러져서 떨어지고 만다. 그러기에 경전에도 이르시되 '치우쳐 선정의 복덕만을 닦고 지혜를 배우지 않는 것을 일러 어리석다고 하고, 한편으로 치우쳐 지혜만을 배우고 선정의 복덕을 닦지 않는 것을 일러 미쳤다고 한다'고 하였다. 정혜가 균등하지 못하면 수행이 원만하지 못한 것이다. 그러므로 경전에 이르되 '성문은 정력이 많기 때문에 불성을 보지 못하고, 십지보살은 지혜의 힘이 많기 때문에 비록 불성을 보더라도 명료치 못하고, 제불여래諸佛如來는 지관쌍수의 정과 혜의 힘이 균등하기 때문에 불성을 보는 것이 명료하다'고 하였다."

『소지관』에서는 열 가지 항으로 나누어서 지관을 닦는 방법을 밝히고 있는데 그 내용을 보면 다음과 같습니다.

첫째는 구연具緣으로 구연은 발심하여 지관을 닦고자 하는 사람이 먼저 갖추어야 할 외적인 다섯 가지 인연을 말합니다. 다섯 인연은 (1) 계행가짐이 청정하고, (2) 의식衣食이 구족해야 되고, (3) 한가롭게 거처할 수 있는 고요한 곳이 있어야 하며, (4) 모든 반연을 쉬어야 되고, (5) 선지식이 가까이 있어야 함을 말합니다.

둘째는 가욕訶欲으로 색성향미촉의 오욕을 꾸짖어 그것에 빠지지 말아야 한다고 하였습니다.

셋째는 기개棄蓋로 오개를 버리는 것입니다. 오개는 (1) 탐욕심을 내는 탐욕개貪慾蓋 (2) 성내기를 좋아하는 진에개瞋恚蓋 (3) 잠자기를 좋아하는 수면개睡眠蓋 (4) 정신을 산란케 하는 도회개掉悔蓋 (5) 의혹심을 갖는 의개疑蓋입니다. 이 다섯 가지는 공부하는 사람을 덮어씌우는 양산과 같아서 수행의 장애가 되기 때문에 버리라고 합니다.

넷째는 조화調和로 다섯 가지가 있습니다. (1) 음식을 조절하는 조식調食 (2) 수면을 조절하는 조수면調睡眠 (3) 몸을 건강하게 조절하는 조신調身 (4) 숨을 고르게 조절하는 조식調息 (5) 마음을 조화롭게 하는 조심調心입니다.

다섯째는 방편행方便行으로 역시 다섯이 있습니다. (1) 뜻(志), 바람(願)으로 온갖 망상전도를 여의고 온갖 선정을 얻고자 하는 것이요, (2) 정진精進으로 계율을 지키고 오개五蓋를 버리는 것이요, (3) 생각(念)으로 인간이 서로 속이는 것을 천하게 보고 선정과 지혜를 귀하게 생각함이요, (4) 공교로운 지혜(巧慧)이니 세간의 즐거운 것과 선정 지혜의 즐거움에 대하여 득실과 경중을 헤아리는 것입니다. 세상의 모든 일에 낙이 있다고 하더라도 공부하는 선정의 낙을 비교해 보면 천리만리나 격차가 있습니다. 세상의 낙이 아무리 좋아도 깊은 선정에 들어가는 낙을 보는 사람이 있다면 생각조차도 할 필요가 없습니다. 이처럼 무엇이 이득이 있고, 무엇이 잃어버리는 것인가를 헤아리는 것입니다. (5) 한마음(一心)이니 생각과 지혜를 분명히 하여 세간이 걱정거리요 악한 것임을 밝게 생각하여 보는 것입니다. 세간의 모든 것은 악과 고통이 끊임없이 반복되어 일어나는 것이기 때문에 그걸 깊이 꿰뚫어보면 취할 것이 없다는 것을 밝게 안다는 것입니다.

여섯째는 바르게 수행하는 것입니다.

일곱째는 선근발상善根發相으로 두 가지가 있으니 바깥 선근인 외선근발상外善根發相과 안으로 발하는 내선근발상內善根發相이 그것입니다.

여덟째는 각지마사覺知魔事로 수행 중에 마구니가 일어나는 것을 알고 퇴치하는 것입니다. 마구니에도 네 가지 종류가 있으니 첫째가 번뇌마煩惱魔요, 둘째는 음입계마陰入界魔입니다. 이는 오욕락에 빠져서 주색잡기나 하면서 어지럽게 살아가는 것입니다. 그것은 색성향미촉법의 6근과 안이비설신의의 6근 그리고 6식에 의하여 이루어지는 18계에서 일어나는 마구니입니다. 셋째는 죽는 마요, 넷째는 귀신마입니다.

아홉째는 병환을 다스리는 치병治病으로 수행하는 사람이 안심수도를 하고 있으면 인체를 구조하는 요소인 지수화풍 4대를 따라서 404병이 일어납니다. 그러나 좌선법에 의하여 잘 주의하고 용심만 잘할 것 같으면 모든 병이 자연히 없어지게 되는 것입니다. 이에 대해서는 두 가지 방법이 있으니 첫째는 병의 원인을 잘 알아야 하며, 둘째는 병을 다스리는 치병방법을 잘 알아야 합니다.

열째는 증과이니 이것은 불과를 증득하여 여래 지위에 오르는 것입니다. 『반주삼매경』에는 다음과 같은 게송이 있습니다.

모든 부처님이 마음을 좇아서 해탈을 얻었으니,
마음이란 것은 바로 청정해서 이름하여 때가 없음이라고 한다.
오도(지옥, 아귀, 축생, 인, 천)에 산뜻하고 깨끗하여 색을 받지 아니하니
이를 아는 자는 바로 대도를 이룬다.
諸佛從心卽解脫
心者淸淨名不垢
五道鮮潔不受色
有學此者成大道

이상의 아홉 가지를 닦아야 마음 해탈을 얻게 되고 마음의 해탈을 얻으면 바로 부처가 되는 것입니다. 이상은 지의智顗 선사가 저술한 『수습지관좌선법요修習止觀坐禪法要』를 간략하게 말씀드린 것입니다.

앞에서도 말했듯이 뭐를 알았지만 자재가 안 되기 때문에 마음을 단련하는 관법을 하는 것입니다. 그것을 어떻게 하느냐 하면 변소에 가서 대변을 보면 대변보는 그것만 해야 되지 다른 것은 생각이 나와서도 해서도 안 된다는 것입니다. 마찬가지로 밥을 먹으면 오직 밥 먹는 것 그것뿐이어야지 다른 생각이 일어나서는 안 됩니다. 그것을 매사마다 애를 쓰고 단련해 갑니다.

그런데 만약에 끊임없이 일어나는 마음을 언제까지나 들여다보고 관찰하고 있으면 영원히 마음이 산란합니다. 이처럼 마음을 가지고 마음을 그치려 하는 것은 마치 솟아나는 백두산 천지 물을 퍼내는 것

과 같습니다. 마음은 끊임없이 나오는데 그놈을 없애치우고 관찰한다면 그건 생사에 빠져서 영원히 헤어날 길이 없는 것입니다.

그러나 지관법에서 최고의 경계에 이르러서 마지막으로 말하는 것은 "대각의 본래 법신 자리에서 논하자면 지止는 뭐가 필요 있으며, 관觀이 뭐 필요 있겠는가? 본각의 깨달은 그 자리 자체가 바로 관이고 그 자체가 지일 뿐이다."라고 합니다. "그 자체가 깨끗한 불성이며 그 자리가 바로 무한한 지혜고 무한한 정이지 정을 별도로 닦아야 되고 지혜를 다시 발명해 내려고 하는 그런 것은 아니다."라고 말하는 것입니다. 이것을 알아야 합니다. 대주 선사가 지관법을 강하는 강사한테 말하는 것이 바로 이것입니다.

대주 선사는 "그래, 네가 지관법을 알고 있느냐? 네가 지관법을 안다면 얼마나 아는지 내가 한번 이야기해 보겠다. 천태지자 선사가 말한 지止는 망상이고 생각 일체를 싹 끊는다는 소린데 그게 어떻게 될 수가 있느냐? 과거심도 불가득이요 현재심도 불가득이요 미래심도 불가득이라, 어느 곳에 이 마음 하나 얻을 것이 없는데, 거기서 너는 무슨 관을 해야 되고 지를 해야 되는지 도대체 그게 무슨 소리냐."라고 하였습니다.

이건 본지풍광으로 바로 질러 들어가서 해주는 말씀이지 밑에서부터 닦아서 해야 된다는 것을 말하는 것이 아닙니다. 만약 닦아서 되는 것이 있다면 숯덩이를 닦아서 언제 희게 만들겠냐는 것입니다. "삼심이 불가득인데 네가 지관법을 몰라서 그렇지 천태지자 선사가 지를 말해 놓고는 지를 깨부수고, 관을 말했다가 관도 없애 버렸다. 만약 너의 생각대로 한다면 자꾸 나오는 망상을 그치게 하는 지止라고 하는 데 머무르게 되어 나고 죽는 생사에 빠져서 영원히 헤어날 길이 없다."고 알려주는 것입니다.

대주 선사는 "만약에 유심으로 관을 한다면 이는 상견법에 떨어지는 것이며, 무심으로 관한다면 이는 단견법에 떨어지는 것이며, 있기도 하고 없기도 하다고 한다면 이견법에 떨어지는 것이다. 그러니 좌주는 자세히 말해보라." 하고 다그칩니다.

대주 선사의 말씀은 지관止觀이라고 하는 것은 무엇을 그치고 관찰하려는 것이 아니라 본래 관觀이고 본래 지止라는 것입니다. 정定을 이루고 지혜를 꺼내서 이루는 것이 아니라 본래 우리의 마음은 고요한 지혜고 본래부터 정定이 되어 있다는 것입니다. 이를 보면 지관법에서도 모든 것을 펴 놓았다가 다시 아니다 하고 싹 거두어 버렸습니다. 그러면 여기서는 나아갈 길도 없고 들어가 갈 길도 전혀 없는데 어떻게 하겠느냐 하고 묻는 것입니다.

간화선에서 '이뭣고' 하는 데는 일체가 단박에 끊어집니다. "이뭣고" 하는데 만약 "부처입니다."라고 대답하면 "미친 놈"이라고 방망이로 때립니다. "마음 아닙니까?" 하면 "이놈아, 마음도 아니고 부처도 아니다."라고 때리고, "그러면 물건입니까?" 하면 "이놈아, 물건은 무슨 물건이야, 아니야." 하고 때립니다. 이처럼 갖다 대는 것마다 모조리 끊어버리고 긍정해 주지를 않습니다. 그래서 '이뭣고'에서는 가로질러서 바로 대주는 것입니다. 그렇게 정과 혜가 함께 요결하게 질러서 대주는 데서, 대근기大根機는 바로 뒤집어 알아차립니다. "아하, 공연히 내가 쓸데없는 짓을 했구나. 알고 보니까 다 되어 있는 것을 쓸데없이 이처럼 방황을 하였구나." 하고 순식간에 해 마칩니다. 삼세의 모든 업이 몰록 흔적조차 없어지고 신광神光이 스스로 천지를 덮고 걸림이 없이 자재무애自在無碍합니다.

그런데 "이뭣고" 하면 혹시 무슨 답이 있는가 하고 생각하다가 뭘

가를 알았다고 주먹을 번쩍 들거나 절을 하거나 소리를 지른다면 모두 잘못된 것입니다. "이뭣고" 하면 전후좌우 일체가 딱 끊어져서 그어떤 것도 통하지 않습니다. 오직 모를 뿐입니다.

마음을 "무엇일까?" 하는 거기에 일심으로 일으키면 자연스럽게 지관법이라는 것이 다 됩니다. 그래서 앞에서 말한 것 같은 수행을 할 필요가 없습니다. 단지 아무것도 통하지 않는 곳에서 무엇일까 한번 박차고 나가보란 말입니다.

'이뭣고'라고 하는 것은 백척간두까지 간 것입니다. '이뭣고'는 자동으로 정과 혜를 동시에 이룬다는 것입니다. 그러므로 여기서 한 발만 나가면 됩니다. 그것이 바로 백천간두 진일보입니다. 한 생각을 뒤집어 엎어서 "아하" 하고 깨달아 버리면 "내가 공연히 몰라서 헛된 힘만 소비했구나." 하는 말을 하게 됩니다. 설사 그렇게는 안 되더라도 '이뭣고'는 지관법을 닦는 것보다 쉽고 간결하고 바로 들어가는 길입니다.

'이뭣고'를 하거나 '마삼근'을 하거나 '무'자를 하거나 모두 같습니다. '무'자에는 일체가 통하지 않습니다. 무슨 소리를 해도 그냥 쳐버릴 뿐 터럭만큼도 용납하지 않습니다. "무" 하는데 무슨 말을 하면 단번에 후려갈겨 버립니다. 왜 그렇게 하겠습니까? 그렇게 하지 않아도 될 사람은 거기서 뒤집어엎어서 본성을 바로 알아차립니다. 그러나 아무리 '무' 해도 여기 걸리고 저기 걸리기 때문에 할 수 없이 "왜 없다고 했는가?" 하고 매달려야 합니다. 이것이 단도직입적으로 바로 들어가기 때문에 빠르고 요결합니다. 오직 하나만 바로 파고 들어가기 때문에 아무리 늦어도 10년이면 족합니다. '이뭣고'나 '무' 자뿐만 아니라 1,700공안이 다 그렇습니다.

예전에 '수미산' 공안을 참구했다는 사람이 찾아왔는데 자신이 외국에서 온 선지식으로부터 인가를 받았다고 하였습니다. 본래 그 공안은 어떤 스님이 운문 스님에게 "한 생각이 일어나기 전에도 제 허물이 있습니까, 없습니까?" 하고 묻자 운문 스님이 "수미산"이라고 대답한 것입니다. 그래서 "어떻게 인가를 받았느냐?"고 물어보았습니다. 그랬더니 "한 생각도 일어나기 전이라고 물을 때 벌써 한 생각이 일어났기 때문에 '너는 허물이 수미산과 같다'라고 질책해서 때린 것입니다."라고 하였습니다. 그러니까 자기를 가르친 스승이 옳다고 하고는 다른 공안을 들라고 다른 공안을 주고 그것을 하고 나면 또 다른 공안을 주었다는 것입니다. 세상에 이렇게 기가 막힌 일이 있겠습니까?

그 공안은 "왜 한 생각이 일어나기 이전에 내가 허물이 있습니까?" 하고 물은 것이 아닙니다. "한 생각 일어나기 이전에 나의 허물이 있습니까, 없습니까?" 하고 유무를 물었습니다. 그것은 "없습니까?" 하는 것도 아니고, "있습니까?" 하는 것도 아닙니다. '무' 자 화두도 "불성이 있습니까, 없습니까?" 하고 묻는 질문에 대하여 "무"라고 대답한 것입니다. 그래서 그 사람에게 말하였습니다.

"네가 그런 식으로 알았다면 1,700공안 전부 떼어서 해석하고 말아라. 그러고 난 뒤에는 또 어느 공안을 가지고 할래? 너는 운문 수미산을 꿈에도 못 봤다. 그것은 말도 안 되는 소리이다."

이처럼 경책을 해주면 분이 있는 사람은 "아, 그렇습니까?" 하고 심기일전하여 다시 공부를 합니다. 그러나 분이 안 되는 사람은 그걸 고집하여 끌어안고 있습니다.

대주 선사는 지자 대사가 '나는 무엇인가?' 하는 도리를 깨달아 안 사람이기 때문에 지관법을 논하면서도 스스로 펼쳤다가 확 엎어 지와 관을 치워버렸다고 합니다.

천태의 지관법은 쌍차쌍조로 모든 것을 부정하고 모든 것을 긍정합니다. 무엇을 갖다 대어도 모두 아니라 하기도 하고, 무엇을 갖다 대든 옳다고도 합니다. 이는 있고 없는 유무의 양변을 부수어서 완전하게 자기 본성을 본 사람, 깨달은 사람만이 가능한 것입니다. 견성한 사람만이 모든 법에 확연히 밝아서 사용하는 데 걸림이 없는 것입니다. 놓고 거두어들임에 걸림이 없어서 자유자재한 것입니다. 만약 천태의 지관법을 마음을 관찰하거나 무엇을 살펴보는 것으로 생각하면 그 사람은 지관법을 전혀 모르는 것입니다.

그러면 묵조선은 무엇인지 살펴볼 필요가 있습니다. 묵조선은 본래 부처인 천진바탕의 마음자리 그놈을 찾으려고 안으로 들여다보고 있는 것입니다. 그렇게 수행을 하다 보면 그것은 끊임없는 습관이라는 업이 됩니다. 습관의 업을 익혀 놓으면 미래겁이 다하도록 그것만 하고 있어야 됩니다. 그것을 하다 보면 고요해질 때도 있습니다. 그러나 고요함에 빠지면 깨닫기가 더욱 힘들어집니다.

'이뭣고'는 그것이 아닙니다. 부처님이 모든 것을 다 버리고 마지막에 무엇을 했겠습니까? 깨달았습니다. 그러니까 부처님은 바로 그것을 쓴 것입니다. 어떤 행인이 돼지를 몰고 지나가자 부처님께서 "네가 가지고 가는 그것이 뭐냐?" 하고 물었습니다. 부처님이 돼지를 몰라서 물었을까요?

"부처님은 일체 지혜를 다 갖추고 있다고 하더니만 돼지도 모르시오?"

"내가 그냥 물어봤느니라."

왜 그렇게 물어보았겠습니까? 부처님도 "무엇인고?" 하였을 뿐입니다. 연꽃을 들었을 때 그것은 '이뭣고' 하는 것입니다. 부처님이 일체 관법을 해도 몰랐다가 마지막에 일주일 '이뭣고' 해서 깨달았습니다. 그 법을 역대 조사들은 부처님처럼 확연히 깨달아 알았습니다.

그런데 '이뭣고'를 하다가 소견이 나면 '그걸로 안 되겠다' 하고 "무無 자 해라" 하면서 다시 화두를 주는 사람이 있습니다. 이렇게 하는 그 사람은 도무지 뭘 하느라고 그러는지 모르겠습니다. 만약 그렇다면 남악회양 선사가 '이뭣고'를 해서 육조 스님으로부터 인가를 받았는데 그 스님도 다시 '무' 자를 해야 될 것이 아닙니까?

화두를 참구하는 사람은 선지식으로부터 끊임없이 점검을 받아야 합니다. 선지식은 수행자가 올바로 화두를 참구할 수 있도록 항상 경책하여 백척간두에서 진일보하도록 해야 합니다. 그럼에도 불구하고 '이뭣고' 하다가 다시 와서 무슨 소리 하면 "아이고, 네가 뭐 좀 됐다." 한다면 그것은 말이 안 되는 것입니다.

지관법에서 마음을 관해서 원교의 실상을 실증하는 지관을 원돈지관이라고 합니다. 지관을 통하여 실증되는 경계를 중도의 실상경계, 본지풍광, 아뇩다라삼먁삼보리, 진공묘유라고도 하고 여러 가지의 이름을 드러내지만 이건 어디까지나 교리적인 것입니다. 그렇기 때문에 여러분이 수행을 할 때 올바른 방향과 방법이 중요합니다. 올바른 방향과 방법을 통하지 않으면 일생을 수행하여도 결과를 얻을 수 없습니다. 수행은 수행에 관한 올바른 방향과 방법의 정립으로부터 시작되는 것입니다.

◉

반야의 칼

어떤 사람이 물었다.

"반야가 큽니까?"

선사가 말하였다.

"크다."

"얼마나 큽니까?"

"끝이 없다."

다시 물었다.

"반야가 작습니까?"

"작다."

"얼마나 작습니까?"

"보아도 보지 못한다."

“어떤 것이 옳습니까?”

선사가 말하였다.

“어떤 것이 옳지 않겠느냐?”

人問般若大否 師曰 大 曰 幾許大 師曰 無邊際 曰 般若小否 師曰 小
曰 幾許小 師曰 看不見 曰 何處是 師曰 何處不是

◉

반야般若가 무엇인지 한마디로 말한다면 반야는 바로 일면불日面佛 월면불月面佛입니다. 여러분이 이걸 알아들으면 쉬운데 이걸 못 알아듣습니다. 이것을 설명하면 지혜라고 할 수 있는데, 지智는 체體요, 혜慧는 용用입니다. 그것을 불빛에 비유하면 불의 체와 발산하는 빛이라고 할 수 있습니다.

그러나 반야의 체에는 터럭 하나 세울 수 없으며(寸草不立) 극히 크고 극히 작아서 상대가 끊어졌습니다(極大極小 絶對的). 반야를 쓰는 데는 밝은 눈이 있어서 삿된 것은 모조리 쓸어서 끊어버리고 바른 안목을 세우므로(般若用劍 殺邪立正眼) 반야의 칼을 한번 쓰면 상벌을 분명히 판단합니다.

여러분이 반야지혜가 없으면 어떻게 이 세상을 판가름하겠습니까? 반야지혜가 있어야 능히 만 가지 법을 분명하게 판가름할 수 있습니다. 지혜는 우리들이 생사고통의 바다를 건너가는 배의 역할을 하여 열반의 언덕으로 올라가게 하는 것입니다.

지혜는 비유하자면 물감으로 단청을 할 때 아교풀과 같은 것입니다. 오색 물감을 사용하여 단청을 할 때 아교풀이 첨가되지 않으면 단청을 할 수 없는 것과 같이 중요한 알맹이입니다.

◉

第二十二

◉

둘이 아닌 법문

『유마경』을 강의하는 좌주가 물었다.

"경에 이르기를 '모든 보살이 각각 불이법문에 들어갔는데 유마가 마지막에 묵묵히 말이 없다'고 하니 이것이 최고 구경의 법입니까?"

선사가 말하였다.

"이것은 구경이 아니다. 성인의 뜻을 다 드러내었다면 제3권에 다시 무엇을 말할 일이 있겠느냐?"

좌주가 한참 있다가 말하였다.

"청컨대 선사께서 구경이 아니라고 한 뜻을 말하여 주십시오."

선사가 말하였다.

"경의 제1권에서는 십대제자들이 마음에 집착하고 있음을 꾸짖었으며, 제2권에서는 모든 보살들이 제각기 불이법문에 들어간 것을 말했으니 말로써 말없음을 나타냈고, 문수보살은 말없음으로써 말없음을 나타내었으며 유마는 말로 한 것도 아니고 말없음으로 한 것도 아닌 묵연하여 앞의 말들을 다 거두어들였다. 제3권에는 묵연을 좇아서 말을 하였고 또한 신통작용을 나타냈으니 좌주는 알겠느냐?”

“기괴하고 괴상합니다.”

“또한 이와 같은 것도 아니다.”

“어떤 이유로 이와 같은 것이 아닙니까?”

선사가 말하였다.

“다만 사람들의 망정을 깨뜨리기 위하여 이렇게 말했을 뿐이거니와 경의 뜻에 의하면 다만 물질과 마음이 공적하다고 말하여 본성을 보게 하고, 거짓된 행위를 버리고 진실한 행위를 하도록 가르친 것이다.

언어와 문자 위에서 뜻을 헤아려서 말하지 마라. 다만 정명이란 두 글자를 알면 된다. 정淨이라는 것은 본체이며, 명名이라는 것은 용을 나타낸 것이다. 본체를 좇아서 작용을 일으키고, 자취의 작용을 좇아서 본체에 돌아가니 체와 용이 둘이 아니며 본체와 자취 역시 다르지 않다.

옛사람들이 말하기를 ‘근본과 자취가 비록 다르나 부사의는 하나이다’라고 하였다. 하나도 또한 하나가 아니니 정명이라는 두 글자도 거짓된 이름인 줄을 안다면 다시 어떤 것이 구경인가 아닌가를 말하겠느냐. 앞도 없고 뒤도 없으며, 근본도 아니고 지말도 아니며, 정도 아니고 명도 아니니 다만 중생의 성품이 부사의해탈임을 보여준 것이다. 만약에 네가 성품을 보지 못한 사람이라면 영원히 이 이치를 보지 못할 것이니라.

維摩座主問 經云 諸菩薩各入不二法門 維摩默然 是究竟否 師曰 未是

究竟 聖意若盡 第三卷更說何事 座主良久 曰 請禪師爲說未究竟之意
師曰 如經第一卷 是引衆呼十大弟子住心 第二諸菩薩各說入不二法門
以言顯於無言 文殊以無言 顯於無言 維摩不以言 不以無言 故默然收
前言語也 第三卷 從默然起說 又顯神通作用 座主會麼 曰 奇怪如是 師
曰 亦未如是 曰 何故未是 師曰 且破人執情 作如此說 若據經意 只說
色心空寂 令見本性 教捨僞行入眞行 莫向言語紙墨上討意度 但會淨名
兩字便得 淨者本體也 名者迹用也 從本體起迹用 從迹用歸本體 體用
不二 本迹非殊 所以古人道 本迹雖殊 不思議一也 一亦非一 若識淨名
兩字假號 更說什麼究竟與不究竟 無前無後 非本非末 非淨非名 只示
衆生本性 不思議解脫 若不見性人 終身不見此理

◉

불이법문은 생과 멸, 능과 소, 유와 무, 깨끗한 것과 더러운 것, 시끄러
운 것과 고요한 것, 모양 있는 것과 모양이 없는 것, 보살심과 성문심,
선과 악, 유죄와 무죄, 유위와 무위, 세간과 출세간, 생사와 열반, 유진
과 무진, 유아와 무아, 밝은 것과 어두운 것, 색과 공 등 이와 같이 상
대가 있는 두 가지를 넘어선 법문을 말합니다.

진여자성은 모든 모양을 떠난 것이고 모든 모양이 아니면서 모든
모양을 이루어 가는 것으로 성품이 대해탈임을 보여준 것입니다.

『유마경』에 불이법문과 유마 거사의 묵연默然에 관련된 법문이 있
습니다. 강사가 이 부분에 대해 대주 선사에게 질문을 하였습니다.

유마 거사가 몸이 아프다고 말하자 부처님의 십대제자로 하여금
유마 거사에게 병문안을 가도록 하였습니다. 십대제자들은 아직도 어
느 하나의 굴레에 빠져서 벗어나지 못했기 때문에 유마 거사로부터

집착에서 벗어나라는 법문을 많이 들었습니다. 그래서 유마 거사에게 병문안 가는 것을 꺼렸습니다. 그러자 부처님은 십대제자들은 두고 모든 보살들을 보냈습니다. 최상수보살인 문수보살을 비롯하여 모든 보살이 유마 거사에게 가서 불이법문을 하였습니다.

"생과 멸이 없는 데 들어가야 둘이 아닌 법문입니다. 깨끗하고 더러운 모양이 없는 줄 알아야 둘이 아닌 법문에 들어가는 것입니다. 너와 내가 둘이 없는 데 들어가야 둘이 아닌 법문에 들어가는 것입니다."

유마 거사는 모든 보살이 한결같이 두 가지를 벗어나서 둘이 없는 데 들어가야 한다는 말을 듣고 문수보살에게 묻습니다.

"문수 대성사께서는 둘이 없는 데 들어가는 법문을 어떻게 생각하십니까?"

문수보살이 말하였습니다.

"여기에 온 보살들은 모두가 둘이 없는 데 들어가야 불이법문이라고 하니 없다고 하는 것이 남아 있지 않습니까? 없다고 하는 그것조차 없어야 합니다."

문수보살이 다시 유마 거사에게 물었습니다.

"그러면 거사께서는 어떠하시오?"

그러자 유마 거사는 말 없이 묵연히 있었습니다.

이 부분이 『유마경』의 제9품인 「입불이법문入不二法門」으로 『유마경』은 모두 제14품까지 있습니다.

대주 선사는 불이법문을 말한 제9품 이후 제10품에서 제14품까지 유마 거사의 무한한 설법이 남아 있기 때문에 최고 구경법으로 끝난 것이 아니라고 말합니다.

문수보살은 다른 보살들이 불이에 관하여 말하자 "말이 있으면 안 된다고 하면서 너희들이 자꾸 없다고 하는데, 그래서야 어찌 불이법문이라고 할 수 있느냐?"라고 말하였습니다. 이는 없다고 하는 그 말조차 없어야 함을 말한 것입니다.

그러면 유마 거사가 묵연한 것으로 끝냈느냐 하면 그렇지 않습니다. 『유마경』 제10품에서 제14품에서 나타나 있는 것과 같이, 유마 거사가 묵연默然을 좇아서 설함을 일으켰던 것입니다.

대주 선사는 언어와 문자에 뜻을 두고 토론하여 알려고 하지 말고 단지 정명이라는 두 글자를 알라고 말하였습니다. 정명은 유마힐維摩詰을 지칭하는 다른 개념으로 『유마경』의 내용이 그대로 정명으로 집약되었음을 나타낸 것입니다.

유마 거사는 과거 증명 부처님입니다. 석가모니 부처님이 사바세계에 중생들을 제도하러 가겠다고 하자 과거의 증명 부처님이 말씀하기를 "석가모니 부처님은 출세간에서 중생을 제도하시겠지만 저는 세간에 머물러 있으면서 석가모니 부처님이 제도하시는 것을 보조하겠습니다. 세간에 있더라도 결혼해서 자식 키우며 아옹다옹 살지 않고 세상에 물들지 않는 거사가 되어서 세상 사람을 제도하겠습니다. 그래서 거사의 몸으로 가겠습니다."라고 하였습니다. 그래서 과거 증명 부처님이 유마 거사로 오신 것입니다. 그렇기 때문에 무애변재한 진리의 법을 설해준 것입니다.

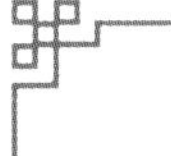

第
二
十
三

◉

오직 이 공부뿐

한 스님이 물었다.

"만법이 모두 공하고 식의 성품도 또한 공했습니다. 비유하면 물거품과 같아서 한번 흩어지면 다시 모여서 합해지지 않습니다. 몸이 죽으면 다시 태어나지 못합니다. 곧 이것이 공했기 때문에 없는 것이니 어느 곳에 다시 식의 성품이 있겠습니까?"

선사가 말하였다.

"거품은 물로 인해서 있음이니 거품이 흩어졌다고 해서 곧 물이 없다고 하겠느냐? 몸은 성품을 인해서 일어난 것이니 몸이 죽었다고 성품이 없어졌다고 말하겠느냐?"

"이미 성품이 있다고 말하였으니 내어 보여주십시오."

"네가 내일 아침이 있다고 믿느냐?"

“믿습니다.”

“그러면 내일 아침을 가져와서 나에게 보여다오.”

“내일 아침이 실로 여기에 있습니다. 그러나 지금은 얻을 수 없습니다.”

선사가 말하였다.

“네가 지금 내일 아침을 얻을 수 없다고 하여 이것이 내일 아침이 없음을 뜻하지 않는다. 네가 스스로 성품을 보지 못했다고 성품이 없다고 하지 마라. 네가 지금 옷을 입고 밥을 먹으며 가고 머물고 앉고 눕고 하며 서로 얼굴을 대하고 있으나 알지 못하니 어리석고 미욱하구나. 네가 내일 아침과 더불어 오늘을 알고자 하느냐? 이는 성품을 가지고 성품을 찾는 것과 다르지 않으니 만겁이 다하도록 보지 못하리라. 또한 어떤 사람이 해를 보지 못했다고 해서 해가 없다고 하지 못하는 것과 같다.”

僧問萬法盡空 識性亦爾 譬如水泡 一散更無再合 身死更不再生 卽是空無 何處更有識性 師曰 泡因水有 泡散可卽無水 身因性起 身死豈言性滅 曰 旣言有性將出來看 師曰 汝信有明朝否 曰 信 師曰我將明朝來看 曰 明朝實是有 如今不可得 師曰 明朝不可得 不是無明朝 汝自不見性 不可是無性 今見著衣喫飯 行住坐臥 對面不識 可謂愚迷 汝欲見明朝與今日 不異將性覓性 萬劫終不見 亦如有人不見日 不是無日

◉

거품은 물을 떠나서 존재하지 못합니다. 거품 자체가 물로 인해서 존재하는 것입니다. 그래서 몸과 마음이 둘이 아니고 하나라는 것입니

◉

다. 마음은 반연을 인해서 나타나는 것입니다.

내일은 있지만 내일은 아직 오지 않았으니 당장 가져오라고 하면 가져와서 보일 수는 없습니다. 그러나 내일 아침이 없는 것은 아닙니다. 분명히 내일 아침은 있습니다. 다만 당장 앞에 가져다 놓을 수 없을 뿐입니다.

지금 당장 내일 아침을 가져올 수는 없지만 내일 아침이 없다고 단정하지 못하는 것처럼 자기가 성품을 보지 못하였다고 하여 성품이 없다고 단정하지 말아야 합니다.

성품이 스스로 성품을 보지 못하니
물로 물을 씻을 수 없고 금으로 금을 바꾸지 못한다.
눈이 스스로 눈을 볼 수 없으니
만약 본 것이 있다고 할 때는 두 끝에 떨어진다.
공이 스스로 공을 무너뜨리지 못함이여
한 조각 흰 구름이 허공을 의지해 몸을 일으키니
흰 구름은 소멸해도 허공은 스스로 무너지지 아니한다.
거품이 물로 인해서 일어난 것이나
거품이 멸한다고 물이 멸하지는 않는다.
성품의 체는 본시 멸하는 것도 없고 일어나는 것도 없다.
있고 없는 두 모양이 없는 것이니
지금에 가히 얻어 보지 못함과 같으니라.
性自不見自己性
水不洗水金不換金
眼自不見眼
若有見落在二頭

空自不壞空

一片白雲依空起身

白雲消滅空自不壞

泡依水因起泡滅水不壞

性體本是無滅無起

有無二相則無

如今不可得見

우리가 성품을 보았다고 하면 벌써 틀렸다는 말입니다. 그렇다면 성품은 어떤 것인가? 가만히 있는 것이냐 하면 그렇지는 않습니다. 영원히 생기기도 하고 멸하기도 합니다. 이것이 바로 움직이는 것을 쓰는 것이요 고요한 것을 쓰는 것입니다. 그러니 스스로 보지 못한다고 해서 없다고 단정 지으면 안 됩니다. 그러니까 아침은 죽을 먹고 점심은 찰밥을 먹고 저녁은 국수를 먹었으나 내일은 뭘 먹을지 정하지 않았다는 것입니다.

오늘날 공부하는 사람 가운데 화두를 참구할 때 흔히 뭘 알았다거나 뭘 봤다고 하는 사람이 많습니다. 그래서 이 공부는 철저히 점검해 주는 것이 가장 중요합니다. 공부를 잘못 점검하면 일생 동안 남의 신세도 망치고 자기도 무간지옥에 떨어집니다.

얼마 전에 어느 스님이 저에게 와서 "스님, 오매일여寤寐一如니 몽중일여夢中一如니 하는 것도 공부하는 사람에게 공부 더 하라고 하면서 그만 보내려는 것이 아니겠습니까?"라고 말하였습니다. 그 스님도 오랜 구참인데 오죽 답답하면 그렇게 말하겠습니까.

1956년에 문경 봉암사에서 있었던 일입니다. 어느 거사님이 공부를 많이 했다고 자부를 하고 당시에 어느 스님한테 거량을 하러 갔습니다. 그 스님이 "거두절미하고 거사는 오매일여가 되는가?"라고 물었습니다. 그러자 거사가 하는 말이 "쓸데없는 소리 하고 있어. 내가 거량하러 온 사람인데 오매일여를 따지고 묻고 있나." 하고 말하였습니다. 그러자 그 스님이 말하기를 "아, 그렇습니까? 당신이 해 마친 모양인데 그만 가시오. 여기서 나하고 이야기할 필요가 없지 않습니까? 세월이 흐른 뒤에야 본인이 스스로 알 일이지 여기서 왈가왈부하고 입씨름할 것이 없습니다."라고 말하고 상대하지 않고 나가버렸습니다.

그 거사는 형제가 스님인데 큰스님들하고 만만하게 큰소리치면서 살았습니다. 그러다가 거사가 죽을병이 걸려서 말도 못하게 고통을 받고 있는데 그 동생분이 가서 물었습니다.

"형님, 지금도 편안하고 아프기 전처럼 평상심으로 여여하고 이 가운데서도 여여성성한 것이 그대로 존속이 잘 되어 갑니까?"

"내가 죽을병에 걸려서 보니 정신이 까딱까딱할 때는 잘 안 된다."

"그럼 공부의 힘을 확실히 얻지 못했네요. 말로만 큰소리치고 알았다고 하지만 말로는 뭘 못합니까?"

형이 신경질을 부리며 밥상을 엎어버리고 나가라고 하니까 동생이 "괜히 신경질을 부린다." 하며 나왔습니다. 그러니까 오매일여나 몽중일여를 괜히 하는 소리가 아닙니다.

중국의 고봉 스님도 오매일여를 말했습니다.

과거 원오극근 선사 같은 이는 중국의 모든 종사한테서 인가를 다 얻었습니다. 그리고 공부를 마쳤다고 하면서 거량을 했습니다. 그러자 모든 스님들이 "깨달았다." 하고 인정을 해주었습니다.

마지막으로 오조 법연 선사에게 거량을 하러 갔습니다. 원오 선사가 보기에는 생긴 것도 별 폼이 없고 한 주먹 거리도 안 될 것 같은 노인이 앉아 있었습니다. 그런데 법연 선사는 원오 선사가 무슨 말을 해도 대꾸도 안 하고 가만히 있기만 했습니다.

그러다가 원오 선사가 "어떻습니까? 한번 일러보십시오."라고 말하자 "글쎄 그건 그렇고, 그대가 화두를 챙기는데 오매일여가 되는가?"라고 물었습니다. 그러자 원오 선사는 말했습니다.

"공부를 많이 한 천하의 선지식이라고 해서 찾아왔더니 오매일여를 묻고 따지고 있어. 아직 공부를 못했구먼."

이에 법연 선사가 말하였습니다.

"아, 그러면 가시오. 그러나 세월이 흐른 뒤에 그때 가면 그대가 스스로 알 것일세."

원오 선사가 돌아가서 몇 년 만에 열병이 걸려서 피똥을 싸고 온몸이 말라서 창호지처럼 되어서 가죽만 남았습니다. 그 아픈 것은 말로 할 수 없지만 그런 고통 속에서 안심입명을 해보려고 아무리 발버둥을 쳐도 얼마나 아픈지 그걸 상대할 길이 없었습니다.

"아, 내가 공부해서 천하의 선지식한테 인가를 얻었는데 여기서 왜 이렇지?"

그러고 있는데 오조 법연 선사가 지나가며 말했습니다.

"그래 지금도 여여한가? 오매일여가 되는가? 어떠한고?"

그러자 원오극근 선사가 눈물을 흘리면서 합장을 하였습니다.

"허공에 한 점 물방울을 던져 보았더니 흔적조차 없듯이 이 자리를 당하고 보니 지난날의 공부한 것이 흔적조차 없습니다. 어떻게 대결할 길이 없습니다. 제불 보살님이시여, 제가 다시 소생할 길이 있다면 지난날을 뉘우쳐서 다시 이 공부를 지어가겠습니다. 죽어서 태어나더라도 다시 이 공부를 철저히 시작하겠습니다."

원오극근 선사가 구사일생으로 살아나서 오조 법연 선사를 찾아가자 "거두절미하고 다시 '무' 자를 철저히 참구하라. '무' 하는 데는 일체 모든 아는 생각이나 이런 저런 생각을 거기에 붙일 수가 없다. 다만 알 수 없는 '무' 이것을 철저히 지어가되 밥 먹는 것도 잊어버리고 오고 가는 것도 잊어버려야 하느니라. 길을 가다가도 오고 가는 목적도 없이 가게 되고, 우두커니 서있기도 하고 그러니라. 네가 철저히 지어가서 깊이 잠이 들었을 때도 정말 성성한가? 다시 깨어났을 때도 성성한가를 항상 점검하라."라고 말하였습니다.

그때서야 원오극근 선사가 그 말을 믿었습니다.

"아, 내가 지난날 공연히 돌아다니며 허송세월을 보냈구나." 하고 후회하며 법연 선사를 지극정성으로 모시고 공부하였습니다.

그런데 오조 법연 선사는 뭐 조그마한 것이라도 있으면 꼬투리를 잡아서 사정없이 혼을 냈습니다. "뭐 이따위 놈이 있어." 하고 그냥 인정사정없이 대했습니다. 그러한 가운데서 참구를 하는 것입니다.

원오극근 선사가 잠자는 속에서도 깨어나서도 조금도 다르지 않은 지경에 갔을 때에 바로 오조 법연 선사의 한마디 언하에서 뒤집어엎었습니다. 그래서 확철대오라고 합니다. 그렇게 공부를 해서 마친 것입니다.

오늘날 제대로 인가를 받지도 않고 스승도 없는 스님들이 공부를 가르치기도 합니다. 또 공부하는 거사나 보살이나 스님이 금방 무엇을 보았다고 그럽니다. 그런데 저는 도대체 본 것이 없습니다. 저는 애당초부터 무엇을 본다는 것을 생각조차도 안 했기 때문에 그런 것이 도무지 없습니다. 없지만 그러나 분명히 깨닫는 것이 있습니다.

옛날에는 몰랐지만 확연히 뒤집어엎고 나면 모든 것이 확연히 소각이 되니까 그건 틀림이 없습니다. 그렇기 때문에 사람들이 뭘 보는

지 의심스럽습니다. "뭐가 나타났다." "뭐가 허공처럼 비어서 봤다." "본래 이놈이다." 등과 같은 별별 소리를 다 하는데 그건 공부한 것이 아닙니다. 그런 망상에 빠지면 더 이상 공부를 못하고 거기서 끝이 납니다. 그래서 이 공부는 '이뭣고'를 하든 '무' 자를 하든 앉아 있는 시간 가운데 얼마만큼 지속이 되는가 하는 것을 스스로 점검해야 합니다. 그렇지 않고 뭘 얼른 알아 마치려고 다른 짓을 해서는 안 됩니다. 그것부터 입지가 바로 서고 중심이 바로 서야 됩니다.

천하없어도 이 공부는 내가 '뭣인고' 할 때 앉으나 서나 다른 것이 없고 '뭣인고' 하는 그것뿐입니다. '뭣인고?' 그것만이 성성하게 그대로 쭉 지속될 뿐입니다. 잠을 자는 동안에도 되는지, 24시간 잘 되는지 꼭 시험해 봐야 합니다. 그것을 하지 않고 사량분별로 "알았다." "이것이 맞다." "뭘 봤다." 하면 그것은 전부 망상에 빠진 사람입니다. 그런 사람들은 정말 공부할 자격이 안 됩니다. 그걸 끌어안고 고집피우고 하면 안 됩니다. 모든 것을 버리고 포기해야 합니다. 깨달으려고 하는 것도, 얼른 구하려고 하는 것도, 환히 알아지려고 하는 것도 다 버리고 단지 '뭣인가?' 밖에 몰라서 앞뒤가 콱 막히고 뭐라고 할 수가 없어 입도 달싹 못합니다. 단지 그것뿐입니다.

'무'도 마찬가지입니다. 처음에는 할 수 없이 "왜 없다고 했는고?" 하고 전제조건을 붙입니다. 공부하는 사람이 하도 미천하고 근기가 미약해서 의심이 나지 않기 때문에 의심을 내서 일념이 되라고 "왜 없다고 했나?" 하는 것입니다. 그런데 나중에는 "왜 없다고 했나?" 하는 것을 일념으로 염불하듯이 하는데 그런 것이 아닙니다.

의심이 나는 사람은 "무" 하면 벌써 알 수 없는 의심이 거기서 일어납니다. 그것은 분명합니다. 분명히 "무" 하는 데서 앞뒤 전후가 없고, 단지 아주 막혀서 간절한 의심 하나만이 지속되어 나갈 뿐입니다.

그렇게 되어야 그 사람이 공부해 나가는 분상이 됩니다.

조주 스님이 어떤 때는 "유"라고 했고 어떤 때는 "무"라고 했는데 그런 것을 책에서 보고 "없다고 한 것은 이런 것이고 있다고 한 것은 이런 것이니 이 '무'라는 것은 일체 망상이 떨어지고 없는 것을 말하는 것이 아닙니까?" 하고 사량분별로 망상해서 그걸 알았다고 한다면 그것은 결코 공부가 아닙니다. 그런 생각들이 모조리 부서지라고 "무" 하는 것입니다.

한 생각도 붙일 수가 없는 것을 어떻게 하겠습니까? 그래서 오직 "무" 하며 알 수 없는 의심 하나만 그대로 지속되어 철저히 익어져야 합니다. "뭣인고?" 하면 앉으나 누우나 그것뿐입니다.

만약 "나는 도대체 뭐냐?" 할 때 "마음입니다." 해서 "맞다." 하면 끝나서 더 이상 '이뭣고'를 할 필요가 없게 됩니다. 그런데 마음이 아니라고 합니다.

"그러면 부처 아닙니까?"

"부처도 아니다. 어림도 없는 소리를 하고 있어. 아니다."

"물질입니까?"

"물질도 아니야."

"그럼 그건 도대체 뭐라고 해야 됩니까?"

"그걸 네가 한번 밝혀봐라."

오직 그것뿐입니다. 그것이 일념으로 얼마나 지속이 되는지 생사를 걸고 점검할 뿐이지 도중에 쓸데없는 생각을 해 가지고 왜 이리저리 돌아다니고 그럽니까? 무엇을 알았다고 인가를 해주는 그런 곳은 가면 안 됩니다.

대주 선사도 "보기는 뭘 보았느냐?" 하고 물은 것입니다. 그것을 비유를 들어서 "내일 아침이 있느냐, 없느냐?" 하고 물었습니다.

"있습니다."

"그러면 그걸 가져오너라."

"가져올 수는 없지요."

"그러면 없는 거냐?"

"그것이 아주 없는 것은 아닙니다."

있기는 있지만 눈앞에 보이지 않는다고 없다고 단정 짓지 못하듯이 우리의 성품이란 것 자체를 우리가 못 봤다고 해서 없다고 한다거나, 봐야지 있는 것이라고 생각해서는 안 된다는 말입니다. 뜨거운 물을 먹고 뜨거운지 차가운지를 본인이 스스로 깨달아서 알 뿐이지 무엇을 봐야 된다고 하는 것은 틀렸습니다.

第
二
十
四

◉

무법가설

「청룡소青龍疏」를 강의하는 좌주가 물었다.

"경에 이르되 '법이 없음을 가히 설하는 것을 이름하여 설법이라 한다'고 하였습니다. 선사께서는 이것을 어떻게 이해하십니까?"

선사가 말하였다.

"반야의 체는 필경에 청정해서 한 물건도 얻을 수 없으므로 이름하여 무법이라고 한다. 반야가 공적한 체 가운데 항하사의 묘용을 갖추어서 곧 모든 일에 있어서 알지 못하는 것이 없으므로 이를 이름하여 설법이라 한다. 그런 고로 이르되 무법을 가히 설하는 것을 이름하여 설법이라 한다."

講青龍疏座主問 經云 無法可說 是名說法 禪師如何體會 師曰 爲般若

體 畢竟淸淨 無有一物可得 是名無法 即於般若空寂體中 具河沙之用
即無事不知 是名說法 故云 無法可說 是名說法

◉

'무법가설無法可說'을 '법을 가히 설할 것이 없다'로 새겨놓은 곳이 있
는데 그런 것이 아니고 '법 없는 것을 가히 설함이니 그 이름을 설법
이라 한다'고 해야 합니다.

석가모니 부처님께서 마하가섭 존자에게 법을 전한 전법게傳法偈
를 보면 "법은 본래 법이라서 법이라고 할 것이 없다. 무법이라고 하
는 법이 또한 법이라 이제 무법이라는 것을 너에게 부촉하느니 법법
이 어찌 법이라고 하겠느냐(法本法無法 無法法亦法 今付無法時 法法何曾法)."라고
하였습니다. 이런 말씀도 있습니다.

제법이라는 것이 본래로 공적해서 즉멸하다.
이 도리를 바로 행하는 사람은 현세에서 당장 부처가 된다.
諸法從本來　常者寂滅相
佛子行道已　來世得作佛

이것도 다른 책에서는 '내생에 가서 부처가 된다'라고 했습니다
만 '지금 이 세상에서 당장 부처가 된다'는 것입니다.

"무법을 가히 설하는 것이 이름을 설법이라 한다."라고 했습니다.
육조 스님은 "본래 한 물건도 없는데 어느 곳에 티끌이 끼겠는가?(本來
無一物 何處惹塵埃)"라고 하였습니다. 이 '본래 무일물'이라는 것이 '무법'

이라는 도리를 말씀한 것입니다. 무법이라 하면 여러분은 법이 딱 끊어져서 없는 것이라고 생각하는데 그렇지 않습니다.

일체 모든 것을 확연히 벗어난 그 깊은 깨달음의 세계를 뭐라고 하겠습니까? 그걸 과거심이라고 하겠습니까? 부처라고 하겠습니까? 중생이라고 하겠습니까? 성인이라고 하겠습니까? 그걸 무법이라고 하는 것입니다. 무법 중에 반야가 공적하고, 공적한 체 가운데 항하사 묘용을 굴린다고 했습니다. 묘용을 구비해서 일에 있어서 모든 것을 다 아는 이것을 이름하여 설법이라 한다고 했습니다.

이것이 바로 쌍차雙遮며 쌍조雙照입니다. 마하摩訶는 쌍차이고 반야般若는 쌍조라고 할 수 있습니다. 이는 모든 것을 싹 거두고 그 다음에 모든 것을 싹 펴서 비추는 것으로 긍정과 부정을 함께 하는 것입니다.

쌍차는 모든 것을 부정하는 것으로 마음도 부처도 물건도 아니라고 합니다. 반면에 쌍조는 모든 것을 긍정하는 것으로 이 세상의 두두물물 화화초초頭頭物物 花花草草를 모두 수용하는 것입니다.

그러므로 고봉정상을 밟아야 하고, 바다 밑바닥까지 뒤져서 밟아야 됩니다(透頂透低). 그럼으로써 시장의 네거리에서 파도가 치는 가운데 그 파도를 타면서 활발발活潑潑하게 사는 것이라고 할 수 있습니다. 이름 없는 본래 법을 법이라고 하는 것이 이와 같은 도리입니다.

第
二
十
五

◉

송장이 부처인가?

『화엄경』을 강의하는 좌주가 물었다.

"선사께서는 무정이 부처라고 믿습니까?"

선사가 말하였다.

"나는 그렇게 믿지 않는다. 만약 무정이 부처라고 한다면 살아 있는 사람이 응당 죽은 사람과 같지 않으니, 죽은 당나귀와 죽은 개가 또한 응당히 살아 있는 사람보다 수승해야 하지 않겠느냐? 경에 이르기를 '불신佛身이라는 것이 곧 법신이라. 계정혜를 좇아서 나고 삼명육통을 좇아서 나고 일체 선법을 좇아서 난다'고 하였으니 만약 무정이 부처라고 한다면 대덕은 지금 시체를 가지고 응당 부처를 지어가야 할 것이 아니냐?"

◉

무정이란 썩은 나무토막, 죽은 사람, 바윗덩어리와 같이 정이 없는 것
을 말합니다.

대주 선사의 말씀은 "만약 네가 무정물을 부처라고 한다면 이것이
살아 있는 사람보다 오히려 수승해야 할 것이 아니냐?"라고 묻는 것
입니다.

이 세상의 모든 두두물물이 사실은 부처입니다. 유정은 유정불이
고 무정은 무정불입니다. 일체 삼계 만법을 한마음이라고 할 때 한마
음 가운데서 유정과 무정이 갈라집니다. 왜 그런가 하면 단지 그 업에
따라서 받기 때문에 그렇습니다.

여기서 부처라고 하는 것은 부처님의 법신을 말하는 것입니다. 법
신이란 성품, 진여자성 자리를 말합니다. 그것은 무정이나 유정을 말
하는 것이 아니라 유정이나 무정의 두 가지 양변을 벗어난 세계를 말
하는 것입니다.

그러면 무정은 그렇다고 치고 유정은 부처가 되느냐 하면 그렇지
않습니다. 유정이라고 하는 것은 식이 있어서 무정물과는 다르지만 유
정임에도 불구하고 부처가 못 되는 것은 탐진치의 삼독과 같은 번뇌망
상이 덮여 있기 때문입니다. 중생들은 유정불이지만 번뇌망상 삼독이
꼭 덮여 있어 진여자성의 참부처임을 깨닫지 못한다는 말입니다.

그러나 유정이 무정과 다른 점이 있습니다. 유정을 가진 중생이

◉

지극히 화두를 챙기고 공부를 해 나아가서 탐진치 삼독 번뇌망상을 홀연히 부수어버리고 자신의 진면목을 찾기만 하면 그 사람이 바로 부처라는 것입니다. 그러나 무정은 설사 화두를 챙기고 부처가 되기를 바란다고 할지라도 무량겁을 기다려도 안 됩니다. 그러니까 유정과 무정이 부처 성품에서 다르지는 않지만 유정을 가진 중생은 공부를 열심히 하면 보리살타 대승진리의 깨달음을 분명히 성취한다는 말입니다.

대주 선사가 여기서 말하는 것은 그것을 벗어나서 계정혜 삼학, 삼명육통, 일체 선법을 그대로 막 굴러내어 쓰는 진여자성의 부처 자리를 그대로 드러내서 말하는 것입니다.

『화엄경』을 강의하는 강사가 묻는 그 이론대로라면 죽은 송장도 부처를 지어야 할 것이니 그렇지 않기 때문에 그건 확실히 틀렸다고 말해주는 것입니다.

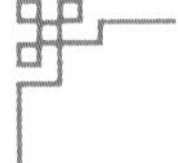

第二十六

◉

영험과 신통

어느 법사가 물었다.

"『반야경』을 지니는 것이 공덕이 많다고 하니 스님께서는 그것을 믿습니까?"

선사가 말하였다.

"믿지 않는다."

"그렇다면 영험에 대한 책 10여 권이 전하는데 모두 믿을 수 없겠습니다."

선사가 말하였다.

"살아 있는 사람이 효도의 마음을 가지면 스스로 감응이 있는 것이지 백골이 능히 감응이 있는 것이 아니다. 경이라는 것이 종이와 먹으로 만든 것인데 문자와 종이는 성품이 공하니 어느 곳에 영험이 있겠는가? 영험이라는 것은 경을 가지고 있는 사람의 마음씀에 있으니 그러므로 신통하여 만물이 감응을 한다. 장차 시험 삼아서 한 권의 경을 책상 위에 가만히 놓아두고 사람이 소지하지 않으면 스스로 영험이 있겠느냐?"

有法師問 持般若經 最多功德 師還信否 師曰 不信 曰 若爾 靈驗傳十餘卷 皆不堪信也 師曰 生人持孝 自有感應 非是白骨能有感應 經是文字紙墨 文字紙墨性空 何處有靈驗 靈驗者 在持經人用心 所以神通感物 試將一卷經 安著案上 無人受持 自能有靈驗否

◉

『반야경』의 영험에 대한 책이 10권이나 있습니다. 그 내용을 보면『반야경』을 가지면 귀신도 도깨비도 따라오지 못하고 요괴한테 걸려서 죽게 되더라도 살고 벽에다 걸어 놓기만 해도 영험이 있다는 것입니다.

동산양개 스님이 출가 전에 집에 있을 때 어머니가 추운 겨울에 죽순이 먹고 싶다고 하시니 추운 겨울에 대밭에 가서 "우리 어머니가 죽순 먹고 싶다고 하는데 죽순 좀 올라오게 해주시오." 하고 매일같이 기도를 했습니다. 그런데 어느 날 죽순이 쑥 올라와서 어머니에게 해 드렸다고 합니다. 또한 12월에 홍시가 먹고 싶다고 하시니 감나무 밑에 매일 가서 "홍시를 좀 주시오." 하고 지극한 마음이 다하니 홍시가 떨어졌다고 합니다.

종이와 먹으로 된『반야경』은 무정이기 때문에 그것이 영험이 있는 것이 아니라 사람이 펼쳐진 경의 뜻을 보고 깨달아서 해탈하게 되고, 또한 일념으로 수지독송하면 일념만년 무심무념 삼매에 몰입해서 반야의 신비로운 힘이 대천세계를 덮는 것입니다.

그렇지 않고 경을 모셔만 놓고 아무도 일심으로 독경을 하지 않는다면 무슨 영험이 있겠습니까? 사람이 스스로 효심을 발해서 지극한 마음을 내면 겨울에도 대밭에서 대가 나오고, 감나무에서도 감이 떨어지는 것입니다. 또한 『반야경』을 일념으로 수지독송하면 “나무 말을 타고 활활 타는 불 속에 들어가더라도 한 떨기 맑고 시원한 바람을 떨친다.”라고 했습니다.

第
二
十
七

◉

한 마음이 청정하면
온 세계가 청정하다

스님이 물었다.

"무릇 일체의 이름이 있는 모양과 법의 모양, 말하는 것과 침묵을 어떻게 통달해서 알아야 곧 앞뒤가 없는 것을 얻을 수 있습니까?"

선사가 말하였다.

"한 생각이 일어날 때 본래 모양도 없고 이름도 없는데 어떻게 앞과 뒤가 있는 것을 너는 얻는다고 말하느냐? 이름과 모양이 본래 깨끗한 줄을 요달하지 못하고 망령되게 앞이 있고 뒤가 있는 것을 계교하는구나.

이름과 모양의 자물통은 지혜의 열쇠가 아니면 능히 열지 못한다. 중도는 병이 중도에 있고 양변은 병이 양변에 있어서 현재의 작용이 곧 무등등한 법신임을 알지 못한다. 미혹과 깨달음, 얻음과 잃음이 일상 사람들의 법이니 스스로 생멸을 일으켜서 바른 지혜를 묻어 없애버리고 혹은 번뇌를 끊고자 하고 혹은 보리를 구하고자 하면서 반야를 등진다."

◉

중도란 중도실상이니 양변을 여읜 것을 말합니다.

대주 선사의 말씀은 이 세상의 모든 사람들이 항상 근본을 등지고 세상사만을 보면서 살아간다는 것입니다. 세상의 모양과 이름에만 취해서 인생을 살아가는 사람은 자물통으로 문을 꽉 잠근 것 같아서 전혀 마음의 본체는 통하지 못하고 알지 못합니다.

우리의 한 생각이 일어나는 곳을 가만히 돌이켜보면 거기에는 앞과 뒤가 없고 모양과 이름이 없는 본래 깨끗한 자리인데 그것을 바로 보아서 알려고 하지 않고, 전부 계교해서 쉽게 알려고 하기 때문에 깊고 넓고 큰 마음의 본체 세계는 한 번도 맛을 보지도 깨닫지도 못하는 것입니다.

공적영지한 이 물건은 담연상적해서 일체의 명상을 여의었습니다. 본래 모양과 이름이 없을 뿐만 아니라 앞과 뒤도 없는 것입니다.

◉

그렇다고 하여 중도니 양변이니 하는 것은 더욱 아닙니다. 만약 중도, 명상名相, 양변, 전후에 집착하면 그것은 마치 대문에 빗장을 걸어 자물통을 채운 것과 같습니다. 이 자물통은 지혜가 아니면 능히 열 수 없다고 하였는데 그것은 공적영지하고 담연상적한 진여실상, 무념무심, 원각묘성의 자리를 깨달아서 증득하면 일체의 모든 명상이 전부 청정해서 거기에는 양변이나 유무나 모양에 집착하는 마음이 없어지는 것을 뜻합니다.

『원각경』「보안보살장」에서는 "일심이 청정하면 시방 대지가 청정하다."고 하였습니다. 한 마음이 청정하면 우주 대천세계가 다 그대로 청정하다는 것입니다. 그렇기 때문에 사량분별로 무엇을 봐서 알았다거나 알아서 얻었다는 생각이 남아 있으면 그것은 허물입니다. 그것을 가리켜 그림을 그린 위에다 또 그림을 그린 사람이라고 합니다.

또한 무엇을 알았다는 생각을 가지고 있으면 그것은 사람이 배를 타고 가다 칼을 물에 빠뜨렸는데 빠뜨린 자리를 표시해 놓아야 다음에 와서 칼을 찾을 수 있을 거라고 뱃머리에 표시를 해놓는 사람과 같습니다.

우리가 정말로 공부를 철저히 하여 우리의 본성 자리를 바로 보아서 깨달으면 양변이니 중도니 하는 견해가 없다는 말입니다. 그러한 곳에 떨어질 수도 없을 뿐 아니라 그런 견해 자체가 없습니다. 그래서 일체 모든 곳에 있어서 걸림이 없는 뛰어난 사람이 되는 것입니다. 그렇지 않고 이름이나 모양을 취하고 전후를 따져서 무엇을 얼른 알아서 얻으려고 하거나 계교해서 대답을 바라는 것은 올바른 것이 아닙니다.

예를 들어 화두를 챙길 때 얼른 답을 찾아서 해 마쳐야겠다고 생각을 하고 답을 하나 만들어 놓습니다. 그것이 바로 그림 위에 그림을 그리는 것입니다. 여러분이 지극히 화두를 챙기면 오로지 아무것도 없는 속에서 아침 샛별처럼 초롱초롱하게 의심 하나만 그대로 있으니 그 당처에는 전후좌우도 없고 일체가 없습니다. 그러나 분명히 없는 것은 아니며 성성하게 무엇인가가 있습니다. 그 당처를 깊이 궁구해서 익어 가면 일상생활 속에서도 그대로 여여하게 끌고 갈 수 있으니 그것 하나가 중요한 것입니다. 그렇게 되어야 여러분이 자신의 본체를 확연히 깨달을 수가 있습니다.

그런 경계가 없이 그냥 뭘 퍼뜩 알았다거나 무슨 답을 구했다고 하는 사람에게 인가를 해주면 나중에 망상이 죽 끓듯이 불꽃처럼 일어나서 자신이 스스로 감당을 하지 못합니다. 그래서 도적놈을 주인처럼 잘못 인가해 준다고 말을 합니다.

이 공부를 지극히 철저하게 하는 사람은 번쩍번쩍하는 아주 날카로운 반야의 칼을 드러내어 쓰는 사람이 될 것이고, 그렇지 못하면 자신의 반야지혜를 묻어버리는 사람이 될 것입니다.

第
二
十
八

◉

달팽이 뿔과 허공의 누각

어떤 사람이 물었다.

"율사들은 어떤 연고로 선을 믿지 않습니까?"

선사가 말하였다.

"이치는 깊어서 드러내기가 어려우나 이름과 모양은 드러내기가 쉽다. 견성을 하지 못한 사람은 그러므로 믿지 않는다. 견성을 한 사람을 일러 부처라고 하면 부처를 아는 사람이라야 바야흐로 능히 믿어 들어간다. 부처가 사람을 멀리하는 것이 아니라 사람이 부처를 멀리한다.

부처는 마음으로 짓는 것이건만, 미혹한 사람은 글자를 향하여 그 가운데서 찾고 구하고, 깨닫는 사람은 마음을 향해서 깨닫는다. 미혹한 사람은 원인을 닦아서 결과 얻기를 기다리고, 깨달은 사람은 마음

207

의 모양이 없는 것을 요달한다. 미혹한 사람은 사물에 집착하고 나를 지켜서 자기라고 여기고, 깨달은 사람은 반야지혜를 모든 것에 응해서 씀이 앞에 나타난다.

어리석은 사람은 공에 집착하고 유에 집착하여 막혀 있으며, 지혜 있는 사람은 견성하고 형상을 요달하여 신령스럽게 통한다. 간혜乾慧를 가지고 변론하는 사람은 입만 피로하고, 큰 지혜를 가진 사람은 본체를 요달하여 마음이 태평하다. 보살은 접하는 물건마다 환하게 비추나 성문은 경계를 두려워하여 마음이 어둡다. 깨달은 사람은 날마다 사용하여도 생겨남이 없고, 미혹한 사람은 부처를 눈앞에 두고도 막힌다."

人問律師 何故不信禪 師曰 理幽難顯 名相易持 不見性者 所以不信 若見性者 號之爲佛 識佛之人 方能信入 佛不遠人 而人遠佛 佛是心作 迷人向文字中求 悟人向心而覺 迷人修因待果 悟人了心無相 迷人執物守我爲己 悟人般若應用現前 愚人執空執有生滯 智人見性了相靈通 乾慧辯者口疲 大智體了心泰 菩薩觸物斯照 聲聞怕境昧心 悟者日用無生迷人現前隔佛

◉

경의 말씀이나 율의 율장이나 이런 것을 외우고 있으면서 계를 지킨다는 명목을 가지고 있는 것은 어려운 것이 아닙니다.

깨달은 사람은 마음이 본래 모양이 없는 것을 깨닫는 것입니다. 마음이 본래 모양이 없다고 하면 여러분은 단순하게 물체의 모양이 없는 것만을 생각하기 쉽습니다. 그런 것이 아니라 일체 마음 가운데 중생이 가지고 있는 팔만 사천의 번뇌 망상, 잘못된 소견, 잘못된 주견 등 모든 것을 조금치도 붙일 수가 없는 것을 말합니다. 중생들이 가지고 있는 양변이니 중도니 중도실상이니 하는 그런 생각을 붙여서는 안 된다는 말입니다. 마음이란 일체 그런 모양이 없습니다.

나고 죽는 생사라는 것도 마음이나 생각으로 났다 죽었다 하는 것이지 실상 마음의 본체를 들여다보면 거기에는 허허탕탕 공적해서 어떠한 모양도 없습니다. 허공처럼 허허탕탕 비어 있는데 거기에 어떤 모양이 있겠습니까? 이처럼 마음이라는 본체에는 어떠한 모양도 둘 수 없음을 확실히 깨달아 아는 것을 말합니다.

미혹한 사람은 물건에 집착하고 몸뚱이나 바깥의 모양에 집착해서 그것을 자기로 삼습니다. 또한 공이라고 하면 공에 집착해서 없는 것이라는 생각을 가지고, 있다고 하면 있음에 집착해서 꼭 막히게 되는 것입니다.

확철대오하여 완전한 지혜가 툭 터졌을 때 비로소 영원불변한 지혜를 무한대로 쓸 수 있습니다. 그러나 총명하고 영리한 사람은 공부를 하는 과정에서 순간순간 나름대로 지혜가 나오는데 그것은 완전한 지혜가 아니기 때문에 간혜라고 합니다. 따라서 간혜를 완전한 지혜로 착각하고 공부를 그만두어서는 안 됩니다.

우리는 마음을 바로 보아서 깨닫는 공부를 철저히 해야 합니다. 이 마음자리를 깨달아 알면 무구무념, 즉 때도 없고 생각도 없어서 영원히 진실한 반야의 지혜를 쓰는 사람이라고 합니다. 자신의 마음을 모르는 사람은 현실에 집착해서 현상이 참으로 있는 것으로 착각을 하고 그것을 참나로 삼기 때문에 대주 선사는 "범부는 모든 현상에 집착하고, 성문 연각은 모든 경계를 두렵게 생각해서 끊어버리려고 한다.”고 하였습니다. 성문 연각은 소승으로 일체가 공했음은 알지만 실제로 마음법의 실체가 공한 것까지는 생각을 못합니다. 그러므로 경계가 나타나면 경계에 속지 않으려고 경계를 자꾸 끊어서 없애려고 합니다. 그들은 법공, 색공이 되어야 되는데 앞에 있는 몸뚱이 이 것만 공했다고 생각합니다. 공이라는 것이 오온이 모두 사라져서 허공처럼 비었음을 말하는 것이 아니라 꿰뚫어 보면 물체가 있는 그대로 그 성품이 공인 것입니다.

공한 속에서 마음의 경계 바탕을 찾아보니 실체가 없고 공해서 없습니다. 공하여 없는 가운데 모든 것이 나타나 있는 것을 ‘달팽이 뿔’과 같고 ‘허공에 누각을 지은 것과 같다’고 합니다.

여러분은 현재의 모습이 모양이 없는 가운데 하나의 그림자처럼 나타났음을 분명하게 알아야 합니다. 그럼에도 불구하고 성문 연각은 경계를 만나서 자꾸 끊고 고요한 데로 들어가려고 합니다.

그러나 보살은 오온 18계가 다 공한 것을 비춰보고, 또 모든 마음의 본체가 공한 것을 바로 보아서 만물이 둘이 아닌 절대의 진리를 비춰보고, 모든 만법이 융합하여 걸림이 없는 무생, 무심, 무념의 마음을 드러내어 항상 새롭게 생성하고 살아갑니다. 대승보살은 나날이 새로운 반야지혜의 참마음을 생성해 간다는 말입니다.

第
二
十
九

◉

부처님의 신통

어떤 사람이 물었다.

"어떻게 신통을 얻습니까?"

선사가 말하였다.

"신령스러운 성품은 영험하게 통하여 우주법계에 두루해서 산과 강, 석벽에 가고 옴에 걸림이 없어서 찰나에 만 리를 가도 도리어 흔적이 없다. 불이 능히 이것을 태우지 못하고 물이 능히 빠뜨리지 못한다. 어리석은 사람은 스스로 마음의 지혜가 없어 사대로 이루어진 이 몸을 가지고 허공을 나는 것을 얻고자 한다.

경에 이르되 '모양을 취하는 범부에게는 편의를 따라서 설해준다'고 하니 마음에 형상이 없는 것이 곧 미묘한 색신이고, 모양이 없음이 곧 실상이며, 실상은 본체가 공하니 이것을 곧 허공무변신이라 하고 만행으로 장엄하였기 때문에 공덕법신이라고 한다. 이 법신이 만행의 근본으로 씀을 따라서 이름을 세우지만 실로 말하면 다만 이것이 청정법신이다.”

◉

사람은 눈 위나 땅 위를 걸어가면 발자국이 남지만 신령스러운 성품은 하나도 자취가 남지 않는다는 것입니다.

어리석은 사람은 신통을 별다른 것으로 착각하여 몸이 허공을 나는 것이라고 생각합니다.

그런데 여러분이 다 알고 있듯이 손오공이 신선에게서 72가지 법술을 배워 오신통을 해서 무변의 신통을 나투지만 신통을 하지 않고 가만히 앉아 있는 부처님 손바닥을 벗어나지 못합니다. 손오공이 아무리 부처님의 손바닥을 벗어나려고 해도 못 벗어나는 이유가 뭐겠습니까? 다시 말하면 부처님의 신통은 도대체 무엇이겠습니까?

부처님이 신통을 한다는 것은 허공을 나는 신통을 말하는 것이 아닙니다. 부처님이 위대한 것은 일생 동안 일반적으로 생각하는 그러한 신통을 절대 나투지 않았다는 것입니다. 만약 부처님이 신통을 부리고 요술을 부렸다면 그는 부처가 아닙니다.

부처님은 오신통이나 요술을 부리는 사람과 같은 신통은 안 했지만 일상생활을 통해서 무한정하고 불가사의하여 우리가 생각으로 헤아려서 어떻다고 단정 지을 수 없는 항하의 모래 수와 같은 신통을 보이셨습니다. 밥 먹고 옷 입고 걸어가고 눈 껌벅이고 중생처럼 사는 그대로 요만큼도 틈이 없는, 황금덩어리와 같이 잡된 것이 없는 그대로가 온통 신통이니 부처의 세계에서는 허공을 날고 요술을 부리는 것을 할 것이 없습니다. 우리 중생들도 부처와 다름없이 일상생활에서 항상 신통을 쓰고 있습니다.

중생들은 모두가 신통을 쓰고 있음에도 불구하고 진짜 신통을 놔두고 딴 생각을 합니다. '어떻게 하면 허공을 날고 몸을 감쪽같이 숨겼다가 나타나게 할까?' 하고 생각을 합니다. 바로 그런 생각에 막혀서 진짜 신통을 잊어버리고 있는 것이 중생들의 병입니다.

사실 오신통까지 한 것은 신통이라고 할 수 없습니다. 그것은 뜬구름과 같고 번개와 같고 연기와 같아서 영원한 것이 아닙니다. 오신통을 넘어 우리 마음을 확실히 깨달아 알아서 누진통을 해야 합니다. 그렇지 않으면 설사 오신통을 했더라도 생사를 해탈하지 못합니다.

알다시피 역대로 무슨 묘술을 부리는 사람이나 신통을 얻었다는 사람치고 오래 산 사람이 없습니다. 모두 요사夭死하지 않으면 흉사凶死를 당하였습니다. 왜냐하면 그 마음에 욕심을 가지고 있어서 어떤 신통을 얻게 되면 그것을 자기 욕심을 채우는 데 사용하기 때문입니다. 그는 때로는 명예를 얻기 위하여 국왕이나 벼슬아치나 또는 돈 많은 사람에게 자기의 재주를 팔아서 책사 노릇을 합니다. 그러다가 나중에 가서는 말도 못하는 흉한 죽음을 당합니다. 그래서 우리 중생들이 그런 것을 취한다면 불법은 꿈에도 보지 못하고 부처님의 뜻과 진리도 결코 모르는 것입니다.

만약 그런 것을 취하는 데 급급하면 이 세상은 그야말로 악의 세계로 변하여 그 능력으로 서로 죽이게끔 되어 결국 살상이 끝이 없는 세상이 될 것입니다. 요즈음 사람들의 살아가는 모습을 보면 문명의 이기인 핸드폰이나 컴퓨터를 모두 자신의 욕심을 충족하는 데 이용하지 않습니까? 욕심을 가진 사람이 좋은 기계를 가지고 있으면 욕심으로 쓰는 것입니다. 핵무기를 가지고 있는 나라들이 얼마나 횡포를 부리고 있습니까? 핵무기를 만들 수 있는 것이 곧 신통인데 그 신통을 가지고 자기 나라의 이익을 채우기 위하여 사용합니다.

우리가 신통을 조금 배워서 얻었다고 하더라도 욕심이 뚝 떨어져야 되는데 욕계, 색계, 무색계 삼계의 욕심이 떨어지지 않으면 참으로 진실한 자리가 아닙니다. 이 세상에 그야말로 말할 수 없는 불행한 일을 만들게 되는 것입니다.

부처님은 누진통을 했기 때문에 본래의 나고 죽는 생사가 없는 참진여자성의 모양을 확실히 깨달아서 알았습니다. 그렇기 때문에 그 세계에서는 그냥 가만히 앉아 있어도 오신통을 가지고 노는 것이 어린애들 장난하는 것 같아서 아무리 별난 재주를 부려도 누진통을 벗어나지 못합니다.

그런데 부처님은 누진통을 해도 중생과 조금도 다르지 않다고 했습니다. 어째서 다르지 않을까요? 여러분이 지금 앉아서 법신의 그 마음자리가 무한히 신통을 부리고 있는 것을 바로 보십시오. 마음이 찰나에 미국도 갔다 오고, 섭씨 6천 도가 넘는다는 태양에 들어갔다가 나와도 타지 않고, 물속에 들어갔다 나와도 물에 젖는 일이 없습니다. 이 마음은 무한대로 크기 때문에 물이 이 마음을 빠뜨릴 수도 없고 적시지도 못합니다. 이 마음의 신통을 지금 우리가 무한히 부리고 있다는 말입니다.

또 생각을 일으키면 무엇이든 만들어 냅니다. 집도 수백 가지 모양으로 만들고 이 세상의 수없는 것들을 만들어 냅니다. 어리석은 범부는 몇 년이 걸려야 되는 것을 지혜 있는 사람은 한 순간에 만들어 낸다는 소리입니다. 지혜가 있는 사람은 찰나에 해결하는데 그 해결책이 나오는 그 마음을 어느 누구도 따라갈 자가 없습니다.

지혜가 있어야 됩니다. 지혜가 뭐냐? 화두를 일념으로 챙겨서 그 일념이 일상생활에서 끊어지지 않는 것입니다. 일주일을 화두 일념삼매로 이어 나간다면 이 세상의 누가 그걸 당하겠습니까? 아인슈타인이 물리학을 연구하면서 한 가지를 발명해 내려고 할 때 "나는 8분 동안 일체 망상 없이 순수히 집중하는 마음이 지속되는 데서 무엇인가를 발명해 낸다."고 했습니다. 그런데 만약 그런 일념이 10분 20분 30분으로 쭉 지속되어 나간다면 이 세상에 누가 그 사람을 당하겠습니까?

참선을 열심히 한 법연 스님이 있었는데 그분은 일꾼들과 매일 일을 하면서도 화두를 챙기고 공부하는 그런 분입니다. 봉암사에 같이 있을 때 밤 11시에 분명히 자려고 같이 누웠는데 잠깐 누웠다가 일어나니까 12시인데 옆에 누워 있던 사람이 없어졌어요. 나가보니까 봉암사 만장봉 밑에 천막을 자그마하게 지어놓고 밤에 거기를 올라가는 겁니다. 앉아 있으면 졸리니까 올라갔다 내려갔다 하면서 공부를 하는 것입니다. 어느 날은 분명히 천막 안에 들어갔는데 정신을 차려 보니까 해가 떠 있고 길 중간에 서 있었다는 겁니다. 그런데 봉암사에서 전기가 고장이 났는데 전기를 수리하는 사람이 기계를 가지고 고장 난 곳을 아무리 찾으려고 해도 찾을 수 없었습니다. 그러자 법연 스님이 가만히 서서 한 2, 3분 쳐다본 후에 저기 가서 뜯어보라고 해서 보니 바로 그곳이 고장이 나 있었습니다.

이처럼 보고 바로 아는 지혜가 정안正眼입니다. 즉각 보고 바로 해결이 된다는 말입니다. 지혜란 그렇습니다. 그러니까 이 공부를 지극히 해서 지금도 신통을 무한히 쓰고 있는 이 자체를 믿으란 것입니다. 그 마음을 믿지 않으면 안 됩니다.

지금 현실에 여러분이 쓰고 있는 이 마음은 찰나에 우주를 몇 바퀴를 돕니다. 찰나에 우주를 도는 이 마음을 잡아 묶어서 쭉 이어 나가는 것을 해보고 그 능력의 힘을 기르고 단련하자는 말입니다. 모두 부처인데 여러분은 단련이 안 되었을 뿐입니다.

아기나 어른이나 모양을 갖춘 사람이지만 방바닥을 기고 있는 아기는 자꾸 일어났다 넘어졌다 하면서 걸으려고 애를 쓰다가 나중에 걷게 되는 것입니다. 똑같이 사람이고 똑같이 부처입니다. 오신통뿐만 아니라 누진통도 가지고 있는데 본래 가지고 있는 이 신통을 쓰려면 어떻게 해야 되느냐?

한번 화두를 일념으로 잡아서 일주일만이라도 지속해 나가는 힘을 갖게 되면 시간과 공간을 차고 나가 버립니다. 사람이 10분이나 20분만 잡념 없이 일념이 되어도 무한한 과학을 발명해 내는데 그게 일주일을 간다면 아무도 당할 이가 없습니다. 누진통을 한 사람을 누가 당하겠습니까? 그러니까 화두를 지극히 잘 들어서 한번 꿰뚫어 보십시오.

애쓰지 아니하고 얼른 효과를 나타내서 알려고 한다든지 얼른 되려고 하는 사람은 공부 못합니다. 안 됩니다. 얼른 효과를 보려는 사람들은 명상이나 관법하는 사람들이 "저기 좋은 데 있다. 효과가 금방 나타난다. 며칠 만에 인가를 해준다.”고 하면 “아, 그런가?” 솔깃해서 거기에 가서 빠집니다만 나중에 보면 아무것도 아닙니다. 그러니까 이 공부 하는 사람들은 아예 처음부터 모든 생각을 놓아서 쉬고, 일념의 화두가 얼마만큼 지속되어 나가느냐에 애를 써야 합니다. 단도직입적으로 파고 들어가서 애쓰다 보면 애쓴 만큼 화두가 자리 잡혀 들어갑니다. 지극하게 내 마음을 잡아서 일주일만 꼼짝 못하게 챙기면 그 다음에는 자기 마음을 마음대로 쓰게 됩니다.

지금은 내 마음을 내 마음대로 못합니다. 왜 그럴까요? 업의 마음에 끄달려서 “어느 모임에 가야 되는데….” “술 먹어야 되는데….” “명예를 날려야 되는데….” “권력을 잡아야 되는데….” 하는 생각들에 끌려다닙니다. 자기가 자기 마음을 마음대로 못하기 때문에 노예 신세로 산다는 말입니다. 그런데 자기 마음을 마음대로 쑥 넣었다가 뺐다가 들었다가 났다가 자유자재로 굴리려면 어떻게 해야 됩니까? 화두가 일념으로 깊이 되어 나가지 않으면 절대로 될 수가 없습니다. 그래서 현재의 우리들은 신통은 확실히 믿되 부처님이 누진통을 가지고 있다는 그걸 믿어야 됩니다.

대주 선사는 “범부는 항상 상에 취해서 마음을 통달하여 깨달으려고 하지 않는다. 몸과 마음이 본래 공하며 있는 바가 없이 있는 도리를 깨달으면 즉시 실상이 곧 허공무변신이라, 실상 자리 이것을 바로 깨닫고 보면 가없는 허공처럼 무변의 몸을 나툴 수 있다.”라고 했습니다. 우리는 지금도 무변신을 나투고 있으나 실제로 그것을 모르고 있으니 만행으로 여러 가지 공덕을 나타내는 것입니다. 부처님의 32상 80종호의 몸은 공덕의 거룩한 몸을 나투어 일체 중생에게 무엇이든지 필요하면 다 해줄 수 있는 무한한 지혜와 복덕의 힘이 있음을 말하는 것입니다.

기도를 하는 것도 마찬가지입니다. 이것은 기독교나 불교나 마찬가지입니다. 기독교는 하나님이 최고라서 그분이 권능을 가지고 죽이고 살리고 하지만 우리 불교는 그 정도는 아무것도 아닙니다.

얼마나 불교가 대단하냐 하면 하늘의 제석천신을 부처님의 응호신장 곧 경호대장으로 갖다 놓았으니 이것은 부처님이 최고 높다는 것 아니겠습니까? 그러니까 『화엄경』에 부처님은 능하지 않은 바가 없이 다 능하시고, 알지 않은 바 없이 다 아시고, 있지 아니한 곳 없이 다 있다고 했습니다. 그래서 부처님은 삼계의 스승이요, 사생의 아버지요, 삼세의 주인이요, 만법의 왕입니다. 그것도 모자라서 열 가지 이름(여래, 응공, 정변지, 명행족, 선서, 세간해, 무상사, 조어장부, 천인사, 불세존)을 가지는데, 이 세상에 이 이름을 따라갈 신이나 성인이 어디 있습니까? 불교는 이렇게 부처님을 찬탄합니다.

그런데 이런 분에게 기도를 하고 가피를 빌면 성취되지 않을 것이 없이 다 성취한다는 것이 부처님 말씀입니다. 그래서 관세음보살님은 이 시방 법계 누구든지 내 이름을 부르는 자가 있으면 그 마음을 다 알고 모든 고통에서 벗어나게 해준다고 하였습니다. 부처님에게 가피를 빌면 다 된다는 것입니다. 이것은 불가사의한 것입니다.

조사문중에서 살불살조殺佛殺祖라, 부처를 죽이고 조사를 죽이고 한다니까 이것을 잘못 알아가지고 수좌들 중에 법당에서 절을 하지 않은 사람이 있습니다. 저도 그런 수좌를 많이 보았습니다. '삼계의 스승이 되는 최고의 공부를 하는 내가 살불살조를 해야 되는데 부처를 믿는 마음이 있고 내가 상대를 둔다고 하면 불법이 아니다'라는 생각을 합니다. 그래서 법당에 절하는 것도 배척을 하는데 이것은 아주 잘못된 생각입니다. 그 사람은 그 잘못된 관념에 빠진 사람입니다.

부처님 이후로 모든 제자와 달마 스님과 역대 조사님들이 모두 부처님에게 지극하게 예불을 했습니다. 부처님에게 예불 안 한 사람이 없습니다. 도를 깨달아서 공부한 선지식일수록 부처님께 더 지극히 잘합니다. 지극히 예불을 잘하고 독경을 잘합니다. 그렇게 잘할 수가 없습니다. 생명을 바치다시피 합니다.

과거에 황벽 스님한테 어느 수좌가 말했습니다.

"내가 부처고 나 외에 부처가 따로 없거늘 왜 법당에 있는 저 등상불에게 절을 한단 말이요?"

천하도인이라도 법당에 절을 하는데 이 거만한 중이 그렇게 말하니까 황벽 스님이 일어나서 물었습니다.

"너는 무엇을 알았기에 이렇게 거만한가?"

수좌가 말했습니다.

"내가 바로 부처거늘 무엇 때문에 저 상을 부처라고 절을 하느냐?"

그 말이 떨어지자마자 황벽 스님이 수좌의 귀싸대기를 한 대 후려갈겼습니다. 그러자 수좌는 사람을 왜 때리느냐면서 달려듭니다. 황벽 스님이 한 대 더 후려갈기면서 호령하였습니다.

"뭐, 네가 부처라고? 이놈아, 부처가 한 번 때렸다고 화를 내고 달려드느냐?"

선기禪機를 갖춘 사람은 날카로운 칼날과 같아서 쓸데없는 소리 하는 사람은 즉각 해결해 버립니다. 그러면 왜 우리들은 그런 선기가 드러나지 않는가? 여러분이 가지고 있으면서 감춰 놓고 그놈을 쓰지 않고 공부를 안 해서 그렇습니다. 신통이나 망상하는 것을 다 쉬고 내가 가지고 있는 본래 마음을 한번 깨달아봐야 됩니다. 그러려면 화두를 지극히 참구해야만 합니다.

第
三
十

◉

현전에 마음을 통하면 만법이 한 때

어떤 사람이 물었다.

"한마음으로 도를 닦으면 과거의 업장이 소멸됩니까?"

선사가 말하였다.

"견성하지 못한 사람은 업장을 소멸하지 못한다. 견성한 사람은 저 해가 떠서 비치면 서리나 눈이 다 녹는 것과 같다. 또 견성한 사람은 하나의 별똥만 한 불덩어리를 가지고 수미산만 한 풀무더기를 모조리 태우는 것과 같다. 업장은 풀과 같고 지혜는 불과 같다."

"그러면 어떻게 해야 업장이 다한 줄 알겠습니까?"

선사가 말하였다.

"현전에 마음을 통하면 전생이나 후생을 마주 대하고 보는 것과 같으니 전불과 후불의 만 가지 법이 한때니라. 경에 이르되, '한 생각

에 일체법을 다 아는 이것이 도량이니 일체의 지를 성취하였기 때문
이다'라고 하였다."

◉

과거에 오백 비구가 숙명통을 하고서 자신들의 전생을 보니까 말할
수 없이 나쁜 짓을 많이 했습니다. 기가 막혀서 이렇게 죄를 많이 지
었는데 살아서 뭘 하겠나 차라리 죽는 것이 낫겠다고 비관을 했는데,
문수보살이 보니 오백 비구가 모두 자살해서 죽을 것만 같아 부처님
께 절을 하고 간청을 합니다.

"세존이시여, 저 오백 비구를 저렇게 그냥 두시렵니까?"

그러니까 "문수야, 좀 안정하고 가만히 있어라." 하면서 부처님께
서 말씀하셨습니다.

"심생즉종연생心生卽種缘生이요, 심멸즉종연멸心滅卽種缘滅이라, 마음
이 난즉 일체의 인연이 다 나오는 것이고, 마음이 멸한즉 일체의 업과
인연이 다 멸해서 없어지는 것이니라."

이 법문에 오백 비구는 일시에 모두 아라한과를 증득했습니다.

또 부처님 당시에 남매간에 출가해서 비구, 비구니가 되었는데 오
빠스님이 어디를 간 사이 그 여동생이 오빠의 도반스님이 마음에 들
어서 유혹을 했습니다. 그 스님은 유혹에 넘어가서 여동생을 범했습

◉

니다. 나중에 오빠스님이 돌아와서 보고는 "예이, 요망하구나. 네가 청정 비구스님을 파계하게 해?" 하고 때리려고 하자 여동생이 도망을 갔는데, 그만 큰 절벽에서 떨어져서 죽었습니다. 오빠스님은 자기가 동생을 죽였다고 비관하면서 '아, 차라리 나도 절벽에서 떨어져서 죽는 것이 낫겠다' 하고 생각하였는데, 유마 거사가 이를 보고서 만류하였습니다.

"잠시 생각을 멈추어라. 비구여, 왜 그런 막다른 생각을 하는가? 그런 단견을 버리고 생각을 다시 돌이켜 내 말을 들으라."

그러면서 유마 거사가 게송을 말해줍니다.

죄는 본래 자성이 없어 마음을 좇아서 일어나는 것이니
마음이 만약 멸해서 없어지면 죄도 또한 없어지는 것이니라.
죄도 없고 마음도 멸해서 둘이 함께 공해야
이것이 진정한 참회이다.
罪無自性從心起　心若滅時罪亦亡
罪亡心滅兩俱空　是卽名爲眞懺悔

그 비구스님이 죽음의 막다른 곳에 이르러서 이 게송을 듣고 깨달았습니다.

이와 같이 이 반야지혜의 빛에 비하면 해라고 하는 것은 조그만 미립자보다도 작습니다. 여러분이 가지고 있는 마음 지혜의 불은 해와 달로는 비교도 안 됩니다. 이 반야지혜는 우주 천하에 어느 것과도 비교하고 상대할 것이 없습니다. 그래서 반야지혜는 일체를 바로 보아서 모든 것이 공한 줄로 아는 공의 차원을 꿰뚫어 보았다는 말입니다. 이 반야지혜의 밝은 광명 속에는 일체가 없습니다. 죄니 복이니, 나는 것이니 길흉화복이니 하는 일체가 없으니 무진겁 이래로 쌓아온 업이 수미산과 같아도 그 자체가 흔적조차 없습니다.

이 반야지혜가 어디에서 나오느냐 하면 그냥 내려고 해서 되는 것도 아니고, 생각해서 되는 것도 아닙니다. 오직 '무엇인고' 하는 일념이 한 시간, 두 시간, 스물네 시간 지속될 수 있고 나중에는 화두를 들고서 관념적으로 화두를 짓지 않아도 스스로 여여한 당처, 여여히 스스로 되어 가는 경계에 이르렀을 때 무한한 지혜의 빛이 나오는 것입니다. 그렇게 눈이 열려야 합니다. 그러한 지혜는 그냥 앉아서 말로 되는 것이 아니고 진정 모든 것을 뚫고 지나가야 비로소 일체 만물을 꿰뚫어 보는 힘이 생기고, 동시에 모든 업장이 다 녹아 없어집니다.

그래서 반야지혜는 모든 업장을 몰록 녹이고, 현전에 마음을 통하면 전생, 후생 일을 대해서 볼 때 모두 알아버립니다. 즉 전불, 후불, 만법이 똑같은 차원의 세계라 거기에서는 이런 것 저런 것 논할 필요가 없다는 뜻입니다. 지혜의 안광으로 마음의 체體가 공한 줄을 바로 보아서 알면 일체 업도 따라서 공하여 실체가 없는 것임을 바로 본다고 했습니다.

"지금 일심수도하면 다 됩니까? 업이 녹습니까?" 하는 질문에 대한 답의 요지는 우리 지혜의 불이 일체 업을 순식간에 다 녹여버린다는 것입니다.

第
三
十
一

◉

해탈을 구할 것이 없다

어떤 행자가 물었다.

"어떻게 해야 정법에 머무를 수 있습니까?"

선사가 말하였다.

"정법에 머무름을 구하는 것은 삿된 것이다. 왜냐하면 법에는 삿된 것이나 바른 것이 없기 때문이다."

"어떻게 해야 부처가 될 수 있습니까?"

"중생심을 버리고자 하지 말고 다만 자성을 더럽히지 말라. 경에 이르되 '마음과 부처와 중생 이 셋은 차별이 없다'고 하였다."

"만약 이와 같이 아는 자는 해탈을 얻은 것입니까?"

선사가 말하였다.

"본래 스스로 얽어맨 바가 없는데 해탈을 구하려고 하지도 말아

라. 법이라고 하는 것은 언어, 문자를 넘어선 것이니 많은 글귀를 통하여 구하려고 하지 마라. 법이라고 하는 것은 과거도 현재도 미래도 아니니 가히 인과법 가운데 계합하지 못한다. 법은 일체를 벗어난 것이니 비교해서 대하지 못하고, 법신은 모양이 없으나 물건에 응해서 모양을 나타내므로 세간을 여의고 해탈을 구하지도 않는다.”

有行者問 云何得住正法 師曰 求住正法者是邪 何以故 法無邪正故 曰
云何得作佛去 師曰 不用捨衆生心 但莫汚染自性 經云 心佛及衆生 是
三無差別 曰 若如是解者 得解脫否 師曰 本自無縛 不用求解 法過語言
文字 不用數句中求 法非過現未來不可以因果中契 法過一切 不可比對
法身無象 應物現形 非離世間而求解脫

◉

우리가 정법을 알아야 되고 정법에 머물러야 되는데 어떻게 해야 그렇게 되는지를 묻습니다.

우리는 무소득無所得인즉 얻을 바가 없는 도리를 바로 알려고 공부하는 것인데 이 세상 사람들은 공부해서 뭘 얻으려고 합니다. 그런 사람들은 외도로 잘 빠집니다.

『반야심경』에 ‘이무소득以無所得’이라고 했습니다. 뭘 구하려고 하는 것이나 정법에 머무름을 구하려 하는 것은 삿된 것입니다.

법이라고 하는 진리의 부처님 말씀은 삿된 것이니 바른 것이니 하는 두 가지가 없습니다. 그렇기 때문에 현재의 이 마음을 버리고 따로 있는 다른 마음을 구하려고 하지 말라는 것입니다.

우리는 새장에 갇힌 새나 코를 꿴 소가 아니라 본래 매인 바가 없으니 해탈을 구하려고 할 것도 없다고 대주 선사가 말씀하십니다.

인과라고 하는 것은 없습니다. 과거에 내가 지어 놓은 죄업의 인이 있어서 지금 받는다거나 지금 내가 인을 지어 놓으면 미래에 받는다거나 하는 것처럼 서로 지어서 주고받는 인과의 모든 것이 없다는 것입니다. 법은 일체를 지나감이니 어느 곳에도 얽매여서 머무르는 바가 없습니다.

세간을 뚝 끊어버리고 해탈을 구하는 것이 아니니 이 세간을 버리려고 할 필요도 없다는 말입니다. 그렇게 말하면 또 출가하려는 사람한테는 출가하지 말라는 뜻으로 들릴 수도 있으나 그런 뜻이 아니라 마음속으로 수행하는 자에게 양변의 분별을 두지 말라는 것입니다. 그러면 출가하지 않고 세간에 머물면서 수행하면 되지 뭘 출가하느냐고 하면 그것 또한 한쪽에 치우친 생각을 갖는 것입니다.

"법성은 원융하여 무이상입니다." 우리가 가지고 있는 법의 진여 자성 자리는 원융해서 두 가지 모양이 있고 없고, 밉고 곱고, 옳고 그르고, 복이고 재앙이고, 해탈이고 아니고, 하는 두 가지 모양이 없다는 것입니다. 법성이 원융해서 정正이나 사邪나 삼세인과 등 일체의 모든 것에서 두 가지의 모양이 없으므로 가히 비교해서 대하지 못한다는 것입니다. 상대가 없으니 법신이 무상해서 모든 만물을 응해 때에 따라서 나타낼 뿐입니다. 그렇기 때문에 세간을 여의고 해탈을 구하려고 하지도 않습니다. 이 법성은 부처와 중생이 본래 차별이 없음을 말하는 것입니다.

자성을 더럽히지 않으려면 어떻게 해야 합니까? 대주 선사는 자성이란 본래 더럽힐 것이 없다고 했습니다. 왜 그러냐 하면 물건처럼 있어야 칠을 하거나 바르든지 하지, 허공에다가 칠을 하고 말을 한들 붙어 있을 것이 없기 때문입니다. 우리 진여자성의 마음자리는 비어 있어서 사량분별로 이 마음이 얼마만하다고 말할 수도 없고 생각이나 의식으로 분별해서 알 수 있는 것도 아닙니다. 의식과 생각이 미치지를 못하고 다 끊어졌으니 미치려야 미칠 수도 없는 것입니다.

그렇게 무한대한 자성의 자리에 때를 묻히고 말고 할 것이 없다고 하는 그 당처를 바로 본 사람을 견성했다고 합니다. 바로 깨달아서 알고 나니까 오직 진여자성의 그 마음 그대로 몰록 행동에 옮길 뿐입니다. 자성을 더럽히지 않으려면 무애반야의 지혜를 쓸 줄 아는 사람이라야 됩니다. 걸림이 없는 반야지혜를 쓸 줄 아는 사람이 바로 화두공부해서 견성정오를 한 사람입니다.

과거에 삼조 승찬 스님이 문둥병에 걸렸습니다. 이조 혜가 스님을 만나서 요청을 올렸습니다.

"전생의 업보가 두터워서 이런 병에 걸렸으니 저의 죄를 소멸해 주십시오."

혜가 스님이 말했습니다.

"너의 전생 업보가 그렇게 두텁다 하니 그것을 나에게 모두 가져오너라. 내가 버려서 없애 주겠다."

그러자 승찬 스님은 뽑아 바칠 전생 죄업이 어디에 있는가 하고 돌이켜서 깊이 꿰뚫어서 찾아보았으나 아무리 찾아봐도 바칠 것이 없습니다.

"저는 아무리 찾아봐도 뽑아서 내어드릴 것이 없습니다."

이에 혜가 스님이 말하였습니다.

"내 이제 그대의 모든 전생 업보를 없애 주었느니라. 어디에 전생 업보가 있겠느냐?"

그러자 그 자리에서 승찬 스님의 문둥병이 싹 낫고 눈썹이 나고 수염이 나고 단박에 본래의 건강한 모양으로 되었다고 합니다.

그 말을 듣는 동시 단박에 되는 것, 그것이 증득입니다. 그 말을 들어서 깨닫고, 깨달은 동시에 바로 현실화가 된다는 것입니다. 현실화가 없는 것은 비생산적인 공부입니다. 선방에 허구한 날 앉아 있어 봐야 자리에서 일어나면 오만 가지 망상하고, 일하는 데 가서는 일 안 하려고 눈치보고 요령 피우고 대중화합 안 하고…. 선방 다녀보면 그런 사람 많습니다. 이런 차별하는 생각은 공부가 안 되었기 때문에 그렇습니다. 아직 나라는 것이 무너지지 않고 어딘가 꽉 막혀가지고 있어 뭔가에 머물러 있기 때문입니다.

여자가 아기를 낳으려고 방에 들어갈 때 '내가 다시 저 신발을 신을 수 있을까?' 하고 신발을 엎어놓고 들어간다고 합니다. 산모가 생사를 걸고 산실에 들어가듯이 절박한 마음으로 화두를 든다면 일주일이면 됩니다. 지극하게 밀어붙여서 턱 하니 깨닫는 것입니다. 뒤집어엎는 그 찰나에 깨닫는 것인데 과거의 조사들은 언하에 뒤집었습니다.

아주 생사를 걸고 견성명심見性明心해야 스스로 물들일 수 없는 것이 됩니다. 공한 성품의 체에는 일체를 붙이려야 붙일 수 없는 것이기에 해탈입니다.

선방에 앉아서 공부를 하다 뒤에서 부스럭거리는 소리가 나서 '무엇인가?' 하고 돌아보면 보살이 주머니에서 돈을 끄집어내서 세고 있습니다. "왜 그럽니까?" 하고 물으니 "아이고, 스님. 참선하려니까 이게 안 됩니다. 저번에 집에 갔을 때 딸하고 아들한테 용돈을 받았는데 딸한테 받은 걸 여기 넣었는가 안 넣었는가 헷갈려서 화두는 안 되고 자꾸 그 생각이 나서 내가 확인하고 말아야겠다 싶어서 세고 있습니다.”라고 합니다. 화두로 가는 공부보다 그게 더 강하니까 여기에 걸리고 저기에 걸리는 것입니다.

선방에 느슨하게 앉았다가 일어나서 나가면 온갖 이야기 다 하고 이것저것 생각합니다. 이래 가지고는 공부가 활을 약하게 당겼다가 놓으면 화살이 조금 날아가다 툭 떨어지는 것과 똑같은 것입니다. 그러나 활줄을 힘껏 당겨서 과녁을 향하여 일념으로 집중이 되었을 때 화살을 놓으면 과녁에 꽂힙니다. 그와 같이 화두를 지극하게 있는 힘을 다해 들어야 합니다. 그렇게 하면 안 될 턱이 없습니다.

과거에 역대 조사스님들은 “나는 금생에만 그렇게 한 것이 아니라 과거에도 이 세상에 태어나서 살 때 오직 내 인생 해결하는 이 공부에서 일 초도 다른 데 정신을 두지 않았고, 이 공부를 해결하기 위해서는 이 길에서 다른 길로 한 번도 벗어나본 적도 없다. 생사를 걸고 했기 때문에 금생에 선지식을 만나서 바로 언하에 해결할 수가 있었다.”라고 했습니다.

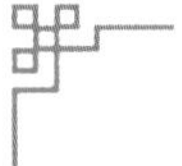

第
三
十
二

◉

마음을 가지고 마음을 쓰다

어떤 스님이 물었다.

"어떤 것이 반야입니까?"

선사가 말하였다.

"네가 아니라고 의심하는 것을 한번 말하여 보라."

"어떻게 견성을 할 수 있습니까?"

"보는 것이 곧 이 성품이라, 성품이 없으면 능히 보지 못한다."

"어떤 것이 수행하는 것입니까?"

"다만 자성을 물들이지 마라, 곧 이것이 수행이니라. 네 스스로 속이지 마라, 곧 이것이 수행이니라. 크게 쓰면 눈앞에 나타나니 곧 이것이 짝할 것이 없는 평등한 법신이니라."

"성품 가운데는 악이 있습니까?"

"이 가운데는 또한 선도 세우지 못하느니라."

"선과 악을 함께 세우지 못하면 마음을 어디에 씁니까?"

"마음을 가지고 마음을 쓴다는 것은 크게 전도된 것이니라."

"그러면 어떻게 해야 옳습니까?"

선사가 말하였다.

"어떻게 해야 된다는 것도 없고 또한 옳다는 것도 없다."

僧問 何者是般若 師曰 汝疑不是者試說看 又問 云何得見性 師曰 見即
是性 無性不能見 又問 如何是修行 師曰 但莫汚染自性 即是修行 莫自
欺誑 即是修行 大用現前 即是無等等法身 又問 性中有惡否 師曰 此中
善亦不立 曰 善惡俱不立 將心何處用 師曰 將心用心 是大顚倒 曰 作
麼生即是 師曰 無作麼生 亦無可是

◉

바로 네가 보는 것이 성품이라고 가르쳐 줬습니다.

맑은 바람이 천지를 덮고, 옥수가 일체 만물을 적십니다. 지혜가
분명히 밝은 사람은 맑은 바람과 같고 옥수와 같아서 일체 모든 곳에
있어서 조금도 더럽혀진 바 없이 분명하게 판단하고, 가는 곳마다 절
대 이 자리는 어두워질 것이 없다는 것입니다.

그러나 오욕팔풍 번뇌인 시와 비의 두 마음을 가지고 보는 중생은
끊임없는 불화의 투쟁이 일어나고 정확한 판단이 나오지 않습니다.
중생들은 전도되어서 옳은 것도 그르게 보이고, 그른 것은 옳게 보여
서 거꾸로 보인다는 것입니다. 중생들은 옳고 그르고, 짧고 길고, 복이
있고 없고, 재앙이 있고 없고, 모든 것을 분별합니다. 두 가지의 모양

을 가지고 있는 고정관념이 무너져야 됩니다. 그것 때문에 자꾸 밖으로 마음을 쓰는 것입니다.

그런데 본래 두 모양이 없는 진여자성을 깨달아서 증득하고 본다면 모든 곳에서 평화와 열반의 청정 극락국토를 매일 매일 창조하고 살아갈 수 있습니다. 진여자성은 두 가지 모양이 없으므로 본래 공적하고 신령스럽고 밝아서 물들일 것이 없다는 것을 바로 보아야 합니다. 그러므로 정법에 머무른다면 머무른다는 생각 자체가 벌써 구한다는 생각이므로 삿된 것입니다.

부처라고 하는 것을 어떻게 짓느냐 하면 중생심을 가지고 있는 이 마음을 바로 보라는 것입니다. 본래 마음과 부처와 중생의 세 가지가 차별이 없다고 했습니다. 중생들은 두 가지 견해를 가지고 있기 때문에 눈이 병들어 있고 귀, 코, 입이 병들어 있어서 오관의 병든 눈으로는 모든 것을 바로 볼 수도 없고 또 자유를 얻을 수도 없습니다.

선방에서 공부하다 보면 조그마한 것을 가지고 다투는데 그 원인이 무엇이겠습니까? 놓지 못해서 그런 것입니다. 가지고 있는 그 마음을 바로 놓으면 즉시 될 것을 그놈을 꼭 쥐고 있습니다.

옛 조사스님들은 "저를 해탈하게 해주십시오." 하는 때, "나는 너를 얽어맨 일이 없느니라." 하는 소리에 깨달았습니다. 그렇게 쉽습니다. 깨닫지 못하는 것은 앉으나 서나 그놈의 돈, 벼슬, 명예 등 온갖 생각을 끌어안고서 가로막혀 있어서 그렇습니다.

그런데 또 그렇게 말하면 '아, 스님이 돈도 버리라 하고 전부 버리라고 하면 사회 생활하는 사람들은 어떻게 살라는 것인가?' 하고 거꾸로 생각을 하는 사람이 있습니다. "스님, 다 내버리면 우리는 어떻게 살아야 됩니까?" 하고 묻습니다.

마음의 장벽이 무너진 사람이 기업가가 되면 천하에 제일가는 기업가가 되고, 그런 사람이 대통령이 되면 무소유 정치를 합니다. 무소유 정치를 해야 세계에서 일등 가는 대통령이고 세계를 좌우할 수 있습니다. 가정에서는 아버지가 무소유적인 아버지가 되고, 어머니가 무소유적인 어머니가 되어야 세계에서 일등 가는 가정과 사회가 됩니다. 어느 가장은 힘들여 돈 벌어놓으니까 부인이 친정 살리기 바쁘다가 나중에는 처갓집 때문에 망했다고 통곡을 하고 우는 사람도 봤습니다. 전부 소유하려고 하는 데서 온갖 병이 다 나타납니다. 마음을 조금 돌려놓은 것 같아도 나중에 보면 그대로 돌아와 있습니다. 마음을 단박에 놓으면 단박에 해결할 수 있습니다.

第
三
十
三

◉

생각하는 데서 이루어진다

어떤 사람이 물었다.

"어떤 사람이 배를 탔는데 배 밑에 소라가 붙어 있다가 죽었습니다. 그러면 사람이 죄를 받습니까? 배가 죄를 받습니까?"

선사가 말하였다.

"사람과 배는 둘 다 마음이 없느니 죄는 바로 너에게 있다. 비유하면 강풍이 불어서 나무가 부러지고 인명 손실이 있지만 시킨 자도 받을 자도 없는 것과 같다. 이 세상 가운데는 중생이 고를 받지 아니한 곳이 없다."

人問 有人乘船 船底刺殺螺蜆 爲是人受罪 爲復船當罪 師曰 人船兩無心
罪正在汝 譬如狂風 折樹損命 無作者無受者 世界之中 無非衆生受苦處

◉

온통 바람이 했겠지만 고통을 받는 것은 사람이더라 이 말입니다. 사람이 해치지 않았지만 고통은 사람이 받는 것과 같습니다. 배 밑에 소라가 치여서 죽는 것을 본 네 마음이 괴로웠을 뿐이지 다른 것이 아니라는 것입니다. 이게 무슨 말이냐 하면, 숨을 들이쉬고 내쉬는 가운데 작은 벌레(蟲)가 죽었다 살았다 하는 온갖 일이 벌어집니다. 눈썹 위에 사는 충은 눈 깜박이는 그 찰나에 떨어지면서 "아이고 지구가 멸망한다." 그러면서 죽는답니다.

텅텅 비어 있는데 나고 죽는 것이 어디서 생기겠습니까? 상두생想頭生이라, 머리로 생각하는 데서 이루어진다는 것입니다. 한 생각 일어나고, 한 생각 멸하는 데서 모든 생사가 다 일어납니다.

'상역공적무주처想亦空寂無住處'라, 가만히 돌이켜서 내 마음을 회광반조해서 꿰뚫어 보니 생각이 공적해서 아무것도 머무르는 바가 없더라 이 말입니다.

원각의 묘한 성품은 죄도 복도 본래 없다.
은 주발에 눈이 담기고 달이 비추고 있으니
눈 세 개가 달린 금 까마귀더라.
따라가는 곳마다 절대적인 주인이니
일천 강에 달이 비춘 것과 같다.
벌과 나비와 봄에 나는 종달새는
활짝 피어 있는 꽃밭에서 놀더라.
圓覺妙性無罪福
銀盌雪月 三目金烏
隨處作主 月印千江

蜂蝶春鳥遊蘭下

　이 글귀는 배 밑에 소라가 치여 죽으면 죄가 있니 없니 하는 소리
에 제가 한마디 했습니다.

第
三
十
四

◉

말이 미치지 못하는 곳

어떤 스님이 물었다.

"심정에 의탁하는 형세, 경계를 가리키는 형세, 말하기도 하고 말 안 하고 묵묵히 있기도 하는 형세, 눈썹을 껌벅이고 눈을 움직이고 하는 형세를 어떻게 해야 한 생각 사이에서 통해 알 수 있겠습니까?"

선사가 말하였다.

"성품 이외의 일은 본래 있을 것이 없다. 묘함을 쓰는 사람은 움직이고 고요함에 모두 묘하며, 마음이 참된 사람은 말을 하거나 묵묵하고 있으나 모두 참되며, 도를 아는 사람은 가고 머무르고 앉고 눕고 하는 것이 모두 도이니라. 그러나 자성을 미혹한 사람은 만 가지 의혹을 낸다."

"법에 종지가 있다는 것이 무엇입니까?"

"그 세운 바를 따라서 곧 여러 가지 뜻이 있게 되니 문수보살도 머무른 바 없음을 근본으로 일체법을 세웠느니라."

"그러면 허공과 같습니까?"

"너는 태허와 같음을 두려워하는가?"

"두려워합니다."

"두려워할 줄 아는 사람은 태허와 같지 않다."

또 물었다.

"말이 바야흐로 미치지 못하는 곳을 어떻게 알 수 있겠습니까?"

선사가 말하였다.

"네가 이제 정히 말할 때에 어느 곳에 미치지 못한다고 의심하느냐?"

僧問 未審託情勢 指境勢 語默勢 乃至揚眉動目等勢 如何得通會於一念閒 師曰 無有性外事 用妙者 動寂俱妙 心眞者 語默總眞 會道者 行住坐臥是道 爲迷自性 萬惑滋生 又問 如何是法有宗旨 師曰 隨其所立 卽有衆義 文殊於無住本 立一切法 曰 莫同太虛否 師曰 汝怕同太虛否 曰 怕 師曰 解怕者不同太虛 又問 言方不及處 如何得解 師曰 汝今正說時 疑何處不及

◉

범부나 성인, 소승이나 대승, 보살이나 불佛에 이르는 것, 이런 것은 일체 이룰 바가 없는 것입니다.

『금강경』에서는 "진여자성은 원래 밝고 청정하여 내외가 없으며 양변과 중간이 없어서 세우는 바를 따라서 여러 가지 뜻을 나타낸다.”라고 하였습니다. 이 심성을 목전에 즉시 실천에 옮기면 바로 문수, 보현, 부처님과 다르지 않습니다. 우리 본래의 진여자성 자리를 밖으로 실천해 옮겨버리면 바로 그 사람이 부처입니다.

그러나 부처의 마음을 그대로 쓰면 되는데 마음은 쓰는 것이 힘듭니다. 선방에서는 방석이 여기 있어야 되는데, 저기 있어야 되는데 하면서 싸움을 합니다. 마음을 푸근하고 흡족하게 남이 편안하게 쓰면 되는데 남 편하게 해주는 것이 마음에서 허락이 안 되고 남이 잘못되는 것을 보면 좋아합니다. 부처 마음을 얼른 밖으로 쓰면 부처인데 부처 마음을 쓰지 못해 그렇습니다. 중생은 믿지 않아 닭이 닭장에 갇히듯 스스로 자신을 구속하고 마음을 어둡게 해서 만 가지 불신과 의혹만 더해 간다는 말입니다.

바로 한 생각 뒤집어엎지 못해서 그런 것입니다.

산천 녹음 우거진 곳에 꾀꼬리가 나무에 앉으니
한 송이 노란 황금 꽃이고
하얀 백로가 들판에 수북이 내려앉으니
천 점의 눈이더라.
黃鸎樹上一支金
白鷺下田千点雪

第
三
十
五

◉

허공꽃과 물 속의 달

숙세에 덕을 많이 쌓고 공부한 십여 사람이 함께 물었다.

"경에 이르기를 불법을 깨뜨려서 없앤다고 하였으니 불법을 깨뜨려서 없앨 수 있습니까?"

선사가 말하였다.

"범부 중생이나 부처님의 정법을 공부하지 않는 외도는 불법을 파괴해서 없앨 수 있다고 말하며 성문, 연각의 이승은 파멸할 수 없다고 말한다. 그러나 우리의 정법 가운데는 이 두 가지 견해가 없으니 만약 정법을 논할진댄 비단 범부, 외도뿐 아니라 부처님 지위에 이르지 못한 사람은 성문, 연각이라고 할지라도 또한 악인이다."

"진법 환법, 공법 비공법이 각종의 성품이 있습니까?"

"법이라고 하는 것은 비록 여러 가지 성품이 없으나 만물에 응해서 모두 나타난다. 마음이 허깨비이기 때문에 일체가 모두 허깨비이다. 만약 어떤 한 법이라도 허환하지 않은 것이 있다면 허환도 정함이 있을 것이다. 마음이 공하기 때문에 일체가 공한 것이니 만약 한 법이라도 공하지 않음이 있으면 공의 도리를 세우지 못한다.

미혹할 때는 사람이 법을 좇지만 깨달았을 때에는 법이 사람을 따른다. 마치 삼라만상이 공에 이르러 극치를 이루며, 백 갈래의 개울이 흘러 바다에 이르렀을 때 극치를 이루고, 일체 현인이나 성인이 부처에 이르러 극치를 이루며, 십이부경이나 오부의 율장, 다섯 가지 베다의 논서가 마음에 이르러서 극치를 이루는 것과 같다.

마음이라고 하는 것은 총지(다라니)의 오묘한 근본이며, 만법의 큰 근원으로 또한 이름하여 대지혜장, 무주열반이라고 하니 백 가지, 천 가지, 만 가지의 이름들이 모두 마음의 다른 이름일 따름이다."

"어떤 것이 환입니까?"

"허환은 정한 모양이 없으니 빙글빙글 돌아가는 불바퀴와 같고, 건달바의 성과 같으며, 기관목인과 같고, 아지랑이와 같으며, 허공의 꽃과 같아서 모두 실다운 법이 없다."

"어떤 것을 위대한 마술사(大幻師)라고 합니까?"

선사가 말하였다.

"마음을 이름해서 대환사라고 하니 몸은 환술의 성이고, 모양과 이름은 환술의 옷과 밥이니 항하의 모래처럼 많은 세계가 환이 아닌 것이 없다. 범부는 환을 알지 못하고 곳곳에서 환(幻)의 업에 미혹되며, 성문은 오히려 환의 경계를 두려워해서 마음을 어둡게 해서 고요한 곳으로 들어가려고 하나 보살은 환의 법을 알고 환의 본체를 깨달아서 일체의 이름과 모양의 구속을 받지 아니한다.

부처님은 대환의 스승이라서 대환의 법륜을 굴려서 대환의 열반을 이루고, 환의 생멸을 굴려서 불생불멸을 얻나니 항하의 모래 수와 같이 많은 더러운 세계를 굴려서 깨끗한 법계를 이룬다.”

有宿德十餘人同問 經云 破滅佛法 未審佛法可破滅否 師曰 凡夫外道 謂佛法可破滅 二乘人謂不可破滅 我正法中無此二見 若論正法 非但凡 夫外道 未至佛地者 二乘亦是惡人 又問 眞法幻法 空法非空法 各有種 性否 師曰 夫法雖無種性 應物俱現 心幻也 一切俱幻 若有一法不是幻 者 幻即有定 心空也 一切皆空 若有一法不空 空義不立 迷時人逐法 悟 時法由人 如森羅萬象 至空而極 百川衆流 至海而極 一切賢聖 至佛而 極 十二分經 五部毗尼 五韋陀論 至心而極 心者是總持之妙本 萬法之 洪源 亦名大智慧藏 無住涅槃 百千萬名 盡心之異號耳 又問 如何是幻 師曰 幻無定相 如旋火輪 如乾闥婆城 如機關木人 如陽燄 如空華 俱無 實法 又問 何名大幻師 師曰 心名大幻師 身爲大幻城 名相爲大幻衣食 河沙世界 無有幻外事 凡夫不識幻 處處迷幻業 聲聞怕幻境 昧心而入 寂 菩薩識幻法 達幻體 不拘一切名相 佛是大幻師 轉大幻法輪 成大幻 涅槃 轉幻生滅 得不生不滅 轉河沙穢土 成清淨法界

◉

성문, 연각이라도 불지에 이르지 못한 이가 “불법을 파멸하지 못한다.”고 하는 그 견해를 옳다고 인정해 주지 못한다는 것입니다. 옳고 그르고 하는 두 가지 견해가 불지에는 없기 때문에 그렇게 말하는 것입니다.

‘공화불사 수월도량空華佛事 水月道場’이라는 말이 있습니다. 허공에 꽃이 일어나고 물에 달이 비친 것을 말합니다. 이것은 이 세상 모든 만물이 실제로는 없는데 있는 듯 나타났다는 것입니다. 그것은 공한 지혜의 안목으로 볼 때 그러하다는 것입니다. 이 세상 모든 만물이 허공의 꽃과 같고, 물에 비친 달과 같습니다. 물에 비친 달과 같다는 말은 깨끗하고 고요하고 맑은 물에 달이 환히 비치듯이 지혜의 공한 속에서 지혜의 안목으로 보는 것이 일체 모든 물에 달이 비친 것처럼 환히 본다는 것입니다.

일체 만물이 공하지만 아주 없는 것은 아니어서 없는 속에 있는 듯 보는 것입니다. 참으로 공한 자성 자리는 성주괴공成住壞空에도 관계가 없고 모든 중생 세계나 허공 세계나 우주가 무너지고 이루어지고 하는 그러한 것에도 아무 관계가 없습니다.

범부 이승이라고 하는 것은 불조도 이것을 무너뜨릴 수 없습니다. 범부 이승이나 보살이나 부처나 할 것 없이 이것을 무너뜨리고 없애고 할 것이 없다는 것입니다. 진공자성이라고 하는 것이 일체 만물을 다 응해서 낱낱이 나타냄이니 마치 꿈과 같고 허공에다가 누각을 그려놓은 것과 같으니 공화와 수월과 같다는 것입니다.

'와우각상삼천계蝸牛角上三千界', 즉 달팽이 뿔 위에 삼천대천세계라는 말입니다. 달팽이 뿔이라는 것이 쑥 나오면 있고 들어가면 없는데, 달팽이 뿔 위에 삼천대천세계가 이루어진 것과 같다고 했습니다.

이것은 다 백천 가지의 이름인데 이름이라는 것이 뭐냐면 이 세상의 근본이 마음이고 마음이라는 것이 있어서 일체의 것에 만 가지 이름이 붙어 있을 뿐입니다. '작은 사람' '큰 사람' '허공' '하늘' '그릇' '수저'라고 하는 만 가지의 이름이 다 마음을 달리 표현한 것입니다. 그렇기 때문에 일체는 마음의 다른 이름이라고 합니다.

환幻이라는 것, 꿈이라는 것은 정해 놓은 모양이 없습니다. 꿈을 꾸다 보면 여러 가지 모양으로 변하고 자꾸 달리 나타나는데, 그러면 꿈이라는 것이 실제로 없느냐 하면 아주 없는 것은 아닙니다. 그러면 있는 것이냐? 깨고 보면 없습니다. 그러면 이것을 있다고 보아야 되느냐, 없다고 보아야 되느냐? 나에게는 그것이 너무 깊은 도리니까 저 미륵 부처님한테 가서 물어라 그랬습니다. 이 세상 모든 만법이 이와 같은 것인데 일정하게 정한 모양은 없다, 일체의 것이 다 마음의 그림자라고 했습니다. 만 가지가 다 마음이 비추어서 나타난 하나의 그림자입니다.

환幻이란 마음의 그림자인데 하나의 불로 둥그렇게 만들어서 팔금강이 발밑에 놓고 굴리는 것과 같고, 건달바가 사는 성과 같고, 나무로 깎아 놓은 장승과 같습니다. 또한 땡볕이 쬐는 여름날 아지랑이가 불꽃처럼 일어나는 것과 같습니다. 그러므로 실답다고 할 법이 있을 것이 없습니다. 그래서 환화와 같다고 했습니다.

중생들은 꿈속에 있으면서도 환幻인 줄 전혀 모르고 이 현실 그대로 실법實法인 줄 알고 살아갑니다. 환에 속아서 실답게 있는 줄 집착해서 무수한 업을 짓습니다.

성문은 부처님의 교리를 배워서 깨닫는 사람이고, 연각은 세상 모든 것은 인연법으로 생겼지만 실체를 보니 공해서 있는 바가 없다는 것을 아는 사람입니다.

성문 연각은 환의 경계를 싫어하고 두려워해서 마음의 법성 자리를 바로 공부해 들어가 깨달아 증득하지 못하고, 무위적적한 적멸의 세계로 들어가려고 합니다. 그래서 아라한과를 증득한 오백 아라한들이 무위적적한 멸진정이라고 하는 아주 고요한 속에 들어가는데 고요한 속에서는 일 겁도 잠깐 가고 이 겁도 잠깐 갑니다.

과거에도 그런 공부한 이들이 있어서 어느 때, 큰 유리독이 나왔는데 그걸 깨보니까 사람이 그 속에서 나오더랍니다. 누구냐고 물어보니 그때서야 눈을 뜨더니 "과거 가섭불 당시에 이 산에서 선정에 들어갔는데 지금은 어느 때입니까?" 그러더랍니다. 오백 겁이 흘러간 겁니다. 일 겁도 숫자로 헤아릴 수 없이 크다는 것인데 오백 겁이 흘렀습니다. 그러니까 머리카락이며 손톱이 유리독 속에서 숨 쉬고 살아 있었단 말입니다. 깨고 나니 뭐가 있습니까? 깨달은 것도 아니고, 부처가 된 것도 아니고, 아무것도 아닙니다.

이 세상의 경계에서 도망가려고 무위적적한 고요 속에 들어가는 것을 좋아하는데 이것은 안 되는 것입니다. 그런데도 이런 공부 하는 사람이 무수히 많습니다. 그런 것은 아무것도 아닌 헛공사입니다. 관법은 수도 없는 단계를 닦고 닦아 올라가서 마지막에 할 것이 없으면 고요적적한 곳에 가서 머물러 있는 것인데, 이것은 안 됩니다. 할 것을 다 해도 마지막에서는 안 됩니다.

'이뭣고'를 하는 것은 여러분이 그 가치를 아직 모르고 있는데, 이 세상의 어느 공부 방법도 따라올 수 없는 최고 마지막 단계가 '이뭣고' 입니다. '이뭣고'로 돌아와야지 그러지 않고서는 무량겁이 흘러도 성불을 못합니다.

여러분은 지름길로 바로 가고 있습니다. 무엇하러 오랜 세월 동안 구멍 하나를 뚫어놓고 거기에 자기를 집어넣는 작업을 하고 나를 죽이는 작업을 합니까? 그게 외도로 가는 길입니다. 아무리 백천만 번 관법을 하고 별짓을 다 해도 결국에는 '이뭣고'로 돌아오지 않고는 풀릴 길이 없습니다.

부처님이 6년 동안을 갖가지 수행을 다 해본 뒤에 마지막에는 아니다 하고 버리고는 보리수 아래에 탁 틀고 앉아서 한 것이 '뭣인가?' 이것이었습니다. 거기서 일주일 만에 바로 깨달은 것입니다.

'이뭣고'는 바로 직행으로 짚어서 들어가는 것인데 부처님도 그것을 알지 못하고 처음에는 갖가지 수행법을 편력했습니다. 나중에 부처님이 이렇게 쉬운 것을 가지고 날 가르쳐 주는 스승이 있었더라면 얼마나 좋았겠냐고 했습니다.

부처님은 대환의 스승(佛是大幻師)이라고 합니다. 이 세계는 항하의 모래 수와 같이 많은 것이 있고 없는 무유無有의 환입니다. 중생들이 그렇고 범부 이승의 경계도 그렇고 모두가 다 그런데, 대승보살은 법을 깨닫고 법의 근본체를 깨달아서 일체 명상名相에 속지 아니하고, 부처님은 무한한 꿈을 굴려서 대열반을 이루고 또 부처님은 불생불멸의 세계를 이루고 또 무한한 더러운 세계를 완전한 청정 극락국토로 만든다는 것입니다.

이 꿈의 세계 모든 것을 확실히 깨닫고 법의 근본 실체를 깨달아서 자기 집에 이른 사람이 몇이나 있겠습니까? 법이 뭡니까? 법이란 마음입니다. 중생이 가지고 있는 마음을 법이라고 합니다.

마음의 실체를 확실히 깨달아 안 사람을 자기 집에 이르렀다고 합니다. 자기 마음의 근본 실체를 깨닫지 못한 사람은 꿈의 세계를 헤매고 돌아다니고 있습니다. 캄캄해서 편안한 것이 없고 항상 불안합니다. 돈이 있어도 불안하고 권력이 있어도 불안하고 외도의 길을 가건 신선의 길을 가건 불안합니다. 신선도 아주 고통이 많습니다. 나중에 가면 말할 수 없는 고통을 당합니다. 오래 살려고 하다가 나중에 가서는 지옥도 사람도 아닌 고통을 받게 되는 것이 신선입니다. 일체 외도는 마지막에 가서는 말할 수 없는 크나큰 재앙을 당합니다.

　그러나 자기 집에 이른 사람은 생사가 있는 것을 보지 않습니다. 생사가 없습니다. 천당이나 지옥이나 육도가 다 없고 일체가 모두 환화幻化입니다. 꿈입니다. 산 정상에 올라보고 철저히 바다 밑바닥까지 밟아본 사람은 일체 모든 것에서 교섭할 바가 없습니다. 자연히 일체 몸을 놓아버려서 고인이 이르되 "제행이 무상하여 일체가 공한즉 이것이 여래의 대원각이다."라고 했습니다.

第
三
十
六

깨달아야 알 수 있다

어떤 승이 물었다.

"어찌한 연고로 경을 외우는 것을 인정하지 아니하고 객담이라고 합니까?"

선사가 말하였다.

"앵무새는 사람이 가르치는 말만 배워서 사람의 뜻을 알지 못한다. 부처님의 뜻을 전한 것이니 부처님의 뜻을 얻지 못하고 다만 외운다면 이것은 앵무새처럼 말만 배우는 사람이기 때문에 허락하지 않는 것이다."

"문자, 언어를 여의지 않고도 별도로 뜻이 있을 수 있습니까?"

"너의 이와 같은 말은 또한 말로 배우는 것이니라."

"이 말이라는 것은 한가지로 똑같은 것인데 어떻게 편벽되게 허락지 않습니까?"

선사가 말하였다.

"네가 이제 자세히 들으라. 경에는 이를 밝힌 글이 있으니 '내가 설하는 것은 뜻을 나타내는 말이지 문자가 아니며, 중생이 말하는 것은 문자의 말일 뿐 뜻을 나타내는 말이 아니다'라고 하였다. 뜻을 얻은 사람은 말을 벗어나고, 이치를 깨달은 사람은 문자를 뛰어넘는다. 법은 언어를 벗어나고, 문자를 뛰어넘는 것이니 어찌 많은 글귀 가운데서 구하겠는가? 그러므로 보리를 바라는 사람은 뜻을 얻으면 말은 취하지 않으며, 이치를 깨달은 사람은 가르침을 버린다. 이는 또한 고기를 얻으면 통발을 버리고 토끼를 얻으면 올가미는 버리는 것과 같다."

僧問 何故不許誦經 喚作客語 師曰 如鸚鵡只學人言 不得人意 經傳佛意 不得佛意而但誦 是學語人 所以不許 曰 不可離文字言語 別有意耶 師曰 汝如是說 亦是學語 曰 同是語言 何偏不許 師曰 汝今諦聽 經有明文 我所說者 義語非文 衆生說者 文語非義 得意者越於浮言 悟理者超於文字 法過言語文字 何向數句中求 是以發菩提者 得意而忘言 悟理而遺教 亦猶得魚忘筌 得兔忘睼也

◉

싸릿대를 동그랗게 만들어서 탁 찍으면 고기가 그 안에 잡힙니다. 고기만 얻으면 되지 통발은 필요 없다는 말입니다. 요점은 고기를 얻으려고 하는 것이지 통발을 얻으려는 것이 아닙니다.

깨달아야 부처님 말씀을 확실히 알 수 있습니다. 깨닫지 않고는 부처님 말씀을 모릅니다. 알려면 '이뭣고'를 분명히 깨달아야 합니다.

이 '뭣인고'에서 일체가 다 깨어집니다. '뭣인고' 하는 이것을 확실히 뚫어내면 일체가 다 풀려서 더 이상 할 것이 없습니다.

그런데 요새 '이뭣고' 해서 깨달았다고 하는 사람이 많이 나옵니다. 그래서 물어보면 십만 팔천 리라, 터무니없는 망상을 일으켜서 깨달았다고 떠드는 사람을 보면 참 기가 막힙니다. 그렇게 가르치는 사람도 있는데, 그렇게 해서 알 것 같으면 무슨 걱정이 있겠습니까?

본체의 차원에서 보면 금방 다 됩니다. 세수하다가 눈을 만지고 코를 만지는 것처럼 쉽습니다. 금방 그렇게 알 수 있는데 중생이 지어 놓은 업이 하도 많아서 또한 그렇게 어렵게 되었습니다.

진묵 스님은 조사어록이나 경을 다 보고는 책상 위에 놓아두고 가 버렸답니다. 길을 가는 중간에 바위 위에 놓고는 나뭇잎으로 덮어 놓고 갔습니다. "왜 그렇게 두고 갑니까?" 물으면 "내 뒤에 다른 사람이 봐야지. 나는 근본 부처님 뜻을 다 알았으니까 더 볼 필요가 없어."라고 말했다고 합니다.

언어문자라는 것은 다양한 의미, 의식을 담는 그릇입니다. 이 글자 속에 엄청난 뜻이 들어 있습니다. 부처님의 팔만대장경, 조사스님의 말씀, 속세의 수많은 책들을 세기의 대학자라고 하여 그 많은 것들을 다 보겠습니까? 다 보기 어렵습니다. 예술, 철학, 과학 등 속세의 글이 그렇게 많고, 또 타종교의 성서가 얼마나 많습니까?

기독교는 성서 한 권으로 되어 있지만 토마스 아퀴나스 같은 사람은 신학대전을 만들다가 '아, 이게 아니다' 하고 한 생각 뒤집어져서 중간에 그만두었습니다. 천주교에서는 포교하는 데 가장 좋은 자료로 쓰지만 그것도 사실은 중요한 것은 아니란 것입니다. 회교에도 성서가 있지만 많지는 않습니다. 그 많은 서적과 말이 있지만 이 소식을 거기서 한마디도 나타내 보이지 못했습니다. 그래서 거짓말입니다. 오직 불교를 통해 철저하게 공부해서 깨달으면 '아하, 그때 그 스님이 그런 말을 하더니 정말 그렇구나' 하고 박장대소하면서 손뼉을 칠 날이 올 것입니다.

일상일여, 몽중일여, 오매일여, 단계를 분명히 거쳐야 화두를 들고 30분, 50분, 1시간도 안 가서 화두가 끊어지는 것을 가지고 '이뭣고' 해서 알았다고 하는 것은 어림도 없는 소리입니다.

나도 과거에는 불평을 많이 했습니다. 큰스님께 가서 물으면 "너, 오매일여 되었냐?" 이러시는데, 그러면 나는 '저 노장이 자기가 뭐가 없으니까 그런 것 자꾸 갖다 대고는 그냥 돌려보내려고 그러는 것 아닌가?' 이렇게 생각했습니다.

하지만 아닙니다. 그것이 정말로 맞습니다. 이것을 겪지 않고 지나가면 정말로 안 된다는 것을 뼈저리게 느꼈습니다. 말로 배우거나 식견으로 알아서 되는 것은 수천만 번 해봐야 소용없습니다. 정말 죽음 앞에 닿으면 그런 식견으로 안 것들은 다 날아가 버려 통하지 않습니다. 그래서 과거에 내가 정말로 알았다면 죽음에 다다라서 시험해 보면 안다고 했습니다.

오매일여, 몽중일여, 일상일여는 정말로 중요한 것입니다. 역대 부처님과 조사스님은 이것을 거쳐 갔기 때문에 다 된 것입니다. 오매일여에까지 간 사람이라면 팔을 끊는다고 합니다. 당장 그 마지막 한 글귀가 궁금하니까, 마지막 한 글귀를 알지 않고는 안 되니까 생명을 걸고 찾아가는 것입니다. 수천만 리 길을 누가 가라고 하지 않아도 스스로 찾아갑니다. 발에서 피가 나고 사대가 끊어져도 갑니다. 이 마지막 한 글귀를 해줄 분이 있다면 찾아가는 것입니다. 팔만 끊겠습니까?

몸을 던집니다.

오매일여를 지나간 마지막 단계에 이르러 생기는 한마음이 위법 망구爲法亡軀입니다. 이 몸뚱이도 버리는데 그까짓 재산, 처자권속 그런 것은 생각하지 않습니다.

언어 문자라는 것은 무수히 많은 뜻을 담고는 있지만 실제로는 정말로 해야 할 말 한마디는 못 전해줍니다. 의지를 담은 깊은 뜻의 표현은 여러 가지로 할 수 있습니다. 여러 가지로 표현하는 것이 부처님이 49년 동안 설법한 언어문자 팔만 사천 경전인데 이것은 우리가 일생을 봐도 다 못 봅니다.

왜 부처님이 '나는 한마디도 말한 바가 없다'고 말하겠습니까? 이 것은 정말로 깊은 도리인데 역대 성인 중에서 이런 말씀을 한 분이 부처님밖에 없습니다.

다 해놓고는 '나는 말한 것이 없다'는 이것은 견성한 사람이 아니면 못합니다. 이것은 부처님의 최상상最上上 일구一句의 법문입니다. 이러한 말을 형식적으로나 언어문자로 배워서 외우는 것보다는 부처님의 진실한 뜻이 무엇인가를 아는 것이 중요합니다. 부처님이 경을 말해준 이면에 본래의 깊은 그 뜻이 무엇인가? 이것을 우리가 분명히 보아서 계합이 되면 계합되는 동시에 일체의 염정이 다 떨어져 버리고 그대로 진여자성의 본심을 무한히 드러내 쓴다는 것입니다. 그래서 이것을 아주 깊이 공부해 봐야 비로소 알게 됩니다.

부처님께서 말씀하시기를 모든 중생은 여래가 되는 씨앗을 가지고 있다고 말씀했지만, 우리는 이것을 말로 알 뿐이지 실제로 확실히 깨닫지는 못합니다. 깨달은 사람은 죽어 있는 말이 아니라 활구, 살아 있는 말을 막 토해냅니다. 활구라고 하면 여러분은 특별한 것이 있는 줄 알지만 "아침 밥 먹었느냐?" "밥 먹었다." 이것도 활구고, "아침 밥 먹었느냐?" "안 먹었다." 이것도 활구입니다.

깨달은 사람은 깨달은 세계의 맑은 청풍을 항시 떨치고 밝은 광명의 말을 항상 토해내는데 중생들은 그렇지 않습니다. 말할 때마다 말을 통해서 오염된 기운만 자꾸 나옵니다. 이것이 깨달은 사람과 깨닫지 못한 사람과의 차이점입니다. '언어문자가 곧 실상이라' 말과 글자 이대로가 그대로 진여자성 실상이요, 언어문자와 이치가 둘이 아닌 도리를 안다는 것입니다.

第
三
十
七

◉

다만 자세히 살펴보아라

어떤 법사가 물었다.

"염불은 모양이 있는 대승선입니까? 선사의 뜻은 어떠합니까?"

선사가 말하였다.

"모양이 없는 것도 오히려 대승이 아니거늘 하물며 모양이 있는 것이겠느냐? 경에서 이르되, 상을 취하는 범부에게는 편의를 따라서 설한다고 하였다."

"정토에 나기를 원하는데 실로 정토가 있습니까?"

"경에 이르기를, '정토를 얻고자 하거든 마땅히 그대의 마음을 깨끗이 하라. 마음이 깨끗함을 따라서 불국토가 깨끗하니라'라고 하였다. 만약 마음이 청정하면 머무르는 처처가 모두 정토가 되니, 비유하면 국왕의 집에 태어나면 반드시 왕업을 잇게 되는 것과 같이 발심해서 부처님 도를 향한다면 이것이 곧 청정한 불국토에 나는 것이다. 그 마음이 깨끗하지 못하면 태어나는 곳마다 모두 더러운 세계이다. 깨끗하고 더러운 것이 너의 마음에 있으니 국토에 있는 것이 아니다.”

또 물었다.

“매일 도를 설하는 것을 듣는데 어떤 사람이 능히 봅니까?”

선사가 말하였다.

“지혜의 눈이 있는 사람이 능히 본다.”

“심히 대승을 모두 좋아하니 어떻게 배워서 얻을 수 있습니까?”

“깨달은즉 얻거니와 깨닫지 못한즉 얻을 수 없다.”

“어떻게 해야 깨달아 얻을 수 있습니까?”

“다만 자세히 살펴보아라.”

“어떤 물건과 같습니까?”

“아무것도 같다고 할 수도 없다.”

“마땅히 필경에는 공이군요.”

“공에는 필경이라는 것이 없다.”

“그러면 마땅히 있겠군요.”

“있기는 하나 모양이 없다.”

“깨닫지 못할 때는 어떠합니까?”

“대덕이 스스로 깨닫지 못한 것이지 또한 깨닫지 못하게 막는 사람은 아무도 없다.”

“불법이 삼제(과거, 현재, 미래)에 있습니까?”

“보는 데에 있지만 모양이 없어서 그밖에 있는 것도 아니고, 응해서 쓰는 데 있어 다함이 없으니 안에 있는 것도 아니요 중간에 머무는 바도 없어서 삼제라는 것도 얻을 수 없다.”

“이 말은 크게 혼란스럽습니다.”

"네가 정히 혼란하다고 하는 한 글자를 말할 때에 안에 있느냐, 밖
에 있느냐?"

"제가 검토해 보니 안에도 밖에도 자취가 없습니다."

"만약 네가 자취가 없다면 지금 위에서 말한 혼란하다고 말하는
그것이 혼란하지 않다는 것을 밝게 알 것이다."

"그럼 어떻게 해야 부처를 지어 얻을 수 있습니까?"

"마음이 부처이니 마음이 부처를 지음이다."

"중생이 지옥에 들어가면 불성도 같이 들어갑니까?"

"네가 정히 악을 지었을 때 다시 선이 있느냐?"

"없습니다."

"중생이 지옥에 들어갈 때도 이와 같은 것이니라."

"일체 중생이 불성이 있습니까?"

선사가 말하였다.

"부처를 지어서 쓸 때는 불성이요, 도적을 지어 쓰면 도적의 성품
이요, 중생을 지어 쓰면 중생의 성품이라, 본래 자성은 모양이 없어서
씀을 따라서 이름이 붙는 것이니라. 경에 이르되 '일체 현성이 모두
함이 없는 법으로 차별이 있다'고 했다."

有法師問　念佛是有相大乘禪　師意如何　師曰　無相猶非大乘　何況有相
經云　取相凡夫　隨宜爲說　又問　願生淨土　未審實有淨土否　師曰　經云
欲得淨土　當淨其心　隨其心淨　卽佛土淨　若心淸淨　所在之處　皆爲淨土
譬如生國王家　決定紹王業　發心向佛道　是生淨佛國　其心若不淨　在所
生處　皆是穢土　淨穢在心　不在國土

又問　每聞說道　未審何人能見　師曰　有慧眼者能見　曰　甚樂大乘　如何學
得　師曰　悟卽得　不悟不得　曰　如何得悟處　師曰　但諦觀　曰　似何物　師曰

無物似 曰 應是畢竟空 師曰 空無畢竟 曰 應是有 師曰 有而無相 曰 不
悟如何 師曰 大德自不悟 亦無人相障
又問 佛法在於三際否 師曰 見在無相 不在其外 應用無窮 不在於內 中
間無主處 三際不可得 曰 此言大混 師曰 汝正說混之一字時 在內外否
曰 弟子究檢 內外無踪跡 師曰 若無踪跡 明知上來語不混 曰 如何得作
佛 師曰 是心是佛 是心作佛 曰 衆生入地獄 佛性入否 師曰 如今正作
惡時 更有善否 曰 無 師曰 衆生入地獄 佛性亦如是 曰 一切衆生 皆有
佛性 如何 師曰 作佛用 是佛性 作賊用 是賊性 作衆生用 是衆生性 性
無形相 隨用立名 經云 一切賢聖 皆以無爲法而有差別

◉

공부해서 깨달음의 길로 가는 그 사람은 청정국토에 난다고 말하고
있습니다. 중생의 때 묻은 업식을 벗어던지면 대해탈이요, 대안심처
입니다. 또한 청정한 마음이니 마음이 청정하면 우주법계가 다 청정
극락 국토가 된다는 것입니다.

극락이나 지옥이나 땅이나 하늘이나 더러운 것이나 깨끗한 것이
나 모두 마음에 있다는 것입니다. '이뭣고' 해서 그 마음이 무엇인가
를 한번 꿰뚫어서 터트리고 나면 그대로가 허허탕탕 비어 있어서 맑
고 맑은 공기를 떨치는 것과 같고, 맑은 물과 같고, 밝은 태양과 같습
니다. 그 마음의 세계에서는 지옥이니 더러운 것이니 하는 것은 없고
모든 세계 그대로가 극락정토입니다. 그래서 누가 묻기를 어떤 것이
부처입니까? 하니까 답하되 "금모래가 쭉 깔려 있는데 그림자가 비침
(金砂照影)이니라." 했습니다. 마른 똥 막대기라고도 했다지만 그 도리
를 바로 봐서 척 하니 깨달으면 그 사람은 바로 부처이며 또한 극락정

토입니다.

어떤 사람은 "어떻게 해야 깨달아 얻을 수 있습니까?" 하는 질문에 대주 선사가 "다만 자세히 살펴보아라(但諦觀)."라고 답한 것을 두고 관법을 하라는 뜻으로 이해할지는 모르겠지만, 여기서 대주 선사가 자세히 관하라는 것은 관법을 하라는 것이 아닙니다. 다만 돌이켜서 "이 몸이 무엇인가?" 하고 깊이 돌이켜서 관해 보라는 뜻입니다.

의심해서 관하는 이것이 최상의 공부의 지름길이고 바른 길이니 자세히 살피라고 했습니다. 자세히 살피라는 것은 여러분이 일념으로 화두를 철저하게 한번 깊이 간파해 보라는 것입니다. 일념으로 해나가는 그것이 일상생활에서도 여여如如한 경계가 이루어지는 그런 힘을 얻어야 비로소 자기의 본바탕을 확연히 깨달을 수 있습니다. 그러기 전에는 뭘 알았다고 하는 것은 전부 망념이고 이 망념을 주인이라고 섬긴다는 것입니다. 도둑놈을 주인이라고 섬기고 있다는 말입니다.

다른 공부 관법이나 명상은 오랜 세월을 두고 해야 됩니다. 여러 단계를 거쳐서 결국에 가서는 아라한과를 증득합니다. 명상에서는 불과를 성취해서 내가 부처가 된다는 것은 생각하지 않습니다. 편안한 안정을 얻는 최상의 단계가 아라한과인데 그렇게 된 뒤에 7천 겁을 지나서야 대승 십신의 초문에 들어온다고 했습니다.

그런데 할 것 다하고 마지막에 가서도 불과를 성취할 수 있는 것이 아닙니다. 그렇기 때문에 무슨 공부를 해야 되느냐 할 때 그 방법이 바로 '이 무엇인고?'입니다. 내가 무엇인가? 회광반조해서 나는 무엇인가? 하고 들어가야 크게 깨달아 불과를 성취할 수 있습니다.

'무엇인고' 하는 화두까지 돌아오려면 무량겁을 닦고 닦아서 말할 수 없는 단계를 닦아 올라와야 되는데 그렇게 하는 것을 조사선에서는 용납하지 않습니다. 왜 그렇게 하느냐는 겁니다. 단박에 바로 '이 뭣고' 이 자리 바로 해 들어가면 3년 아니면 6년이고, 길면 10년인데 무엇하려고 그렇게 무량겁을 닦아 올라가느냐는 것이지요.

'무엇인고' 하는 최상의 근기는 거기서 더 닦고 깨닫고 할 것이 없이 바로 언하에서 해 마치는 것이고, 중근기는 세월이 흐르면서 생각해 보아야 되고, 하근기는 더 오랫동안 생각해 봐야 됩니다. 깨달은 스승이 '무엇인고' 하는 차원에서는 절대 부처니 조사니 깨달음이니 하는 것을 두고 말하는 것이 아닙니다. 받아들이는 쪽에서 다만 차등이 있다는 것입니다.

우리가 보고 듣는 일체 모든 것에는 반야지혜가 작용합니다. 대승의 지혜는 깨닫는 자는 바로 직하에 계합해서 얻지만, 깨닫지 못하는 사람은 얻지 못합니다. 깨달아야 반야지혜를 바로 잘 쓸 수 있고 깨닫지 못하면 반야지혜를 쓰고 싶어도 쓰지 못합니다.

공부해서 척 하니 한 생각 뒤집어져서 본바탕을 그대로 현실생활에 적용해서 쓰면 되는데 그게 안 되는 이유는 '나는 중생이다', '나는 아직 깨닫지 못했다', '나는 하는 일에 걸린다' 하는 생각들이 꽉 차 있기 때문입니다. 물건도 아니요 모양도 없으면서 일체 모양을 나타내니 깨닫는 사람은 스스로 알 것이요, 누구도 깨닫지 못하게 막는 이는 없더라는 뜻입니다.

대승은 원래 있고 없는 유무를 뛰어나서 있는 것입니다. 모양이 없는 그 모양이 가장 큰 것이라고 했습니다. 모양이 있는 것은 한계가 있지만 모양이 없는 그 모양은 가장 큰 것입니다.

과거에 어느 스승이 "이 세상에서 어떤 것이 가장 크냐?"고 물으니 제자가 "모양이 없는 모양이 가장 큰 것입니다."라고 하였습니다. 이에 스승이 "그렇고 그렇다."라고 했습니다. 그러고는 "어떤 것이 모양이 없는 모양인고?" 하고 물었을 때 한마디 척 해서 스승에게 인가를 얻었습니다.

무상지상無相之相은 원래 대승도 아니고 모양이 있는 것도 아닙니다. 선사는 본래 유무에 걸리지 않는 묘용을 굴릴 줄 아는 그런 대선사가 되어야 되는데 그렇지 못하고 조그마한 아는 것으로는 여기서 일체 통하지 않습니다. 공적체空寂體는 무생무멸이라, 공적의 체 자체는 생도 없고 멸도 없고 무주무위라, 머무름도 없고 하는 것도 없습니다. 무념무상이라, 생각도 없고 모양도 없습니다. 무심이니 마음도 없고 무생이니 남도 없다는 이 도리를 바로 알아야 됩니다.

일체 모든 중생들이 확실히 '이뭣고' 이것만 바로 알면 됩니다. '이뭣고' 하는 데서는 어떤 것도 용납하지 않습니다. '이뭣고' 할 때 손가락을 든다든지 눈을 껌벅인다든지 할을 한다든지 또는 "있는 것도 아니요 없는 것도 아닙니다."라고 한다든지 또 어떤 분은 절을 하기도 하지만 전부가 '이뭣고' 하고 물은 사람에게서 방망이를 피할 길이 없습니다. 그래서 '이뭣고' 하고 바짝 애를 써서 깊이 들어가면 본인 자신의 천진바탕을 그만 뒤집어엎어 버리게 됩니다. 일체 모든 앞뒤 생각이 끊어지고 '무엇일까' 단지 그것뿐입니다.

마음이라든지 부처라든지 성인이라든지 어느 것을 갖다 대도 여기서는 용납하지 않습니다. 여기에서 살아나서 일구를 이룰 수 있는 사람을 전신일구라고 하는데 그것이 바로 본지풍광을 깨달아서 살아 있는 활구법문을 하는 사람입니다. 자기 자신을 뒤집어엎기 전에는 절대로 안 됩니다. '뭣인고'에 머무르지 말고 깊이깊이 해나가야 됩니다.

이 공부에서 가장 중요한 것은 신信(믿음)을 갖는 것입니다. 만약 공부를 하는 사람이 '내 일생에 생사를 걸고 이뭣고를 해도 안 된다'라고 생각하거나 '도대체 공부를 해도 되는지 안 되는지 표도 나지 않고 모르겠다'라고 생각하면 안 됩니다. 이럴 때에는 '이뭣고' 외에 다른 길은 없음을 분명하게 알아야 합니다. 다른 길을 쫓아가면 모두 외도로 갑니다. 이것만이 우리 인생을 해결할 수 있습니다.

안 될 때는 반드시 돌이켜서 본인의 업이 두텁고 생각이 모자라서 공부를 지극하게 못하는 것은 아닌지 살펴보아야 합니다. 그렇지 않고 도중에 그만두고 염불하는 데로 빠지고 말재주 부리는 데로, 글 써서 팔아먹는 데로, 수련하는 데로, 명상하는 데로 빠지면 일생 해보고 난 뒤에는 후회합니다.

'내가 일생을 이뭣고 하다가 안 되면 죽어서 다시 태어나서 해결하고 만다. 영원히 나는 끊임없이 해서 해결하고 만다'라고 하는 확고부동한 신심, 원력이 있어야 됩니다. 그것을 대승원력이라고 합니다. 소승원력은 아주 작은 생각으로 하는 것이고, 대승원력은 끝이 없습니다.

여기서 공부하는 것은 무위법으로 이유차별이라, 함이 없다고 하는 것은 어떠한 곳에도 붙일 수 없다, 머무를 수 없다, 머무르면 맞지 않다는 말입니다. 그것은 바로 무위지법無爲之法입니다. 그 법으로 일체를 차별한다고 했습니다.

마음과 중생과 부처가 하나

어떤 승이 물었다.

"어떤 것이 부처입니까?"

선사가 말하였다.

"마음을 떠나서 부처가 없다."

"어떤 것이 법신입니까?"

"마음이 곧 법신이니 능히 만법을 내는 고로 이름을 법계의 몸이라고 하는 것이다. 『기신론』에 이르되 '법이라고 하는 것은 중생심이니 이 마음을 의지해서 마하연의 뜻을 나타내 보인다'고 하였다."

"어떻게 하여 하나의 조그마한 티끌 가운데 큰 경이 있다고 말합니까?"

"지혜가 이 경전이니 경에 이르기를 '큰 경전이 있어 양으로 따지면 삼천대천세계와 같은데 한 티끌 가운데 들어 있다'고 하였다. 한 티끌이라는 것은 한 생각을 가리키는 것이다. 그런고로 이르되 '일념의 티끌 가운데 항하의 모래 수와 같은 많은 진리의 말씀을 게송으로 연출해 내지만 이때의 사람들이 스스로 알지 못할 따름이다.'"

"어떤 것이 큰 뜻의 성이며, 큰 뜻의 왕입니까?"

"몸이 큰 뜻의 성이며, 마음이 큰 뜻의 왕이다. 경에 이르되 '많이 듣는 사람은 뜻에 능하지 언설에 능하지 않다'고 하였으나 언설은 생멸하지만 뜻은 생멸하지 않으며 이 뜻은 형상이 없어서 언설 밖에 존재한다. 마음은 큰 경전이며 큰 뜻의 왕이니 만약 마음을 요달하여 깨닫지 못한 사람은 뜻에 능할 수 없고 다만 이 말만 배우는 사람일 따름이다."

"『반야경』에서 말하기를 '아홉 종류의 중생(일체 중생)을 제도하여 모두 무여열반에 들게 한다'고 하였고, 또 말하기를 '실로 멸도를 얻은 중생이 없다'고 하였습니다. 이 두 가지로 말한 경의 말씀은 어떻게 해야 전후를 확실히 통해서 알 수 있겠습니까? 사람들이 모두 말하기를 '실로 중생을 제도하지만 중생상을 취하지 않는다'고 하니 항상 의심스러워 결정이 나지 않습니다. 청컨대 스님께서 말씀을 해주십시오."

선사가 말하였다.

"일체 중생이 한 몸에 모두 갖추어져 있으니 짓는 데 따라서 이루어진다. 그러므로 무명은 난생이며, 번뇌가 자루처럼 쌓여 있는 것이 태생이며, 물에 잠기는 것을 좋아하면 습생이며, 갑자기 번뇌를 일으키는 것이 화생이다.

깨달으면 부처이며, 미혹하면 중생이니 보살은 다만 생각 생각에 일어나는 마음을 중생으로 삼아 염염히 깨달아서 마음과 몸이 함께 공한 줄을 요달하니 그것을 이름하여 중생을 제도했다고 한다. 지혜로운 사람은 본래 청정자성의 위에서 모양 아닌 것을 제도하니, 모양 아닌 것은 이미 공하기 때문에 실제로 멸도를 얻을 중생이 없음을 안다."

僧問 何者是佛 師曰 離心之外 即無有佛 曰 何者是法身 師曰 心是法身 謂能生萬法故 號法界之身 起信論云 所言法者 謂衆生心 即依此心 顯示摩訶衍義

又問 何名有大經卷 內在一微塵 師曰 智慧是經卷 經云 有大經卷 量等三千大千界 內在一微塵中 一塵者 是一念心塵也 故云 一念塵中 演出河沙偈 時人自不識

又問 何名大義城 何名大義王 師曰 身爲大義城 心爲大義王 經云 多聞者善於義 不善於言說 言說生滅 義不生滅 義無形相 在言說之外 心爲大經卷 心爲大義王 若不了了識心者 不明善義 只是學語人也

又問 般若經云 度九類衆生 皆入無餘涅槃 又云 實無衆生 得滅度者 此兩段經文 如何通會前後 人說皆云 實度衆生 而不取衆生相 常疑未決 請師爲說 師曰 九類衆生 一身具足 隨造隨成 是故無明爲卵生 煩惱包裹爲胎生 愛水浸潤爲濕生 倐起煩惱爲化生 悟即是佛 迷號衆生 菩薩 只以念念心爲衆生 若了念念 心體俱空 名爲度衆生也 智者於自本際上 度於未形 未形既空 即知實無衆生得滅度者

◉

마하연이란 대승법을 가리키는 말로 무한히 크고 넓은 무량한 부처님의 진리인 아뇩다라샴막삼보리를 말합니다. 그것이 여러분이 가지고 있는 마음에서 나온다는 것입니다.

이 마음 외에는 절대 다른 것이 있을 수 없습니다. 그래서 부처라고 하는 것은 법신法身, 반야般若, 해탈解脫의 삼덕三德을 갖춘 것이고 여러분이 가지고 있는 그 마음이 법신, 반야, 해탈의 삼덕을 가지고 있다는 말입니다. 반야는 일체 걸림 없이 시방 우주법계를 낱낱이 확연히 꿰뚫어 보고 터럭만큼도 오차 없이 모든 것을 바로 보는 것입니다. 어느 곳에도 얽매인 데가 없고 어느 곳에도 구속받아서 고통 받는 것이 없이 확연히 벗어나 있다는 말입니다. 그래서 법신, 보신, 화신의 삼신도 여러분이 다 갖고 있다는 것입니다.

그리고 지덕智德, 단덕斷德, 은덕恩德이 삼덕三德인데, 지덕은 부처님의 지혜를 두루 갖추고 온갖 것을 투철하게 보는 덕이며, 단덕은 모든 번뇌의 중생들이 가지고 있는 미혹된 업을 모조리 없애 버리는 덕이고, 은덕이라는 것은 중생을 구원하고자 하는 힘, 부처님의 뜻에 의해서 혜택을 주는 것을 말합니다. 이러한 삼덕을 갖추고 있기 때문에 우리가 부처님에게 가피를 얻고자 기도하면 안 되는 것 없이 성취하는 것입니다. 이것이 바로 삼덕을 갖춘 부처님의 행리처라 다 해 준다는 것입니다.

모두 성취하는 데 단 한 가지, 부처님처럼 깨달아서 대각을 이루는 것만큼은 어느 누구도 해줄 수 없고 스스로 해야 됩니다.

"대통령이나 재벌가가 되고 싶거나 명예를 날리고 싶으면 그것은 생사를 걸고 기도하면 해줄 수 있으나 깨달아서 성불하는 것은 네가 스스로 해야 된다."

이것이 부처님 말씀의 요지입니다. 지덕과 단덕은 자신을 이롭게 하고, 남으로 하여금 변화하게 하고, 남으로 하여금 깨닫게 함을 갖추고 있습니다.

불성의 마음을 악하게 쓰면 악이요 선하게 쓰면 선이라, 중생심을 쓰면 중생이고 부처의 마음을 쓰면 부처이니, 쓰는 데 따라서 모양이 다르게 나타나고 이름도 다르게 나타나니 모든 중생이 이것을 바로 보고 안다면 누구든지 마음을 잘 쓰지 잘못 쓸 사람이 어디 있겠습니까?

어떤 것이 부처입니까? 하고 물으니 이 마음을 떠나서는 아무것도 세울 것이 없고 진여자성의 밝고 깨끗한 그 마음이 부처이고 그 마음이 법신이고 만 가지 법을 다 내어놓는데, 이 마음이 내놓은 모든 법을 일컬어 법계라고 합니다.

마음에서 모두가 나온 것입니다. 이 마음이 상대가 없이 무한히 넓고 커서 무한한 도리가 쏟아져 나오는 것입니다. 이 마음이 즉 본래 중생이 가지고 있는 마음이라, 그래서 마음과 중생과 부처가 하나이지 차별이 없다는 것입니다. 사지四智, 즉 대원경지大圓鏡智, 평등성지平等性智, 묘관찰지妙觀察智, 성소작지成所作智와 삼덕三德을 중생들이 모두 갖추고 있다는 것입니다.

"일념의 티끌 가운데 항하사 모래와 같은 많은 진리의 말씀을 게송으로 연출해 낸다."는 것은 무념이요, 무심이요, 무자(無字, 글자 없는) 경전을 말하고 있는 것입니다. 무념이라는 것은 목석처럼 생각이 없는 것을 말하는 것이 아니고, 무심이라는 것도 목석처럼 마음이 없는 것을 말하는 것이 아닙니다.

일념이 무량겁이요 무량겁이 한 생각이고, 밝고 맑고 깨끗한 마음에 한 생각이 일어나면 그것이 맑은 바탕의 티끌이 됨이니, 생각이 일어났다고 하는 것은 생각에 뜻이 있을 때는 양이 있다는 것입니다. 어느 것 하나를 추려내서 생각을 일으켰을 때는 거기에 대한 양을 나타낸 생각입니다. 또 공을 말할 때는 공에 대한 생각을 일으키고, "법신이다, 부처다." 하면 그 생각을 일으킨다는 겁니다.

일으키는 것은 한계가 있지만, 생각을 돌이켜서 그놈을 살펴서 들어가 보면 생각 자체가 원래 공해서 무한하고 없다는 말입니다. 한 생각이 '억만 개' 하면 한 생각으로 억만 개를 내놓게 되고, 그것을 인식하는 동시에 억만 개가 들어옵니다. 한 생각이 무량겁을 담고 무량겁을 내놓는다는 것입니다. 한 생각이 일어났을 때, 홀연히 한 점의 구름이 나타나듯이 맑은 마음의 바탕에서 문득 한 생각이 일어났다는 것입니다.

여기서는 티끌이라고 하면서 엄청나다 그랬는데 일념진중에 항하의 모래 수만큼 많은 진리의 말씀을 드러냈다는 말입니다. 이 진리의 세계를 지극한 정성으로 '이뭣고'를 해 나가 깨달아야 합니다.

이 몸 하나에서 생각만 하면 과학, 철학, 예술 할 것 없이 무한한 것을 다 만들어 냅니다. 우리 마음으로 다 창조해 낸다는 것입니다. 무한한 것이 생각에서 나오니 몸이 무한한 뜻을 가지고 있다는 것(身爲大義城)이고 마음은 큰 뜻의 왕이라는 것(心爲大義王)입니다.

대주 선사가 "마음은 큰 경전이며, 큰 뜻의 왕이니 만약 마음을 요달하여 깨닫지 못한 사람은 뜻에 능할 수 없고 다만 이 말만 배우는 사람일 따름이다(心爲大經卷 心爲大義王 若不了了識心者 不名善義 只是學語人也)."라고 말씀하십니다.

이 마음을 '무엇인고' 해서 바로 깨쳐서 알아버리면 되는데 공연히 곁가지 이파리처럼 말로만 배우는 것을 좋아하는 것은 무량겁을 해도 해결이 나지 않습니다. 예전의 약산유엄 선사는 자신은 매일 앉아서 『화엄경』을 보면서, 참선 공부하는 납자들은 일체 책을 보지 못하게 했습니다.

"너는 책을 보지 마라. 책을 보면 참선을 못한다. 깨닫지 못한다."

그건 맞습니다. 참선하는 사람은 절대 책을 봐서는 안 됩니다. 일체 모든 것을 보지 않고 오직 일념으로, 한 길로 지극히 화두만 꿰뚫어 보고 나가야 되는데 책을 보면 정신이 딴 길로 빠지니까 안 됩니다. 책을 보면 알음알이만 생깁니다. 공부하는 소식하고는 천리만리나 거리가 멀어집니다. 그래서 참선하는 사람은 책을 보거나 어디로 돌아다니거나 수련회에 간다든가 하면 안 됩니다. 참선하는 사람이 신선술이나 단전호흡을 통하여 축기하여 공중에 뜬다거나 오래 산다는 그런 외도에 빠지면 깨닫는 것하고는 거리가 멀어지니 이것을 깊이 새겨야 합니다.

그러면 약산유엄 선사 본인은 왜 『화엄경』을 보겠습니까? 그래서 누가 물었습니다.

"저희더러는 일체 책을 보지 말라고 하시면서 스님은 왜 매일 앉아서 책을 보고 있습니까?"

그러자 약산 선사는 말하기를, "나는 종일 한 번도 책을 본 일이 없느니라. 너는 책을 보면 책의 노예가 되어 구속을 받지만 나는 책을 보아도 책을 본 바가 없기 때문에 일체 구속을 받거나 노예가 되지 않느니라." 하였습니다. 이것이 범부와 깨달은 사람의 다른 점입니다. 깨달은 사람은 일체 모든 망상을 보고, 술집에 가서 기생하고 술을 먹고 춤추고 논다든지, 어디 가서 법문을 하든지, 사람이 많은 시장에 가더라도 그 어느 것에도 구속을 받지 않습니다.

중생은 책의 노예가 되지만, 깨달은 사람은 한 치도 본심에서 떠난 일이 없이 영원담적할 뿐이어서 경과 책의 노예가 되지 않고 경의 근본, 도의 이치를 바로 본다는 것입니다. 깨닫지 못한 사람은 경과 책의 근본 도리를 보지 못하고 항상 언구와 사량분별에서 놀아나기 때문에 책을 봐서는 안 된다는 것입니다.

화두참구는 일체 문자지식을 철저히 배제하고 근본 큰 원력 큰 신심을 가지고 해야지, 속히 얻으려고 하면 안 됩니다. 최고 마지막에 '이뭣고'라는 것을 공부해서 깨닫게 되는데 여기서 바로 마치면 무사인이라, 일 없는 사람이 되는 것입니다.

"『반야경』에서 말하기를 '아홉 종류의 중생(일체 중생)을 제도하여 모두 무여열반에 들게 한다'고 하였고 또 말하기를 '실로 멸도를 얻은 중생이 없다'고 하였습니다. 이 두 가지로 말한 경의 말씀은 어떻게 해야 전후를 확실히 통해서 알 수 있겠습니까? 사람들이 모두 말하기를 '실로 중생을 제도하지만 중생상을 취하지 않는다'고 하니 항상 의심스러워 결정이 나지 않습니다. 청컨대 스님께서 말씀을 해주십시오." 하는 질문에 대해 대주 선사는 "깨달으면 부처이며 미혹하면 중생이니 보살은 다만 생각 생각에 일어나는 마음을 중생으로 삼아 염염히 깨달아서 마음과 몸이 함께 공한 줄을 요달하니 그것을 이름하여 중생을 제도했다고 한다. 지혜로운 사람은 본래 청정자성의 위에서 모양 아닌 것을 제도하니, 모양 아닌 것은 이미 공하기 때문에 실제로 멸도를 얻을 중생이 없음을 안다."라고 분명하게 답변하고 계십니다.

모양 아닌 것이라고 하였는데 모양 아닌 것이 뭐겠습니까? 모양 아닌 그 모양이 최고로 크다는 것인데 모양으로 나타나지 아니하는 그것을 제도한다는 말입니다. 이것이 무슨 말이냐 하면 『반야경』에서 하는 말입니다. 모양이 아닌 것이 무엇인지가 아주 중요한 문제입니다. 우리가 안으로 '이뭣고'를 하는 것이 바로 이것 때문입니다. '뭣인고’ 하는 그것은 모양이 아닙니다. 그게 어디 모양이 있나요? ‘뭣인고’ 하는 그놈은 모양이 없습니다. 어떤 것이 있는지 한번 내놔 보세요. ‘이놈이 뭣인고?’ 하는 의심이 확 풀려버리면 바로 제도가 된다는 것입니다.

지혜가 있는 사람은 모양이 없는, 공적해서 없는, 바로 그 자리를 확연히 꿰뚫어서 봅니다. 그 차원에서 단박에 깨치면 자동으로 아공, 법공을 증득해서 여래의 지혜 안목을 갖추게 됩니다. 그러나 그렇지 못한 사람들은 화두공안을 철저히 참구해야 됩니다. 일상일여, 몽중일여, 오매일여 속에서 철저히 공부를 지어 타성일편이 되면 아공, 법공, 구경 법성의 자리에 도달하게 되고, 몸을 그곳에서 척 뒤집어엎으면 뚝 떨어진 익은 과일과 같게 됩니다. 과일이 완전히 익으면 뚝 떨어지고 먹으면 일체 흠 잡을 것이 없습니다.

화두를 일념으로 지극히 밀어붙여서 더 일념이 될 수 없는 데까지 가서, 스스로 여여한 일념의 세계가 되었을 때 한번 몸을 뒤집어엎어 한 생각이 뒤집어지면 그 차원은 뚝 떨어진 과일과 같습니다. 과일이 매달려 있으면 안 됩니다. 그러면 우리는 익은 과일과 같이 홀로 드러난 대각자가 되는 것입니다.

한 생각 뒤집어엎은 본래 청정한 불성의 마음은, 이것이 따로 있는 것이 아니라 현실 이대로 모든 것이 조금도 흠 잡을 것이나 의심할 바가 없다는 말입니다. 이런 차원의 세계에서 볼 때에, 중생이라는 모양도 취할 것이 없고, 깨달을 것도 없고, 거기에서는 일체 모든 것을 취할 것도 제도할 것도 없다는 것입니다. 이것을 깨닫지 못하고 있는 미한 중생은 태로 나고, 알로 나고, 습한 곳에서 나고, 화한 데서 나는 사생의 굴레를 벗어날 길이 없습니다.

　중생을 제도했지만 실로 중생은 제도된 바가 없다는 것은 자성청정 마음의 모양에서 본 것이니, 중생이니 부처니 하는 모양이 전혀 없기 때문에 실로 제도된 바가 없다고 했고 지혜 있는 자는 실제로 그렇게 봅니다. 지혜 있는 자는 본바탕의 지음에 의해서 말하기 때문에 중생도, 제도될 것도, 제도 받을 것도, 중생이라는 모양을 취할 것도 없다는 것입니다.

第
三
十
九

◉

마음이 마음 아닌 도리

어떤 승이 물었다.

"언어는 마음입니까?"

선사가 말하였다.

"언어는 반연하는 것일 뿐 마음은 아니다."

"반연을 떠나면 무엇을 마음이라고 합니까?"

"언어를 여의면 마음이라고 할 것도 없다."

"언어를 여의고는 마음이 없다면 어찌해서 마음이라고 합니까?"

선사가 말하였다.

"마음은 모양이 없어서 언어를 여읜 것도 아니며 언어를 여의지 않은 것도 아니다. 마음은 항상 담연해서 응하여 씀에 자재하다. 조사가 이르되 '만약에 마음이 마음 아닌 줄을 깨달아 알면 비로소 마음,

마음 하는 법을 알게 된다'고 하였다."

僧問 言語是心否 師曰 言語是緣 不是心 曰 離緣何者是心 師曰 離言
語無心 曰 離言語既無心 若爲是心 師曰 心無形相 非離言語 非不離言
語 心常湛然 應用自在 祖師云 若了心非心 始解心心法

◉

일체 모든 만법의 이름이 마음의 다른 이름(異名)이라는 것입니다. 마음으로써 모든 이름을 나타내서 마음이 변형되어서 나타난 이름이라는 말입니다. 그러니까 색수상행식色受想行識의 오온五蘊과 십팔계十八界 그리고 일심이문一心二門 즉 생멸문生滅門과 진여문眞如門, 삼대三大 즉 체대體大와 상대相大와 용대用大가 모두 마음 위에 그려진 한 폭의 그림과 같다고 하였습니다.

생멸문은 생하고 멸하는 중생들의 세계를 말하고, 진여문은 생멸이 없는 세계를 말합니다. 그러면 일체의 이름이 나오기 이전은 과연 무엇일까요? 이 일심一心은 모양을 떠나서 존재하는 것도 아니고, 떠나지 않고 존재하는 것도 아니어서 모든 만상과 함께 하지만 모든 모양에 걸리지 않습니다. 이 마음은 항상 맑고 고요해서 응하여 씀이 자유롭습니다. 이 마음이 마음 아닌 줄을 깨달으면 마음법을 확실히 아는 사람이라고 했습니다.

第
四
十

◉

필경 본래 무엇인고?

어떤 스님이 물었다.

"어떤 것이 정과 혜를 함께 배우는 것이라고 합니까?"

선사가 말하였다.

"정은 체요 혜는 용이니, 정을 좇아서 혜를 일으키고 혜를 좇아서 정에 들어가니 물이 파도와 더불어 한 몸인 것과 같아서 다시 전후가 없는 것을 이름하여 정과 혜를 함께 배운다고 한다.

대저 출가한 사람은 언어를 찾아서 좇지 말아야 한다. 행주좌와의 모든 것이 너의 성품의 작용이니 어느 곳에서 도와 더불어 서로 응하지 않는가? 또한 네 스스로 일시에 쉬어라. 만약 바깥 경계의 바람을 따라가지 않으면 성품의 물이 항상 스스로 고요해서 일이 없는 것이니 여러분은 정말로 소중하게 여겨라."

僧問 如何是定慧等學 師曰 定是體 慧是用 從定起慧 從慧歸定 如水與
波 一體更無前後 名定慧等學 夫出家兒 莫尋言逐語 行住坐臥 並是汝
性用 什麼處與道不相應 且自一時休歇去 若不隨外境之風 性水常自湛
湛 無事珍重

◉

그러면 시비가 없는 대해탈의 대안심입명처, 이 삼매는 양변을 떠난
중도실상, 대용자재를 증득한 정과 혜를 그 당처로 봅니다. 정은 성품
의 체요 지혜는 대용이라, 정즉혜요 혜즉정이라고 하니 행주좌와에
모두 이 성품이 쓰는 것입니다. 어떤 것인고 하면 서로 도와 응하지
않는 것이 없고 누구든 일시에 바로 쉴 줄 안다면 바깥 경계 팔풍에
따라 동하지 않고 스스로 담담해질 것이니 일없는 귀한 보배로 잘 간
직하라고 했습니다.

　물이 곧 파도고 파도가 곧 물이니 동정일원動靜一源이라, 움직이고
고요한 것이 한 근원이요. 나는즉 용(生卽用)이요 나지 않은즉 정(不生卽
定)이라, 도시일체都是一體 즉 한 몸이니 고요히 안정하면 일체를 차단
하는 것이고, '무엇인고' 하고 깊이 일념으로 화두를 참구해 들어갔을
때 성성해서 일체 전후좌우의 생각이 뚝 끊어지고 없습니다.
　'무엇인고' 하고 성성한 샛별처럼 의정이 그대로 돈발한 그 당처
가 일체를 다 차단해서 없습니다. 그것이 곧 대안정인 것입니다. 그
당처에서 깊이깊이 자꾸 들어가다 보면 일상의 생활 속에서도 자연
스럽게 화두가 성성해지니 화두를 챙기고 들으라는 소리가 필요 없
습니다.

자연스럽게 일상생활과 자기 마음이 둘이 아닌 하나의 여여의 세계가 이루어지는 때가 대정大定이요, 그렇게 된 차원에서는 시장가고 절 살림보고 운전하는 일체사 모든 것이 대용이요 대지혜입니다. 그러면서도 어떤 곳에 가서도 대안정이라, 대지혜를 마음대로 쓰니 여여한 경지가 둘이 아닙니다. 이것이 오늘날 우리가 공부를 해야 할 그 길입니다. 그렇게 되면 성성불매惺惺不昧한 자성自性을 바로 깨달아 계합 정득한 것입니다.

일체를 생활 속에서 생각을 내어서 쓰면 무한히 복잡한 듯하지만 전혀 복잡한 것이 없습니다. 아무리 시끄러운 곳에 가서도 시끄럽지 않은 도리가 있습니다. 화두공부가 잘 되면 그래서 시끄러운 것과 고요한 것이 손바닥 뒤집기인데 손이 하나지 둘이 아니란 말입니다. 정과 혜나, 동과 정이 손과 같다는 것입니다.

손이 앞뒷면이 다르다고 보면 두 개로 갈라지지만 이것이 둘이 아닙니다. 본래 깨끗한 마음자리를 바로 깨달아 안 사람은 여기고 저기고 절대 마음이 걸리지 않습니다. 고정되어 있는 것이 아닙니다. 고정되어 있는 것이 아니니 필경 본래 무엇인고? 그러면 뭐냐? 바로 알면 더 말할 것이 없습니다.

대주선사어록 후서 大珠禪師語錄後序

옛날 조사들의 『전등록』을 들춰보다가 「대주화상전」에 이르니 「돈오입도요문頓悟入道要門」 한 권이 있다고 말하였다. 사모하고 바란지 오래되었지만 소원대로 되지 않았다. 후에 홍무洪武 2년 을유년乙酉年, 부서진 책 궤짝 속에서 옛 책 한 권을 얻었다. 손 가는 대로 책을 펼쳐서 몇 분 동안 읽는 사이에 펄펄 끓는 열기 속에서 시원함을 얻는 것과 같았으니, 뛸 듯이 기뻐서 어쩔 줄 몰랐다.

이제야 그 첫 머리를 보였으니 이 말씀이었다. 다시 자세히 탐구하여 그 이치를 보니 바탕이 곧고 진실함이 이르러, 마치 제호醍醐를 마신 것과 같고 최상의 보배를 얻는 것과 같았다. 나중에 다른 기록과 비교해 보니 차이가 나거나 잘못됨이 없었다.

소원하는 것을 얻었지만 감히 혼자 차지할 것이 아니라, 일체 중생과 더불어 함께 은혜를 입어 법의 맛 보기를 원하여 여러 종문宗門과 문답한 어록을 연결한 뒤에 간략히 상·하로 나누어 한 책으로 만들었다. 아울러 달마 대사의 안심법문安心法門을 권말에 붙여서 '돈오요문頓悟要門'이라 이름하였다.

삼가 경비를 내어서 글 새기는 사람에게 시켜 판을 잘 새기도록 했고 썩지 않도록 해서 후세에 전하게 하여, 시방세계에 유포해서 불법을 배우고자 하는 자에게 바른 수행의 길을 알게 하여 삿된 견해에 떨어지지 않게 하였다. 몰록 스스로의 마음을 깨달아 모두 부처님의 지혜를 여는 것이 참으로 원하는 바이다.

홍무 7년 갑인 춘 삼월 병술일에 비구 묘협이 향 사르고 머리 숙여 절하고 적습니다.

昔披閱祖燈 至大珠和尚傳 云有頓悟入道要門論一卷 思仰之久 未如所願 後於洪武己酉歲 從壞篋中 得一故册 信手展卷 隨覽數分 如熱得凉 踊躍歡喜 不能自勝 方視其首 即斯論也 復詳披究 見其義理 質直詣實 如飮醍醐 如得至寶 後較他錄 得無差謬 所願旣獲 不敢私秘 願與一切衆生 同霑法味 復綴諸宗所問語錄一卷於後 略分上下 共成一册 並達摩大師安心法門 附於卷末 總名曰 頓悟要門 謹捐布帛 命工繡梓 垂於不朽 流布十方 使天下學佛之士 各各了知正修行路 不墮邪見 頓悟自心 咸開佛慧 實叶之所志願矣 洪武七年歲在甲寅春三月丙戌日比丘妙叶焚香稽首拜題

◉ 맺는 말

『대주어록』은 한마디로 요약하면 백천만 개의 흐르는 물줄기를 모조리 잘라버리고 바닷물을 바로 가르쳐 주는 것과 같습니다.

일체 중생의 식견과 법견도, 성인의 견해도 모조리 떨쳐버리고 난 이것이 무엇인고? 바로 보아 몸을 한번 뒤집어 다시 돌아서면 천진한 본래 모습을 알게 됩니다. 이것이 곧 직관直觀이며 돈오頓悟입니다.

시심마是甚麼와 무자無字의 말씀은 바로 일러준 말씀이니 직하直下에 바로 해결이 되라고 말씀하신 것인데, 근기根機가 하열해서 해결이 안 되는 사람은 모험과 도전을 해서 의기意氣를 더하여 투과해야 합니다. 얼마만큼 공을 더하느냐에 따라 시간 차이가 있습니다.

그래서 대주 선사는 마음을 다스리는 선정공부禪定工夫를 익혀서 망념妄念 없는 본성本性을 보아 깨달으라고 말씀하셨습니다. 이것이 돈오입도요문이니 누구든지 일심으로 참구하여 돈오요사頓悟了事하기를 바랍니다.

달마 스님이 머나먼 중국 땅을 향하였으나　　　　老胡萬里向支那
지금도 어찌하지 못하였네　　　　　　　　　　直至而今不奈何
웃음 참는 목동이 누구에게 길을 묻는고　　　　堪笑牧童誰問路
긴 한 줄기 피리소리 앞 언덕을 지나가노라　　　一聲長笛過前坡

대주선사어록 강설 (하)
제방문인참문

2013년 5월 28일 초판 1쇄
ⓒ 한암대원, 2013

지은이 _ 대주혜해   강설 _ 한암대원
펴낸이 _ 박상근(至弘)   주간 _ 류지호
책임편집 _ 정선경   편집 _ 오재현 이기선 정선경 천은희
디자인 _ 김소현   제작 _ 김명환
홍보마케팅 _ 김대현 이경화 한동우   관리 _ 윤애경
펴낸곳 _ 불광출판사

110-140 서울시 종로구 수송동 46-21 3층

대표전화 02) 420-3200 ● 편집부 02) 420-3300 ● 팩시밀리 02) 420-3400

출판등록 제1-183호(1979.10.10) www.bulkwang.co.kr
ISBN 978-89-7479-035-6. 94220
ISBN 978-89-7479-036-3. 94220 (세트)

이 도서의 국립중앙도서관 출판시도서목록(CIP)은 서지정보유통지원시스템 홈페이지
(http://seoji.nl.go.kr)와 국가자료공동목록시스템(http://nl.go.kr/kolisnet)에서 이용할
수 있습니다. (CIP 제어번호 : CIP2013006338)